藻类养殖，20 世纪 50 年代后期在浙江从无到有兴起，被称为海水养殖的第一次浪潮。

1963 年起，省海洋所在舟山进行条斑紫菜自然海区附苗试验。1966 年，开展半人工和全人工采苗试验。1967 年，紫菜研究工作重点转移至坛紫菜。1969 年，该所与黄海水产研究所等，在洞头取得了筏式养殖试验的成功，摸索出一套坛紫菜苗种培育、养成、管理的工艺流程。1972—1973 年，省海洋所、杭州大学等单位，调查紫菜大面积病烂原因，提出了预防措施。1969 年，在洞头取得了筏式养殖试验的成功，摸索出一套坛紫菜苗种培育、养成、管理的工艺流程。1970 年，省水产局组织在温州洞头区召开现场会，使全省紫菜养殖发展明显速度加快。

浙江省紫菜养殖通过技术改进，使产业不断发展。1971 年，宁波鄞县以芦代竹作紫菜苗附着基，功效提高，成本降低。1975 年，岱山县用紫菜网帘养殖，增加光照，出苗齐、生长快、质量好。1977 年，进行了坛紫菜苗帘多层叠养出苗和幼苗持续冷藏时间的试验。1982 年起，开展坛紫菜大面积稳产高产技术研究的试验，提出了一套较完整的吊挂培育坛紫菜丝状体等综合高产技术措施，并创造了有效的渠道流水刺激方法，产量大幅提升。

1971 年，全省养殖面积 1394 亩，产量 155 吨，比 1970 年增加 5 倍多。1979 年突破 1 万亩、1000 吨，跃居全国第二。

——《浙江通志·渔业志》，浙江人民出版社，2019 年

紫菜爸爸

王千马 著

广西师范大学出版社

GUANGXI NORMAL UNIVERSITY PRESS

桂林

紫菜爸爸
ZICAI BABA

图书在版编目（CIP）数据

紫菜爸爸 / 王千马著. —桂林：广西师范大学出版
社，2019.10
ISBN 978-7-5598-2219-2

Ⅰ. ①紫… Ⅱ. ①王… Ⅲ. ①黄广潇－传记
Ⅳ. ①K826.3

中国版本图书馆 CIP 数据核字（2019）第 200269 号

广西师范大学出版社出版发行

（广西桂林市五里店路 9 号　　邮政编码：541004）
（网址：http://www.bbtpress.com）

出版人：张艺兵
全国新华书店经销
湖南省众鑫印务有限公司印刷
（长沙县榔梨镇保家村　邮政编码：410000）
开本：880 mm × 1 240 mm　1/32
印张：9.25　　彩插：8　　　字数：220 千字
2019 年 10 月第 1 版　　2019 年 10 月第 1 次印刷
定价：48.00 元

如发现印装质量问题，影响阅读，请与出版社发行部门联系调换。

序

2019 年是爸爸诞辰八十周年，转眼间，他已经离开我三十一年。那时的我，还是南开大学金融系一名青涩学子，时光荏苒，如今已成为了一名投资人，还是两个孩子的母亲。

我的一双儿女自然也会问起他们素未谋面的外公，缠着我讲家族的故事，但从我的只言片语中，他们也只能零星地知道：外公很爱我，他是一名海洋生物学家，爱种花，爱养鱼。此外，只有我的落寞与遗憾。

随着时间的沉淀，我终于可以平静地面对爸爸英年早逝的冷酷现实，思念却从未停止。爸爸有生之年，既没有体会到儿孙满堂的天伦之乐，也没有看到当年那个叛逆不羁的我如今承担起社会和家庭的责任，我很想为他做点什么。于是 2018 年，我发心写一本关于爸爸的小传，作为对他诞辰八十周年的纪念，也作为写给孩子们看的书。

龙应台曾经在《天长地久》中写道："下一代将来会怎么对我们，要看我们此刻正在如何对待上一代。"我想让自己的孩子了解他们的外公，了解家庭的传承，更希望通过对爸爸生平的梳理，反映那一代知识分子的命运、奋斗与风骨，一个家庭的历史就是一部微缩的社会史，一个人的故事就是一个时代的切片。

我的爸爸黄广潇生于福建莆田的一个农民家庭，虽然太爷爷是秀才，但家道中落，从小因家境贫寒，读书特别刻苦，成绩优异。考上福建省莆田第一中学初中，并被莆田一中保送高中后，1959 年考上厦门大学海洋生物系。厦门大学是爱国华侨陈嘉庚先生所创建，陈嘉庚先生对爸爸影响很大，我从小听得最多的就是感恩大慈善家陈嘉庚的故事。1963 年参加工作，进入浙江省海洋水产研究所（海研所），从事水产养殖科研工作，随后一直为此奋斗，做出了杰出贡献，直到离开。

一年前的 2018 年 5 月 18 日，我找到同在浙江省海洋水产研究所大院长大的小毛哥哥（大名顾蓓乔），他现在浙江海洋大学工作，父母都是我爸爸的同事。我俩商量，先找资料，再写提纲，然后分头找爸爸以前的同事，或书面或口述，回忆当年，以期还原那个时代爸爸工作的面貌，就这样开启了这本小传之路。

我们找到爸爸的原始档案，这些历史的遗痕，给我的心带来巨大的冲击。这是我第一次，不是从生活的角度，而是从工作的角度去了解我的爸爸，可以说，展开在我面前的，是全新的人生历程，包括他所处的艰苦奋斗的时代，面临的工作压力，他对专业的坚守，当年取得的成就，在本次探究之前，我所知极少。只清晰地记得，爸爸曾十分高兴地告诉我他入党了，在此之前，从没听到他谈及课题获得 1978 年的全国科学大会奖一事。也许，课题组的叔叔阿姨们都认为不值一提，倒觉得是得到了能够继续为祖国努力贡献的应许之意。那个年代，我爸爸以及一起奋斗在科研第一线的知识分子，一边要面对政治高压，一边还要承受极端艰苦的工作环境。为研究紫菜、海带、对虾、鲻鱼、罗非鱼、鲍鱼等物种的人工养殖，长年累月待在偏僻、原始的小岛上，日晒雨淋，若不是一副架在鼻梁上的眼镜，单从外表看去，已经完全不像读书人了。

当年所谓的"科研产业化"，不是像今天我们熟知的那样，在设备精密、技术先进的实验室内完成的，却是偏守一隅，在小岛的养殖场里，和渔民同吃同住同劳动，手把手教授当地群众，供给育苗，观察生长。育苗成功后，要采苗，还要发明网箱养殖技术、收割技术，所以翻阅档案，可以看见"负责在镇海巨汽农机厂试制紫菜割菜机，试制一台，割菜500市斤/小时，提高工效7—10倍。试验证明产量产值均达到生产要求，为紫菜生产的高产优质提供生产措施"这样的描述。

那时，他们一心都系在紫菜之上，紫菜的丰歉牵动着各人的欢喜与忧愁。在"文化大革命"期间大批人员撤离的情况下，爸爸他们仍守在科研第一线，未肯离开科研岗位，实是源于对专业的热爱和坚持的秉性。

为了及时总结、提炼研究成果，加快产业化步伐，父亲还参与编写了《浙江紫菜养殖》等专著，撰写并发表相关研究成果论文，为各养殖场编制《养殖手册》等具指导性、推广性的文件，同时每年直接承担并指导育苗、采苗、养殖、质量过程管控、机械收割等工作。

爸爸所在的"紫菜人工养殖的研究"课题组经过十多年（1966—1979）的奋斗，终于成功地在浙江省实现了育苗室规模、养殖面积、产量迅速达到全国第二的好成绩。1978年，课题获得全国科学大会奖。看着课题组的名单，上面有许多我从小便熟悉的名字。这群来自五湖四海，很多出身自大城市、生活工作在小海岛，同住一个大院的科技工作者，代表了那一代共和国培养的、默默无闻地为祖国的科研事业和科研产业化无私奉献的知识分子。他们将科研成果衔接运用在实际的生产作业中，为了将科研成果能够顺利地转化为生产力，坚持不懈地克服万难。

除了紫菜养殖研究，爸爸还在1983至1984年间参加了尼罗罗非鱼、鲻鱼海水混养技术的研究课题组。

有意思的是，在"文革"期间，爸爸因工作需要居然自学了建筑学。

从1973年开始，他在研究、推广养殖的同时，基于养殖发展需求，承担了实验室、冷库、综合育苗室、西轩养殖场（小岛）的设计、建造、施工，包括制冷系统、动力照明管道系统设计和设备采购安装等全过程，甚至还负责研究所职工宿舍的设计、施工、采购、安装。首个综合育苗室，不仅包括紫菜养殖，还包括分别在 1972 年和 1973 年试养成功的对虾和贻贝。从 1976 年 5 月起，爸爸开始兼管综合育苗室的工艺流程设计及筹备工作，到 1978 年 4 月底，海研所综合育苗室全面完工交付。

全方位的工作要求，让爸爸迅速积累起更多的经验，从而得以牵头成立浙江省海洋水产研究所水产工程设计室，后发展成浙江省水产工程设计所。省内各地的水产工程方案和设计业务很快纷至沓来，甚至还有来自国内其他沿海省份的水产工程设计业务。到 1976 年"文革"结束时，爸爸的专业广度已经横跨海洋生物和海洋水产工程两个领域。很多人会浩叹十年光阴虚掷，在他和他的同事身上反而是循着实践的需要，按照专业的路径，扎扎实实地走在学一行、爱一行、专一行的道路上，这是何其幸运的事。

从爸爸和他身边这些知识分子的一纸履历，也可以窥看国家政治的变化。解放初期，履历表的重点是家庭出身、社会关系、政治面貌；"文革"后，强调的是抵制派系斗争等。1978 年全国科技大会的召开是知识分子改变身份性质、跻身工人阶级的分水岭，终于，知识分子也可以参与评选先进工作者。当年浙江省海研所包括紫菜养殖在内的四个课题均获全国科技大会奖。

爸爸在整整申请了二十一年后，于 1985 年获准入党。纵观爸爸的一生，从当年唯有读书一条路，到后来的埋首科研、终生学习，凭着对工作的赤忱在两大专业领域里有所成就。这一代知识分子以他们朴实的想法、默默奉献的精神，为中国各行各业的发展奠定了基础。

经过一年多的奔波，《紫菜爸爸》即将成书。回望这段寻访经历，通过对史料、档案的发现和梳理，以及对亲人、同学、同事的访谈，我对爸爸的求学、工作、生活、家庭等经历，有了远比之前更为完整而立体的印象，甚至刷新了我十八岁前的记忆。

爸爸留给我的，是充满了温馨的爱的记忆。爸爸对我这个独女爱若珍宝，从小口中就是"我家的大熊猫"。我童年岁月的许多时光都是在爸爸的实验室、标本室里度过的，那个时代的知识分子也只能这样兼顾工作与家庭。爸爸热爱生活，喜欢做饭，只要不出差，家里的饭菜都是他做的。数不清有多少个夜晚，他端着一个小搪瓷盆去给我打小馄饨、小点心。爸爸热爱学习，记得以前家里定点必播放许国璋英语，他常告诫我，学习改变命运。为了不影响我的学习，家里的电视他一直都是用耳机收听的。在我高考那年，因为填报志愿与家里和学校发生了很大的冲突，任性的我甚至决定放弃志愿，要求复读，是爸爸的循循善诱，最终让我选择了南开金融系保险专业。还记得爸爸跟我说，你思维敏捷，快人快语，随性自在，学习金融专业能让你有一个系统的框架和严谨的思维方式，金融学专业是任何时代都需要的，经济越发展越发达，就越需要。

即使在那个物质匮乏的年代，爸爸仍然对美好事物充满向往。他心灵手巧，我的许多衣服都是他专门给我做的；他也养得一手好花，他在阳台上为花浇水的背影始终萦绕在我眼前。他喜欢音乐，爱好舞蹈，热衷摄影，我想，父亲做的是研究者，如果换作在今天这个时代，如此热爱生活的他，美学素养一定有更大的发挥空间吧。学生时代的爸爸，鲜活的青春跃然于黑白照片之上。到了海岛养殖科研期间，荒岛的刻苦条件已令他顾不得穿着品味，简素的中山装没有任何装饰，眉宇间虽有沧桑疲惫，但脸上神情仍流露着乐观与憧憬，那是为祖国科研事业奋斗不息的信念和精神支柱。爸爸这种热爱工作热爱生活、但问耕耘不问收获的态度，对家族后人影响很大，我也希望，当中蕴涵的精神特质能代代相传。

重走爸爸走过的路，我才恍然发现，他对我们的影响早已在潜移默化中刻入我们的脑海和心灵里。在我们的世界观、人生观、价值观的形成过程中，一直有爸爸坚定的引领；对于专业的重视，甚至把它视为个人成长与发展的看家本领，更是爸爸留给我们的宝贵遗产。

在此，我特别感谢我最亲爱的妈妈丁香琴，大家口中爱称的"丁老师"，她爱我、保护我，始终如一。如果说后来的成长中我在经济上没受什么压力的话，那就是妈妈背后付出的努力。我在舟山出生长大，在外公外婆的养育下成人，我勇敢而坚强，离不开大姨丁菊琴、小姨丁香君、舅舅丁圣陶，他们的珍爱和关怀。还有都称呼爸爸为"小黄爸爸"的我同辈表弟杜松、表妹朱佳、表弟丁晶晶。感谢他们。

　　我来到深圳工作二十多年，建立起自己的小家庭，与先生郑伟鹤携手创业，他也是一大家人。女儿郑美同和他的外公一样爱养植物，还自告奋勇要求为外公的传记画插画，包括儿子郑乐同在内，全家人对我创作这本父亲小传都表示支持，我也要向他们说一声不见外的谢谢。

　　从小每年都能收到福建老家院子里种的、制成的果子，比如油柑、李子，还有荔枝干、桂圆干、蜜饯等。在福建的爷爷奶奶叔叔们一大家子，帮助爸爸完成学业的大姑妈黄金莺、李天赐一家，比我年长不少的表哥表姐，难得见面，他们却都以爸爸为荣，让我备受感动。

　　在整个寻访父亲过去足迹的过程中，收藏在角落里被淡忘的静止的记忆，拂去历史的尘埃，饱载着情感的珍贵细节，重又显露了出来，绝大多数是我第一次看到的史料、知道的故事。我要感谢的名单很长。顾蓓乔，我小时候的小毛哥哥，多年未见，一接到我的求助电话，就毅然投入到事无巨细的工作中来。收集资料，搜寻老照片，联系爸爸单位老同事，接待作家赴舟山采访，专程安排船走访西轩岛，张罗在舟山的见面会，对本书文字进行修改和校对，等等。就连这本书最原始、最系统、最细节的资料都来自小毛哥哥。他的父母顾庆庭伯伯和何贻珩阿姨更是看着我长大，包括浙江海洋学院教授常抗美，浙江省海洋水产研究所程国宝、王伟定、谢土恩、于谨兰，以及祝智璇、吴剑锋几位所长和他们的后人，包括接受电话采访的林增善叔叔，和因他年事已高而替他转述的爱人钱嘉英阿姨。出于对我爸爸的怀念，对我妈妈和我的关心，他们提供了许多昔日共事、相处过程中留下的宝贵且生动的场景和内容。至于爸爸厦门大学的同学赵建培叔叔，不遗余力地发掘爸爸其他老同学的踪迹。功夫不负有心人，最后他找到了黄森坤叔叔，还有留校任教的林嘉涵叔叔、王真金阿姨、鲍雪美阿姨。当年的班长徐惠洲叔叔，是继厦门大学之后提供史料的主力，他送给我的一本"光荣"日记，真实而生动地记录了六十年前的校园生活，充满时代气息，为爸爸当年的学习、生活提供了详实的材料。定居深圳的宋海棠叔叔、周婉霞阿姨、张晓云阿姨，他们也竭尽全力在记忆深处寻找久远岁月里的珍稀片段。衷心感谢叔叔阿姨们。

感谢福建丁世忠同学的热心协助，为我找到了厦门大学生命科学学院的张明智书记。在院方热情的陪同下，老师专门介绍了厦门大学及老生物系的情况，帮我们寻访到了爸爸当年住过的宿舍，还提供了一张爸爸的课程成绩登记表。丁世忠同学更介绍"三棵树"公司的创始人洪杰兄与我们认识，后者替我们联系找到大姑妈一家以及莆田一中。莆田一中校长邹荔生慷慨提供了爸爸初三的操行评定表、高一学生学籍卡片等珍贵资料。

看着旧照片上亲切的面容，故纸上熟悉的字迹，一时潸然泪下。

也要感谢来自中山大学中文系的才女好友晓昱，一路帮我介绍作家，引荐广西师范大学出版社，倾囊相授所有写书、出书的重要事项。多亏她的朋友金敏华在书稿筹划初期的构思，才有现在的书名《紫菜爸爸》。我的九〇后年轻同事郭悦，找到了作家王千马老师，还推荐了年轻的插画师施维娜，完成全书的水彩插画。还有公司同事林秋曼，细致地帮助我完成大量图文整理工作，同事王伟佳也十分用心，为设计、制作传记周边等事而忙碌。王千马老师精心谋篇布局，在近半年里与我们一起通过大量的走访、调研、查找背景资料，切身体会爸爸那代人的家国情怀，写下了这本小传。希望读者翻开这本书时，读到的不仅仅是一名普通科研工作者的私人历史，而是从一个人看到一群人，看到一整个时代，乃至那个时代下的知识分子特有的精神特质和风貌。

还要感谢广西师范大学出版社的编辑刘春荣老师，同龄人的身份迅速拉近了彼此的距离，感同身受，使得谈书稿的过程非常顺利。刘春荣老师给书的初稿提出了有益建议，也大大提高了本书后期的成书效率。

最后有缘延请老树先生为本书创作封面，并题写书名，用绘画题字的方式浸润了既传统又诙谐的色彩。

要感谢的人之多，在此无法一一致意。

爸爸盛年离去，令我至今深以为憾，恨天不假年，惜情深不寿，不能亲眼看到女儿的成长，亲身感受时代的进步，更少了含饴弄孙的人生至乐。

从思考到发心，时至今日，成书在即。通过对像爸爸这样上一代普普通通的知识分子，其工作生活经历的寻访、叩问、探究，所带来的感受、感动，已经成为我人生真正的财富之一。

我知道，人生不能假设。但假设爸爸能更爱惜身体，应不至于过早地离开我们，那么，我会不会因此而优哉游哉回到舟山，风轻云淡地与父母相守过日？现实中的近乡情怯、触景伤怀，宁在异地经历种种人生的起伏和转折、必然和偶然的倔强，也就都不存在了。

有一年，爸爸精心种养的昙花要开了，我们把它从二楼露台搬到一楼堂屋中央的桌子上，一家人围着，有如在欣赏稀世珍宝，等待着它从含苞欲放，到尽情绽放，最后，复收起它的灿烂，归于平静。一个人的一生，在浩瀚的宇宙和漫长的历史中是渺小而短暂的，虽然昙花一现，我们却永远记住了那一刻的美丽。生命的意义也许从来就不在于它的长度，重要的，是它的浓度和密度。

纪念，是对父亲的缅怀，是一种温度的传递，也是对未来的期望。

黄荔

2019 年 6 月

目 录

引

子

再艰苦的路，也要唱出歌来

直到今天，何贻珩还记得自己第一次接触黄广潢时，对这个福建小老乡的印象，脑海里简直就脱不了这几个字：这个人真奇怪。

那还是在 1965 年，他们被安排去宁波某地育苗场从事海带养殖。此前，他们已经在舟山的浙江海洋水产研究所养殖室做过一段时间同事，但因为黄广潢刚从厦门大学毕业分配来海研所没多久，而且头一年就被拉到下面蹲点参加社教，两人基本上没有打照面的机会。最终，还是工作让他们有了人生的初始交集。

从宁波到舟山，在十几年前，都是一段比较艰苦的路程。那个时候，现已建成的全长约五十公里，从宁波镇海经舟山群岛中的金塘岛、册子岛、富翅岛、里钓岛再到舟山本岛的跨海大桥，才刚刚有引人注目的开始。更何况黄广潢生活的那个年代。

尽管在很长一段时间内，舟山都属于旧宁波府，今日的定海区曾是它的县治所在地。但因为一水之隔，舟山常年孤悬海外，成为一颗远离大陆、常被统治者所忽略的遗珠。不过，因其地理位置之特殊——既正对长江、钱塘江、甬江的入海口，又居于中国海洋南北航线之间——所以它一度是中国海运的重要跳板。向西可以经三江水道进入富饶的长三角地区，向北可以直逼首都，向南又可以远抵马来群岛，所以，18 世纪末马嘎尔尼来华时曾提出"将舟山的一个岛屿让与英国"。在鸦片战争期间，舟山群岛更是深受英国人的青睐，他们为此不惜精力两打定海，史称"定海战役"。

也就在这场战役中，固守定海的葛云飞、王锡朋、郑国鸿三位总兵身先士卒，临危不惧，被刀砍枪刺之后，尸体仍直立不仆，打出了中国人的精气神。可以说，发生在舟山的战役，既暗示中国未来隐晦不明的命运走向，但也总让人相信：中国不死。

日后，沿着前辈的足迹，何贻珩和黄广潇都相继来到舟山，进而开启了自己人生事业的新篇章。不管选择是被动还是主动，他们从此与舟山结下一辈子的情缘。

去往宁波某地的育苗场，所行的路径在当时只有一条——从海研所驻地，也就是舟山西南角的沈家门坐船出发，向北绕行到定海，再换大船，然后再向西，方才到达宁波。黄广潇和何贻珩在清晨天色未曾大亮的四五点，从沈家门出发。待到踏上宁波码头的时候，日头高照，看样子差不多已是正午了。

路上很是折腾，谁都想轻车简行，但在那天，黄广潇偏挑了一大堆行李，有衣服、被子，还有厚重的书。

只是，到达对岸宁波码头，并不意味着就到达目的地，两者之间仍相距甚远，还需要乘坐客车。坐车倒有两条路可以选择：要么是先坐车到横山码头，再步行二十五里地到育苗场，路基本上是平路，而且大多沿着海边；其二则是先坐车到宁波咸祥镇，然后翻越一座山，上山十五里，下山也十五里。若在平时，肯定选第一条，不到万不得已，不会选择第二条，但偏偏那天汽车站只剩下最后一趟车，是去咸祥的。这趟不走，当天就走不了了。这也意味着，两人只能是第二个选项。

黄广潇去买车票，何贻珩则匆匆忙忙地买了两个馒头。只是买到馒头，却没有找到水。黄广潇这时就催，说车子要开了。于是两人便上车。

结果一路上两个人只能干啃馒头，好几个小时连水都没喝上一口。

在客车上摇摇晃晃两个多小时，到了咸祥。下车看着头顶上明晃晃的太阳，更觉得炎热。尽管沿海，但七八月的宁波，天气照样热得不得了，而且还不时有台风侵袭。余下的路，没了汽车的帮助，只能靠"11路"，可也得走。

何贻珩几乎空着手，不过是拿着一个包，她转过脸，看了看黄广潢肩上挑着的那副担子，只是替他累得慌，问："你真的这么挑下去啊？""挑！"黄广潢毫不含糊地回道。

走出镇子没两里路，开始上山。越走，何贻珩心中越是畏惧。这么远的路，可怎么办，怕是会走死人的。走到后来，实在熬不住，她向黄广潢诉苦："小黄，我渴死了。"没想到黄广潢却告诉她："前面山顶有山泉水，可以喝。"这话让何贻珩很是惊异，他是怎么知道的，大概他早前就走过这条路？这个疑问一直埋在她的心里，后来也没找机会再问起。

不过，前头有水的诱惑，当下也没能让何贻珩的脚步变快。在暑渴相煎中，她歇歇走走，前后用了三个多小时才爬到山顶。果然，眼前一汪清凉沁心的山泉，不管三七二十一，她急忙取出随身带的牙缸，连连舀水，饮个痛快。待到整个人渐渐恢复了精神劲儿，感觉好起来些，她恍然想起，这么副光看着就已觉得沉重的担子，小黄又是怎么挑上来的？

下山的时候，何贻珩的步伐显然轻快了许多，走到了前头，无意间才发觉，黄广潢走得倒缓慢了。上山容易下山难，何况肩上还有担子。走着走着，何贻珩问道："小黄你还挑得动吗？"黄广潢的口吻依旧坚定："挑得动！挑得动！"

也是从那个时候起，何贻珩才真正开始细细打量这个人。这个年纪上，小她差不多四五岁，1940年出生在福建莆田延寿大队，一个裁缝的儿子，大概自小没有得到很好的营养补充，所以长得并不高大，身材也瘦削。但谁也没想到，就是这样一副单薄的身体内，却是蕴藏着这样一股让人惊异的力量。

更让何贻珩觉得奇怪的是，这上山下坡，颠簸行来，似乎就不曾听见黄广潢道过一句怨言。若是换作别人，不说连篇的埋怨，就是一两句也在情理——天怎么这样热，山怎么这样高，或者，哎哟，路怎么这样远什么的。在她的印象中，无论如何，都没有关于黄广潢牢骚抱怨的记忆。相反，一路上，他居然还唱着歌儿。什么歌儿呢，也记不清楚了，但应该是那个时代流行的。不管怎样，这些都叫人不可思议。

在整段下山的路里，何贻珩还听见黄广潢在背后叫她："你小心一点，不要跑太快，脚要是崴了我可没办法了！"

这是他第一次承认自己的"无能"，想想也是，都走了这么多的路，哪里再能腾出什么精力照顾一个崴脚的同事呢。

何贻珩回头，发现黄广潢挑得还是很起劲，起劲归起劲，走得却越来越慢，需要她走走停停，稍等他赶上来。心里犯疑，就问他道："小黄，你上山走得明明那么快，怎么一到下山，反而走得慢了？"他终于又一次承认"现实"："我……挑担子挑得脚抽筋了。"

这让何贻珩不禁佩服起这个小年轻的韧劲，自己的腿抽筋也不说，生怕给别人添了负担，这种精神气质，格外有当年朴实感人的时代特征。

接下来他们一鼓作气，走到目的地。从大清早出发，到育苗场的时候，已是傍晚，路上只能看见人的模糊影子。都说旅行是最能了解一个人的方式，这样的长途跋涉，让何贻珩和黄广潢第一次接触，便有了深刻认识。

虽然屡屡感到"这个人真奇怪"，但在此背后，其实藏着的是这样一颗心：积极乐观、任劳任怨、踏实肯干，而且习惯与人为善。

这并不是大话。在日后的工作中，何贻珩与黄广潢有更多、更深的交往，越发证明了这些词用在形容黄广潢的特点上，竟是不虚的。

让何贻珩印象同样深刻的是，在接下来的政治运动中，这位年轻人也不过激，从没说过什么人坏话，更不会在背后捅人一刀。

再往后，大家一心建设社会主义，他还是老样子，勤勤恳恳、踏踏实实地做自己的紫菜养殖。而在专业之外，别人不情愿干的事情他也肯干，别人不情愿管的事情他也愿管，且大多是义务。小至给同事做衣服，剪头发；大至从画图纸开始自学建筑，为整个海洋水产研究所解决住房问题，更在西轩岛基地的建设上，无私奉献。

在很多人眼里，这个整天面带笑容的邻家大叔，不是领导胜似领导，不是亲人胜似亲人，常被女儿的同辈亲切地呼作"小黄爸爸"。

偏偏在荣誉和职位面前，他有追求，但不热衷，还经常退让。

黄广潇还是像那天挑着重担上山下山一样，从来没有叫过苦叫过累，也没叫过冤屈。每每看到他忙前忙后的样子，何贻珩总是想起那个夏日他的回答："挑得动！挑得动！"

他将自己的人生，走得亦如那条崎岖的山路。再怎么艰苦，再怎么劳累，他依然沉稳自若，一路唱着歌儿。

某种意义上，这种精神得益于时代的塑造。像他这样出生在四五十年代的一代人，正逢中国从积贫羸弱的状态中走出来，开始自强自立，让人无疑深受鼓舞，哪怕人生多次经历命运的震荡，也甘愿为国家挥洒热血，坚定地相信国家会更好，就像出版于1958年的《青春之歌》所写的那样，将自己个人生命的价值和意义，与中国人民的解放事业、中华民族的伟大复兴，紧密地，永远联系在一起。

他们这一代人，兴许可以被称为"理想主义"的一代。喜欢且甘当老黄牛，只问耕耘不问收获，对于奉献，也自认为理所当然。就连爱情，也是革命式的，彼此组成家庭，不是单单为了你侬我侬的儿女情长，更是为了共同建设国家。

只是，略去这种宏大的时代背景，回归到个体身上的时候，自然还是很好奇，这么一个出身寒门、自幼丧母的年轻人，是如何在物质贫瘠的年代，喂养出如此正直丰盈的精神的；又是如何穿过幽暗的岁月，在社会喧嚣的夹缝间，在生命有限的尺度里，拥有专业为本、投入奉献、热爱生活、无愧无悔的人生的？

这里要讲述的黄广璜，既不出名，也不伟大。但是，在他的身上，却像葛云飞、王锡朋、郑国鸿那些前辈一样，藏着这个国家之所以不死至于强盛的密码。

寻找黄广璜，以及寻找他所代表的那一代人，其实也是为当下这个繁华而不免浮躁的社会重新找回那种勤勉、踏实的感觉，重新找回付出即得、不求回报的精神。

他们离这个时代似乎已很遥远，却又无比的近。

第一章

走出莆田

地瘦栽松柏，家贫子读书

黄广潢出生的时候，距离那场拉开中国近代史帷幕的第一次鸦片战争方才百年，这个世界对中国又开始不太"友好"。

1940 年，正是抗日战争全面打响的第四个年头，日本军队不减来势之汹涌，已经占领大半个中国，而汪伪"中华民国国民政府"也在这一年的 3 月 30 日在南京成立，表明了汪精卫集团已完全沦为日本侵华的工具。直到 8 月 20 日，八路军发起百团大战，中国才一改全面被动的战略防御姿势。

此时的福建，也在日本人的魔爪下痛苦呻吟。由于是我国东南沿海的国防前线，战略地位十分重要，早在卢沟桥事变后不久，日军侵略的矛头就直指此地。1937 年 10 月 26 日，日本海军陆战队在飞机和战舰炮火的掩护下，分乘二十多艘小艇，分别从后埔、古宁头等地强行登陆金门。经过近一小时的激战，因敌众我寡，一百多名守卫滩头的保安队员、壮丁队员全部壮烈牺牲，金门岛遂告沦陷。尔后日军以此作为战略跳板，将厦门攻下。1941 年，侵华日军为准备发动太平洋战争，对福建沿海实施封锁战，并于 4 月 19 日发动攻占闽江口沿岸的福州战役，20 日先后占领长乐、连江、福清等，21 日攻陷福州。据统计，日军先后出动三千一百零四架飞机，对福建二十四个县市进行六百四十二次空袭，投下五千五百余枚炸弹，炸毁房屋两万三千多间，造成直接死伤逾八万人，财产损失达法币一百七十七亿元之巨。

黄广潢的老家莆田也难逃其劫。《莆田县志》记载，1938年4月，日军企图在平海登陆，被守军击退，日军最终落荒而逃。尽管抗日战争期间，莆田地区虽未直接遭受日军的地面攻击，但日机却对莆田持续狂轰滥炸。

枫亭太平桥被炸毁，仙游鲤城八间民房被炸，死伤二人。1939年日军再次发动最严重的轰炸事件，莆、仙县城以及涵江、三江口、江口、莆禧等地被炸，炸毁东山职业学校、涵中中学、圣路加医院等校舍、药房以及百余间民房，造成死二十人、伤十二人的惨案。

在黄广潢出生前后的5月至10月内，日军更是频繁地出现在莆田和附近仙游的上空，共四十一架次，连续轰炸涵江、三江口、桥兜等地，毁坏民房二百余间，民众五死、二十二伤。为了应对这密集的轰炸，莆田拆除了自己的城墙，以方便城里的人出城逃难。颇为吊诡的是，当年莆田修筑这一城墙，为的就是"抗倭"。

黄广潢日后求学的莆田一中，也因此多次搬迁。其原址为擢英书院。1936年8月奉省教育厅令，莆田一中自城内东门内搬迁至前省立莆田师范所遗校址，即旧兴化府学内。1938年，因抗战形势紧迫，学校奉福建军管区令，疏散师生到广宫乡第二校舍。1940年8月，校址自广宫乡迁至城西门外下郑村，以公共庙宇和民房为办公厅及教室。1941年11月3日，奉省教育厅电准，学校又从下郑村搬回城内旧府学内。

在老一辈的记忆里，当时留在莆田城里读书的孩子，功课内容中最重要的一门就是"跑警报"。教育当局根据政府的统一部署，给各校划定防空疏散的区域，进而由学校给各班级安排具体的地点。

福建自唐以来盛产荔枝，色味甚佳，而"莆中尤是闽中最"，莆田亦因此有"荔城"的雅称。"荔城无处不荔枝"，环城皆是，每当防空警报响起，孩子们在老师的带领下，走出城外，很有秩序地躲在指定的荔枝林中。

当年的黄母也应该被裹挟在这些跑警报的人群之中，也曾靠荔枝林救过性命。尽管黄广潢的老家延寿，位于莆田的城北，离南边的城市中心只有区区数公里，毕竟是在郊乡，并不像城区那样草木皆兵，但恐慌却像瘟疫，很容易便蔓延开来。

现在回想起，那个时候，身怀六甲的母亲成天东躲西藏，该是多么的无奈和仓皇。但幸运的是，黄广潢没有因为这种颠沛流离而发生意外，平安顺利地出生了。

宁为太平犬，不做乱离人。平安地出生在炮火遍地的世上，不知道是该庆幸，还是该悲伤。

莆田，无疑覆载着悲悯与传奇。尽管如今从福建省省会福州往南，高铁不消半个小时就能到达这片土地，西面、南面又与泉州接壤，它却从来不是以富裕，或者实力著称的。这个早在新石器时代就有人类活动的地方，并非让人能安土重迁之所在。哪怕相去福州只有"一步之遥"，和福州一样背山面海，但不似福州那样，在历史上乃至今日，长期作为福建的政治中心。所以莆田和福州在日后的发展中，逐渐拉开了距离。

相比福州全市陆地总面积一万一千九百六十八平方公里，其中市区面积一千七百八十六平方公里，建成区面积二百六十平方公里，如今的莆田，也只辖仙游一县，荔城、城厢、涵江、秀屿四区，以及湄洲岛管委会和湄洲湾北岸管委会，无疑是福建省之中颇小的地市。其陆域总面积只有约四千二百平方公里，境内耕地五万七千公顷，人口三百多万。不过，独特的沿海地理走势，海岸线曲折漫长，港湾众多，当中有湄洲、兴化、平海三大海湾，水深港阔，不淤不冻，湾外岛屿拱卫，两侧有半岛或岬角环抱，使得湾内风平浪静，海上又有大小岛屿一百五十多个，海域面积达一万一千平方公里，港口条件得天独厚。

但是，在以农耕文明占主导地位的封建中国，土地才是决定财富的根本。莆田的南北洋平原和东西乡平原在唐朝修筑陂塘后，不宜种植庄稼的滩涂、盐碱地都被开发为良田。可是南宋后，随着人口迅速增长，地少人稠，境内有谓"三山六海一份田"，开始出现"十室五六，无田可耕"的局面。在明代末期甘薯传入以前，莆田人只能多以打渔为生；明代开始，却又陷入海禁的泥沼。

也正是在明朝，宋时曾置的岩邑小县——兴化县，山区虎患频繁，病疫流行，匪盗横行，赋役苛重，百姓不堪重负，多有逃亡，人口锐减至四百户，不足维持财政，以致被裁革，其所辖各地被分别划入莆田县和仙游县。

这里的人要想在此寻找出路，只有两种途径。一个是通过认真考学，成为"莆仕"；另一个则是通过外出经商，成为莆商。

这让莆田在中国的科举史上"屡创佳绩"。也许很难想象，这个旧时最小的州府，在历史上科甲冠绝八闽，状元人数占全省将近一半，在全国位居第二，仅次于苏州。与此同时，莆田县还是中国进士第一乡，自开科举以来，在全国十八个千名进士县中，它以一千六百七十八名的数字高居榜首。在千年的悠悠岁月里，人口数量不过四五万人的仙游县，也创下七百多位进士的"亮眼数据"。统计下来，莆田，以占全国人口百分之一不到的微弱比例，拥有古代中国近百分之五的进士。一系列惊人的数字只是证明莆田的进士之多。

历史中最耀眼的时刻，一是在宋熙宁九年（1076），黄广潢的同村徐氏祖辈徐铎与其兄徐锐同登进士，殿试为状元。这是莆田延寿徐氏在徐寅被唐昭宗钦点为状元之后出的第二位状元，也是有明确科榜、为正史承认的第一位莆田状元。时人赞曰："龙虎榜头孙继祖，凤凰池上弟联兄。"同年，仙游薛奕也中了武状元。神宗帝题曰："一方文武魁天下，四海英雄入彀中。"徐铎后官至吏部尚书。

其二则当属南宋绍兴八年（1138）。这一年，轮到黄氏族人出人头地。诗人黄公度到临安参加戊午科省试，脱颖而出，为进士第一。是年，由于皇帝不亲策，即没有举行殿试，所以省元黄公度就被宋高宗特旨赐为状元及第。这让他成为莆田状元史上继徐寅、徐铎之后的第三人，也是有史料明确记载、明确科榜、正儿八经的文状元中的第二人。

更让人佩服得五体投地的是，这次省试的第二名依旧落在莆田人的名下，即日后的南宋名相、诗人陈俊卿。包括他们在内，当时的莆田举子共有十四人榜上有名，而第该科进士凡计二百九十三人。其中，这十四人里还有年纪最大的进士——七十三岁的林邓，也有年纪最小的进士——十八岁的龚茂良。偏处闽中沿海的莆田，竟然魁亚联登，且四异同科，史上仅见，轰动京城。

就在黄公度高中状元的那一届科举，状元、榜眼谒见皇上时，宋高宗惊讶地问他们，兴化究竟有何奇特之处，能够生出你们二位人才？黄公度奉答："披锦黄雀美，通印子鱼肥。"他似乎想通过这一回答，夸称一下家乡的物产。陈俊卿则回说："地瘦栽松柏，家贫子读书。"宋高宗听罢，认为榜眼略胜一筹，对黄公度说："公不如卿！"遂改了陈俊卿做状元。这不过是清褚人获在《坚瓠续集》中写的轶事，有所演绎，与史载不同，黄公度和陈俊卿都没有互换过状元榜眼之位，但"地瘦栽松柏，家贫子读书"一语，寓意深刻，的确是福建在科举史、文化史上的真实写照。

在"家贫子读书"之外，莆田文风之兴盛，反过来，也是得益于整个福建偏安东南一隅。

既然远离黄河流域，又有武夷山的阻隔，山高路远，自然很大程度上避免了各朝各代"逐鹿中原"所造成的破坏，因而相对稳定，在乱世中州竟成了一方宝地。这不能不让人慨叹。很多中原士族和民众，或为时势所迫，或因缘际会，纷纷离乡别井，迁徙至福建，并在各处落地生根。

他们在壮大福建人口的同时，也带来中原先进的技术和发达的文化，当中包括好学、进取的门风，使得中国文化主体的儒学，其重心由北方向南方转移。在莆田乃至整个福建掀起风起云涌的儒家思潮。故有谓"宋自濂溪诸君子出，东接其传于邹鲁，而南及濒海之闽，而后中原文献，十九在闽"。

最先的高潮应是魏晋南北朝时期。"司马昭之心，路人皆知"，正是出在这一时期。之后，司马昭之子司马炎代魏称帝，建立晋朝。然而，好景不长，不数年便遇永嘉之乱，好不容易在三国之后实现的短暂大一统，再次面临着分崩离析。为避免中央政权受到威胁，统治集团率领中原汉族臣民集体南迁，定都建康（今江苏南京）。为了区分，前称西晋，后称东晋。而这次集体南渡，史称"衣冠南渡"。它是中国移民史上的一次重要事件，也是中原汉人第一次大规模南迁。在日后，这些南渡的中原汉人，又纷纷进入闽地，入闽的主要八姓，即林、陈、郑、詹、邱、何、胡，以及黄。

今天福州仍较好地保留着里坊制格局的"三坊七巷"，其中便有全国的黄氏族人都经常要来瞻仰的黄巷。东晋黄元方任晋安（今福建福州）郡守，永嘉二年（308），避乱举家入闽，卜居在福州南后街，故称"黄巷"。唐乾符五年（878），崇文馆校书郎黄璞退隐归居在此，黄巢军入福州时，知黄璞是大儒，命令兵士夜过黄巷"灭烛而过"，勿扰其家，从此黄巷名声大振。族人从黄巷开枝散叶，商贸垦殖，尔后向外播迁日多。

黄姓是中国历史最为优秀的氏族之一，也是中国最具有迁徙基因的氏族之一。这个在远古洪荒年代发源于内蒙古东部、燕山之南的辽河西源——西拉木伦河流域中黄鸟族的黄姓族人，数个世纪便在东奔西走当中度过。夏时，其后代大廉被封于有黄之地，即今河南潢川一带，并建立古黄国，崇美玉，祀黄帝，并以国为姓，遂开黄姓正派主流之先河。日后，他们又四处迁徙，形成秦汉时期著名的江陵黄氏，及以名列"二十四孝"之一的黄香为代表的江夏黄氏。

与此同时，他们中间的一部分，又回到古黄国当年的旧地，河南固始。其与潢川相距甚近，中国南北地理分界线秦岭－淮河一线穿境而过。因为位于河南最东南端，东境与安徽六安邻近，不算正宗意义上的"中原"，但它却是中原人渡淮之后向东南前往庐州、安庆、徽州直至浙闽的必经之处，也是历代中原民众南迁的集散地。在入闽之前，黄氏便居于固始。但追根溯源，则是潢川。

也正是在福州黄巷，黄岸出生于此。其于唐圣历戊戊年以才德兼全科登进士，官历翰林史馆学士、徐州牧、升广西桂州刺史。正是在广西桂州刺史一任上，他"以疾疏请回闽"。据《黄氏族谱》载，"时由南越乘船自海路归，不意中途遇风，漂到莆田涵江延福山"。在登陆之后，黄岸见这里"延福山山水之秀，遂定居此"。

他所定居之地，在当下是莆田涵江区国欢镇黄霞村，比较远离今日莆田的中心城区。今天，莆田的黄氏族人都尊黄岸为入莆始祖。

也正是略晚于黄岸之后，又有三人"开莆来学"。他们是河南荥阳郑氏入莆始祖——郑露、郑庄、郑淑。他们为同族三兄弟，以郑露为长。据族谱记载，郑露为唐代人，而诸多史、志记载郑露为南北朝梁、陈时人。

据传，德宗贞元元年（785），三人由侯官入永泰，由永泰至莆田。在南湖山（今凤凰山）祖坟侧，他们创建闽地第一所学堂"湖山书院"，"构书堂以修儒业"，此举被视为莆阳儒家文化的启蒙。郑露曾作诗《七绝》称：

千年松柏问谁栽，荥水长流倡学来。
鹤骨龙鳞沦佛海，南湖一鉴映天台。

可以说，正是他们的努力，开创莆田文化教育之先河，为莆田换来"十室九书堂,龙门半天下"的人文荟萃局面。由于三先生开莆田"文献名邦、海滨邹鲁"之先河,世人尊他们为"南湖三先生"。

明成化二年进士黄仲昭云:"露在莆人未知学之先与其弟从事诗书,开莆之儒学,亦可谓豪杰之士也欤。"景泰甲申年(1464)所作莆田进士题名碑记则道:"吾莆科第、昉自唐贞元。"而根据《兴化府志》,在他们为这块土地播下第一颗文化种子前,"莆犹未为县,人不知儒学"。无怪乎黄仲昭等后进如此感激"南湖三先生"他们当年开办"湖山书院"倡学训道的丰功伟绩,它让莆田科举由此而兴。

当然,莆田之所以在学风上能持之以恒,能源远流长,还在于又一黄姓族人的努力。他正是黄岸的五世孙,晚唐著名诗人、八闽文章初祖黄滔。

2008年,黄广潢老家莆田延寿村黄氏族人在村中重建黄氏宗祠,并树碑立传,作有《重建黄氏宗祠记》。它对黄滔的评价集中在两点,一个是其"前启后承",一个就是"文章初祖,御史推官,睿智雄辩,辅佐闽王,规正有功"。

"前启后承"好说,他在黄岸入莆的基础之上,将黄氏在莆田居住的范围,由莆田的外缘,推向今天的中心城市——莆田荔城区英龙街,亦即东里。

不过,与他开枝散叶相比,他在这个世上所作的功绩,更为人津津乐道。

黄滔从小便志在功名,学得文武艺,货与帝王家。弱冠时,他便只身一人离开延福山老家,与陈蔚、黄楷、欧阳碣三人,来到三十多里外的南山东峰书堂苦读。到唐咸通十三年(872),他便北上长安。

然而,命运对他这位能诗、能文、能赋、博学多才的文学家,一度很残酷。因考官徇私舞弊,他屡考屡败,前后历经二十四年,经过二十场考试（中间因河东兵变、黄巢攻破长安等，朝廷停考四年），让他都快患上黄榜恐惧症。

国家不幸诗家幸。在这几十年内，他曾写下无数篇章。他的诗作，在《全唐诗》中整整收录有二百又八首。而他的辞赋，也因"雄新隽永""悲怆激越"，有二十二篇被收进《全唐文》。在福建，他也因此被誉为"八闽文章初祖"。

尽管在唐乾宁二年（895），黄滔终于以《人文化天下赋》等三赋金榜题名，在二十五名进士中，名列第十。然而，就在这位历经懿宗李漼、僖宗李儇、昭宗李晔三个朝代的新科进士打算一展宏图时，动荡的时局却顾不上给他一个机遇。此前八方来朝的盛唐，随着安史之乱，已经华夏将倾。可怜的昭宗皇帝更是一位悲情人物，即位之时，便面临着严重的藩镇割据的坏局，各级组织完全为军阀取代。州无刺史，县无令长，昭宗空有一身抱负，也不能转危为安，甚至人生多年受制于称霸陇右数年的李茂贞，以及黄巢降将朱温。次年，他为李茂贞等人挟持在华州，堂堂一国之君就这样被大臣幽禁将近三年。等到李茂贞等人放昭宗回长安后，黄滔才得以被安排职位，分配到国子监四门馆，当上一位"四门博士"，在崇尚武力的唐末，这种职务聊胜于无。很快，昭宗又一次时运不济，遭遇宦官毒手。光化三年（900），宦官刘季述与神策军右中尉王仲先幽禁昭宗，立太子裕为帝。可以说，唐朝这个曾经盛极一时、八方来朝的朝代，外败于节度使，内毁于宦官。黄滔愤然弃职回乡。

好在在福建，他遇到了"贤主"。此时主政福建的，正是深受福建人爱戴的"开闽尊王""开闽圣王"或"忠惠尊王"——王审知。

在辅佐王审知期间，黄滔提倡减赋税、轻徭役，节约官府开支；重商务、开港路，兴旺海上贸易；建学校、育人才，发展地方文化。建言一一得到王审知的采纳。

更重要的是，当朱温篡唐之后，其他割据各地的节度使，也跟着纷纷称王，过把皇帝瘾。但黄滔审时度势，规劝王审知"宁为开门节度使，不为闭门天子"。而王审知也接受了黄滔的建议，经受住诱惑，使福建在天下大乱、军阀混战的情况下，能够独享太平，免受兵祸。此外，黄滔还收留、引进中原文化人才，开启民智。

黄滔的善政，既为福建从唐代的边陲蛮荒之地，一跃成为宋代的政治经济文化重镇打下了坚实的基础；又让福建乃至整个莆田在很长时间内得保安宁，并诗书继世。

今天，在莆田城区东里巷，有莆田现存年代最早、面积最大、结构完整的古祠——黄滔祠，大门上悬挂着"东里黄氏大宗祠"匾额，楹联更由莆田地方志专家林祖韩所撰："雄藩息烽火，名士集南州，规正许功，闽海一时称乐土；延福世书香，甲族开东里，文章初祖，莆阳千载仰高贤。"说的意思，也和《重建黄氏宗祠记》相差无几。

正是从这个古祠中，走出了进士九十四人，其中状元两人，榜眼宰相一人、尚书一人，以及历代解元十四人。

状元之一说起来或许陌生，是黄滔庶孙黄仁颖。虽然他本人的知名度没有那么高，但他有个特别杰出的后代——宋代文豪欧阳修。

或会好奇，欧阳修分明是姓欧阳，何来与黄氏扯上什么关系。这就得说到他的祖父欧阳偃，其实乃黄仁颖的长子，因年少家贫，无力攻书，遂赘于欧阳郴舅父家随母姓。从此，这个世上便少了一个黄修，而多了一个欧阳修。

黄仁颖是在后唐明宗天成丁亥年（927）始登状元，为后唐明宗李嗣源所赏识，特召入洛阳凤阁辅助，随即赐为护銮学士，不过他一般不算在莆田状元行列。其在京都为官十年，素性清俭，门无私谒，屡受奸相排挤。日后，又历后唐末帝李从珂、后晋高祖石敬瑭二朝。然见朝政无所建树，他大失所望，于后晋天福二年（937）辞官告归，和老祖宗一样，回乡过隐居生活。

不过，另外一位状元，即为黄公度。他是黄滔八世孙。尽管在应对宋高宗时，被认为不如榜眼，但是他和老祖宗一样，有着相似的风骨。

在《重建黄氏宗祠记》中，黄公度被评价为"居官耿直，以廉勤称"，由于他与宰相赵鼎交好，而赵鼎又力荐岳飞抗金，最终他也屡遭秦桧的打击，"贬摄南恩，官止外郎"。最后英年早逝，去世时年仅四十八岁。

在一首七律《悲秋》中，我们也许能感受黄公度内心的愤懑，以及对朝廷推行的投降求和政策的不满。诗云：

> 万里西风入晚扉，高斋怅望独移时。
> 迢迢别浦帆双去，漠漠平芜天四垂。
> 雨意欲晴山鸟乐，寒声初到井梧知。
> 丈夫感慨关时事，不学楚人儿女悲。

诗中他以"山鸟"喻指那些只求一时的欢乐、沉湎于偏安局面的权贵们，但好在还有那些看到暂时繁荣背后隐伏着危机的、关心国家命运的有识之士，他们就是那宝贵的"井梧"。

从黄滔到黄仁颖、黄公度，我们都可以看出，在时代的困局面前，他们尽管郁郁不得志，但从没有放弃自己为人、为文的原则，并矢志报国。这份骨气，也传至今天。

正是在前人的引领和指示下，纵然"岁月飞驰"，黄氏的那些"状元裔孙"们，依旧"瓜瓞绵绵，甲第蝉联，世代簪缨"。东里因此在苦难中更加辉煌，"流芳遗泽，荫及后昆"。黄氏亦遂"稼村聚族，族大藩衍"，最后由东里而延寿。

但谁都清楚，不论是延寿、东里，还是莆田，这些地点，终将是他们千年旅程中的一站而已。

为了安顿自己的肉身和灵魂，他们在物质与精神之间，在理想与现实之间，不断寻觅一种适合自己的生活。并以此为指引，在漫漫的历史长河中，一再地背起行囊，漂泊天涯，将足迹踏向莆仙、八闽乃至华夏大地，把一个个异乡变成故乡，又永不停息地，把一个个故乡变成他乡。与此同时，将中原氏族的进取、开拓的门风播撒到各地。

某种意义上，秉承"家贫子读书"的古训，由无数前辈铸就并厚积的风骨和文脉，让每个莆田人都会选择在求学上下功夫。

这不仅再正常不过，而且成为每个人、每个家庭的心理潜意识。即使战乱可以打碎这种低质量的安宁，但死活打不断的，便是这一脉相承。

祖先是榜样

到黄广潢的爷爷时，虽然整个国家已经江河日下，被西方殖民者用坚船利炮打开了国门，但是他还是坚持读书，并考上秀才。

不过，这似乎已是黄家在旧社会里的最后余光。如果记忆没有错的话，爷爷大概生了三子一女，黄广潢的父亲黄亚九盖于 1908 年出生，是为长子。尽管多子，这个家庭并没有多福，终其一生，他们都只能放下课本，做一名为土地所困的农民。

好在这块土地，还能为他们提供最低限度的支撑。相对而言，延寿村也算是莆田难得的风水宝地。一方面，它离城区相对较近，而另一方面，它又有着相对优越的自然环境，有山，有水。村外不远是九华山，整个村庄被一条"几"字形的延寿溪嵌套其中。

延寿溪是莆田母亲河木兰溪最主要的支流，发源于仙游钟山，一出生便穿山裂谷，惊天动地，营造的以湖、洞、潭、石四奇著称的九鲤湖与瀑布，堪称东南一绝。徐霞客说，"湖不甚浩荡，而澄碧一泓，于万山之上，围青漾翠""湖穷而水由此飞堕深峡，峡石如劈，两崖壁立万仞。水初出湖，为石所扼辖制，势不得出，怒从空坠，飞喷冲激，水石各极雄观"。还说："即匡庐三叠，雁荡龙湫，各以一长擅胜，未若此山微体皆具也。"此后，该溪又经由今日东圳水库，沿着九华山山脚逶迤而行，到延寿村时，已水势舒缓。旧志便称"十里无湍激声，萦绕九华山下一碧如带"，故亦名"绥溪"。自古以来，此溪便清澄如画，加上没有激流，过去文人雅士多乘游船垂钓，赋诗取乐。

而村北溪口，则有一桥飞架南北，是古代往山乡、通闽府的必由之路，相传在邑人李富的发起并捐资下，于宋建炎二年（1127）兴建，五年（1130）工竣。其为青石板桥，长近百米，有十三门桥孔，桥面两侧石栏杆上雄踞着各具形态的石狮子，"石狮不嫌风雨斜，钓竿自具烟云趣"，自建成之后，如一道长虹横卧在粼粼的碧波之上。直到今天，宋龙图阁学士陈宓题写的"延寿桥"碣石，依然伫立在桥头。碣是宋绍定二年（1229）兴化知军林清元所立，于清光绪六年（1880）重建。而陈宓，正是陈俊卿之子。

得益于如此秀异的水土，尽管居家条件不佳，但这里的房前屋后，满眼果木，郁郁葱葱。除了繁荫的荔枝，延寿村还盛产橄榄、龙眼和杨桃。

为了给这个家庭多挣点收入，黄亚九也种了不少果树。一到果实成熟的季节，他便搬出竹梯。这些果树都相当高大，一把竹梯往往还不够用，必须再捆接一把竹梯，才能搭上几丈高的枝头。如果捆接得不牢靠，人爬上去，左摇后晃，一不留心，便重重地摔下来。尤其遇上台风天，更有性命之虞。这里的每颗果实，在当时都是冒险换来的。

相比起来，在延寿溪上摘荔枝，更是惊心动魄。直到今天，延寿溪沿岸都密长了无数的荔枝树，但是有不少的枝条都伸到河面之上，荔枝成熟以后很难摘取。当时有人就将竹梯架在船上，用绳子绑定，然后再攀爬而上，这一套下来简直就是河上杂技表演。

能做这种"表演"的，空有一身的勇气也不行，还得有条件，那就得使用的船不是木船，而是水泥船。这种船是用水泥和钢筋浇灌而成的，配上两副船桨，也是当年延寿溪上重要的交通工具，因为运载量特别大，而且稳定，所以一到收割稻谷之时，便是它大发神威之际。寻常的小木船只能到河里捕捕鱼。不过，这种船也不是谁都能拥有的，必须要有一定的家底。

黄亚九自然没有这个能力。但是他多少还有一门手艺，那就是缝纫。有事没事，他便会挑着自己的担子，到处穿街走巷。

在自己的努力，以及旁人的撮合之下，黄亚九最终成立了自己的小家庭。他娶的是象峰村的一位姑娘，丈人姓郑，丈母娘姓陈。不过，处于动荡的社会和困顿的生活，还是影响到他生儿育女。1929 年，他的大女儿出生，取名为黄金莺，但是到他的第二个孩子，也就是长子黄广潢出生时，已经相隔十一年。这个时候，姐姐虽然还不大，但也是穷人的孩子早当家，成了家中的一个得力帮手。

生活再怎么不济，传统依旧顽强地扎根在这个贫困的家庭之中。黄广潢的出生，给这个家庭带来了一抹亮色。对这个男孩，黄家显然寄予了很大的期望。

如果认真审视一下"黄广潢"这个名字，就会发现，繁体字的"黄廣潢"皆是以"黄"字为偏旁部首的。另外，"潢"字暗喻"潢川"，这一切，都是在提醒子孙不忘自己的根本，并以黄氏祖先为榜样，努力学习，奋发有为。

自 1956 年推动汉字简化方案以来，"廣"字已简化成"广"字。但为了表示对家族的尊重，以及对祖辈希望的继承，黄广潢在日后的签名中，从来都是写成"黄廣潢"，而不是"黄广潢"。

只是，这个世界总是像孟子所说的那样，"天将降大任于是人也，必先苦其心志，劳其筋骨，饿其体肤，空乏其身，行拂乱其所为，所以动心忍性，曾益其所不能"。命运很快便给这个贫家男孩当头一棒。

在黄广潢三岁那年，黄母生下第二个儿子，不想在坐月子时得了大病，因为没钱去医院，结果没过多久就去世了。

少了最为重要的女主人，这个家的天塌了下来。望着老的老，小的小，家里还有嗷嗷待哺的孩子，黄亚九一下子崩溃了。那时候，这个家的很多事情，都是由黄广潢的婶婶帮忙着打理，但这也不是长久之计。后来，她便出主意，把才十四岁的黄金莺早早嫁出。如此一来不仅能为这个家省点口粮，还能额外为这个家，换得十几担粮食，以及一些银元的彩礼。这在当时的莆田，已经见怪不怪。

姐姐黄金莺嫁到了西天尾的李家，就在今天莆田市西天尾镇的沟尾街上，八闽莆仙大地有一道名吃"西天尾扁食"正是来自此地。在很早之前，该地原名"霞梧"，因位于后卓前墩之尾，后来逐渐以"前墩尾"取代了"霞梧"。在莆田方言中，"前"与"西"两字谐音，所以又名"西墩尾"。加上说得一快，"西墩尾"就变成了"西天尾"。

从延寿村过延寿古桥，往北步行五六公里方才到达的西天尾，相比而言，它更远离莆田在当下的中心城区，乃是山林与平原的接壤之处。这样的地方，看上去应该比延寿更穷困，但是在过去很长时间内，它却以"小码头"和农村集市著称。

由于此地境内沟系如网，沟渠开至西天尾沟尾，加上有后卓溪穿流而过，所以西天尾也成了山区杉木、笋箨货、柴草的集散地，它们通过水路被运往平原、沿海各地，而山区群众所需要的生产、生活资料，也从城里运至西天尾，再通过人工肩挑背扛给运进山野之中。沟尾一度很盛行"船运站"。据考证，妈祖林默娘以及林则徐的祖辈——林氏最重要分支之一"九牧林"的开派始祖林披，便是该地人。今天西天尾镇龙山村，即为九牧林氏的发祥地。

而黄广潢的亲外婆所在的象峰村，在今天也隶属于西天尾镇，不过比起沟尾，它更靠近九华山山麓，所以属于山区。有可能是他们到这里跑运输，方才得以认识。

就在沟尾生活的李家，自然一度比较风光，家有田产几十亩，荔枝树几十棵。这便是黄金莺嫁给李家时，黄家还能得到一定实惠的原因。

其实，还与她丈夫李天赐自身有莫大关系——大概自小得了小儿麻痹症，李天赐长大以后，腿有些残疾，走路一瘸一拐，不好找对象，彩礼要厚。

李天赐要上黄家提亲的时候，为了隐藏自身的毛病，一直都是请媒人张罗的。就是相亲地点，也由媒人定在一个小广场。李天赐远远站着，媒人就给黄金莺指，说那就是提亲的李天赐。黄金莺远远看不清楚，但觉得小伙子还不错，便点头愿嫁。后来知道了真相，回娘家就哭说夫婿原是有腿疾的。但是媒妁之言父母之命，且家里的经济条件已经容不得黄金莺对此有什么意见，可以说，姐姐的牺牲，给了这个家喘息的机会。

幸而她没有因此误了终生，尽管是旧式的夫妻，而且丈夫残疾，但李天赐为人却十分的厚道，在妻子嫁过来之后，尽力安慰，也尽力在生活中扶持妻子。他们在相敬相爱中走完了这一辈子。

十六岁时，黄金莺和李天赐正式成婚。十七岁时，她生下了自己的长女李金玉。这一年是1946年。这时才六岁的黄广潢也"荣升"为舅舅。直到1962年，夫妻俩基本上保持着三年生一个的"态势"：1948年生大儿子李文清，1951年生二儿子李文廉，1954年生二女儿李金兰，1957年生小儿子李文忠，1960年生三女儿李金霞，到1962年，最小的女儿李金凤出生。大概黄金莺年纪和大女儿的相隔并不大，所以取名时，几个女儿的名字中都带有"金"字，在旁人看来，母女们竟更像是姐妹们。

此时的黄广潢，和他的外甥们，在岁数上都相差无几。虽然身为长辈，但外甥有娘，反而显得他更有些寂苦。但是，他并不孤独，因为陪伴他的，有弟弟，有父亲，有叔叔婶婶，还有这里曾经出没过的无数"先辈"。

略微有闲的时候，黄广潢喜欢看父亲做裁缝时的样子，看父亲拿直尺和画饼在布料上左画一笔右画一下，一块布转眼就成一个兜兜，一条袖子，甚至一件衣服。父亲告诉他个中的原理，还告诉他，做任何事情，都是台上一分钟台下十年功。他听得似懂非懂。

他还喜欢听父亲讲故事，毕竟有家学渊源的基因，肚子里又装着秀才爷爷几本古籍和自己走南闯北听来的内容，父亲总是能倒出一堆故事来。从小，他就从父亲的嘴里接触到了苏武、班超、陆游、辛弃疾等民族英雄的事迹，也听了不少莆田的历史传说。

像林默娘出生不闻啼哭，却自小即习水性，十六岁起，矢志不嫁，专为商人、渔民救险排难，后因救人而逝世，最后功德圆满成为海神妈祖。她的天后祖祠便立于莆田湄洲岛之上，至今仍护佑着在海上往来的人民。

还有像陈文龙，是南宋末抗元将领，曾上书弹劾奸相贾似道对元兵一味求和误国，后倾尽家财坚守兴化，"生为宋臣，死为宋鬼"，因叛将开城降元被捕之后，却诱降不屈，械送北上，一路绝食。经杭州谒拜岳飞庙时，悲痛万分，气绝而死，葬于杭州西湖智果寺旁，被后人誉为福建的"岳飞"……

有时，他也会去村里的一口井边汲水。这口井在村子的另一头，与他家相隔不远，只有百米之遥。这口井跟徐寅有关。据说徐寅当年在延寿成长并读书期间，因为生活维艰，"岁计悬僧债，科名负国恩"，连喝的水，都是僧人涅槃于唐乾符四年（877），为其凿井而来。但他从小人穷志不短，青年时遍览群书，博通经史，勤奋自勉，满腹经纶。与此同时，因经常游历名山大川、接触底层民众，他对民众疾苦也了然于胸。

唐乾宁元年（894），徐寅不远万里赴长安赶考，在题为《止戈为武赋》的卷文中，健笔如飞，一蹴而就，一支烛才烧完，便完成全文。文中一句"破山加点，拟成无人"，曾让考官礼部侍郎李怿拍案叫绝，大为赞赏——破山加点，为"止"字；拟成无人，则为"戈"字。而"武"字是"止"和"戈"两字组合而成的。他想借此表达的意思便是，真正的武功，其实便是"止戈"，进一步引申，也就是要努力消灭割据暴乱，让社会稳定，人民安居乐业，一起建设经济、发展生产，最终实现民富国强。

传言，殿试时李怿曾将徐寅所作的篇章呈奉给唐昭宗。皇帝看了喜上眉梢，啧啧称赞，欣然钦点徐寅为状元，并赐号"锦绣堆"。他喝的那口井，也因此称为"状元井"。

每次看着这口状元井，黄广潢便不由赞叹在这里的祖先们，不仅个个都积极进取，而且心怀天下。他为此在内心暗暗发誓，自己也要像祖先一样，努力学习，成为对国家有用的人，成为有气节的人。

在姐姐嫁人之后，黄广潢也很快就上学了。有老师帮管着，多少可以帮助黄亚九减轻一点负担。而对黄广潢来说，这让他有了鱼儿遇到水的快乐。

那个时候，村子里大多人家经济条件都不好，不过得益于当地的文脉，加上办学风气浓厚，所以这里的孩子到了开蒙年纪，不是进私塾，就是入官学。

自从郑氏兄弟"开莆来学"之后，到明代，莆田教育已然有官学与私塾并举、共同繁荣的成熟格局。官学有社学、县学、卫学、府学。明正统年间，仅莆田一县就有六十二所社学。到清代，莆田更是兴办起了海滨书院、崇正书院、经天书院、正音书院、东黄书院、开文书院、奋贤书院、雪峰书院、步云书院等书院，尤以1807年创建的擢英书院最为知名。其所在地原为乾道五年（1169）状元、观文殿学士郑侨后裔——嘉靖八年（1529）登进士第的郑大同之故宅。这也奠定莆田文化发达、进士状元层出不穷的重要基础。

不过，戊戌变法后，废科举兴办新式学堂已成历史发展的必然。莆田虽然无法继续依靠科举获取荣光，但也不甘落后。1906年，莆田人士，也是晚清最后一批进士——关陈谟、张琴在返乡后，继承祖先之志，于擢英书院创办了官立兴郡中学堂，由此开启莆田现代新式教育之门。校名冠以"官立"区别于私立,标示其办学经费主要来自官府,"兴郡"系兴化府域的俗称,"中学"则蕴含"中学为体,西学为用"之意。从中可见,它既传承莆田倡学训道的传统,同时也是莆田新学的鼻祖,标志着兴化府封建教育体制基本终结。

不管是私塾,还是官学;也不管是旧学,还是新学,这里的孩子在入学时,都要做一件大事,那就是要拜"壶公"。壶公是汉代影响中原一带的神仙,因南游至莆,正好碰上在兴化平原上与九华山南北相对、巍立着的那座钟灵毓秀形如壶的壶山,遂隐居于此。因壶公悬壶济世,民仰其名,壶山因此改名为"壶公山"。

传说生于明成祖永乐年间的莆田状元柯潜幼时愚钝,偏居壶公山麓的柯朱村,闭门苦读,不谙世事,连门前壶公山亦不曾见过,冥顽不化。跟塾师学习很久却一点长进都没有,让塾师都不好意思再教下去,即要告辞。柯潜遂送先生下山,此时柯潜豁然看见壶公山貌,一下子开了窍。塾师不忍见柯潜眷恋追赶送行,便说,若能对得上对子,就不走了继续教他。两人已行至半山腰处,适逢一个村姑娘肩挑橄榄款款而来,塾师触景出题道:"女子独行随橄榄。"柯潜忽见先生挎的包袱上绣有石榴,对道:"先生欲去挂石榴。"这里妙用莆田方言谐音"谁敢拦"、"我实留",堪称巧对,塾师亦留了下来。据说柯潜当时正是窥见了壶公山神,才聪明顿悟,因此,拜壶公成为莆田孩子入学最为重要的仪式,所谓"拜了壶公,聪明花开"。黄广潢记得,拜壶公的祭品大多需要葱三根,寓意聪明;芹菜三根,寓意勤学;竹笋三根,寓意虚心;杏仁一盘,寓意幸运。当然少不了的还有桂枝,那就是寓意通过勤奋苦读、虚心向学,加聪明和幸运,最终蟾宫折桂。以前是考状元,后来就是考大学。之所以要用芹菜、竹笋、杏仁做祭品,跟这些物品大多寓意颇佳有关,而且是莆田当地常见的物产,方便取用。

黄亚九亲自把儿子送进学堂,在上学的第一天,他告诉黄广潢,要记得在心里天天拜壶公,让壶公督促你,提醒你。黄广潢说,好,我一定会记得壶公的教诲。

在日后很长一段时间里，黄广潇都把勤奋和虚心当成自己的信条，有时他甚至掐一根芹菜放在自己的身边。他上学之外，平时还忙着照顾弟弟，打理家务，但只要有空闲，他就废寝忘食、孜孜不倦地学习。

因为家陋，梁柱低矮，一到傍晚，屋子里的光线就极其不好，这时黄广潇会爬到院子里的荔枝树上，背倚主干，两腿骑坐在枝丫上，然后埋头苦读。有小伙伴找上门来，总是左看右看不见人，一喊才发现黄广潇在自己的头顶上。树上念书让他不断地充实自己，但也留下了后遗症，升上初中时，他的背有些驼了。

也许是吃了"葱"的缘故，他在学习的过程中，慢慢地摸索出一些规律——要懂得提炼总结，善于掌握知识结构，才能真正做到循序渐进，融会贯通。他还喜欢做一件事情，那就是将自己在课堂上听老师所讲的，或者从课本上看到的故事，对着树木，对着其他不会说话的东西，自己重新叙述出来。这样，可以加深自己对事情的理解。后来他发现，弟弟虽然还不是太懂事，但也是一个很好的听众，他在上学时听老师讲完，放学回到家有时他就当老师讲给弟弟听。

他跟这个弟弟的关系一直都很亲切融洽，也许是因为共同的命运，一母同胞，母亲早逝，让他们在日常生活中相互怜悯，相互关照。而作为年长几岁的哥哥，他觉得自己的肩上应该负起更重的担子。每当父亲不在家，他则告诫自己，要担起"长兄如父"的职责。

他叫黄广潇，弟弟叫黄广越。让人联想起伟人在 20 个世纪 30 年代写的那阕词："雄关漫道真如铁，而今迈步从头越。"或许承载了黄亚九对这个家庭的又一种寄托，虽然妻子去世，丢下了两个幼子，但是困难一定是暂时的，也一定能飞越而过。

在往后的人生中，黄广潇一遍遍地回想起自己当初苦读的情形，以及院子里那一棵被他爬了不知道多少次的荔枝树。这些树成了他天然的课堂，更重要的是，还滋润了他的童年。

荔枝成熟的时候，正是稻谷夏收的时候。尽管在平日里很难吃饱饭，但新米出来之后，也总会享受几顿。米有了，菜却在盛夏变得格外稀少。所以，莆田人常常就着荔枝下饭。被剥去果皮的荔枝，躺在碗里，如同一枚枚煮熟的去壳鸡蛋，晶亮透白，让人看一眼，都觉得有股清甜的滋味津润在喉咙里，何况尝起来味道确实美好。

荔枝不仅当饭，还可以做灯。做这种荔枝灯，说难也难说不难也不难。首先选取品相好看、柄蒂相连的荔枝，然后轻轻地剥掉外面那层果皮，留下里面那层通常是白色而紧贴内壳的薄膜，再用小刀或者指甲将薄膜从中截开，最后再将被分开的薄膜向两头翻卷过去，露出白色的荔枝肉。提起细柄，一盏小巧玲珑、晶莹剔透的荔枝灯便告诞生。它像极了中国传统的宫灯造型，在阳光或灯光的映射下，半透明的果肉里，隐约可见那颗黑黑的核，让这没有光源的"灯"泛着一点儿光晕。无疑，这种荔枝灯既能吃也能玩儿，点亮了许多人的童年，而且点亮了整个莆田。

除此之外，莆田当地的风俗文化，也让黄广潇的童年变得更为丰满。在这个地方，曾经盛行着无数曲艺，这大概跟莆田人的性格有关，越是社会不安、生活困顿，越阻挡不了他们对幸福的向往。曲艺中不仅有全国独有的民间古老曲种，可追溯到汉唐时代宫廷音乐的"十音八乐"，也有莆田人深爱的莆仙戏，正如泉州人喜欢南音，安徽人喜欢黄梅调，浙江人喜欢越剧，而陕西人喜欢秦腔……作为中国现存最古老的戏曲剧种之一，莆仙戏经过千余年的发展进化，留下五千多个传统剧目。这些民间文化不仅没有失传，而且在逢年过节，嫁女迎亲，尤其是祭祀妈祖、庆祝抗战胜利以及全国解放时，常被搬上舞台，或者村头社尾。

一有机会，黄广潇便牵着弟弟，跟着乐队和剧社跑，不知不觉中，他也喜欢敲敲打打，会哼出很多唱词。

某种意义上，他的人生从一早便浸染着苦难，自小便因营养不良长得不够高大威猛，到老也只有中等身材。但是这块土地的人文山水，以及风物特产，也让他在苦中有了难得的快乐，并进一步培育了他那乐观向上的积极精神。

这无疑有助于他对学业的拥抱和投入。让整个黄家都感到非常欣喜的是，1953年，他以优异的成绩一举考入当地最为知名的中学——莆田第一中学。

在中国的近代教育史上，莆田一中不仅是当地，更是整个福建的一颗宝贵的珍珠。它的前身，正是官立兴郡中学堂。

1906年成立的官立兴郡中学堂在百年间，屡易其名。最初随着辛亥革命爆发，中华民国成立，于1912年改为"兴化中学校"；1917年，全省以公立中学排序而改为"福建省立第十中学"；1927年改为"福建省立第十初级中学"；1929年，改为"福建省立莆田初级中学"；1932年，学校增设高中部，首招三年制高中生，但因校舍不足，于次年春并入省立莆田师范学校普通科。

1936年，改为"福建省立莆田中学"。也正是在这一年，由于中学教育实行统制，省立莆田师范并入闽师，所遗校址，即旧兴化府学便由其占用。相应地，随着省立莆田师范的改制，原省莆师附属小学亦改名为"省立莆田小学"，校址亦与其互换，搬至旧擢英书院，这所小学历经变迁，在今天即是莆田知名的莆田市实验小学。

1937年，福建省立莆田中学停止高中招生，未毕业的在校高中生并入省立福州高级中学；1939年，改为"福建省立莆田初级中学"；1941年，其在抗战初期四处奔波办学之后又搬回到旧兴化府学。

时至1942年，又改为"省立莆田中学"，恢复了高中招生考试，成为莆仙地区唯一一所省立完全中学；1952年10月，也就是黄广潼入学的前夕，始称"福建省莆田第一中学"。之后，又经过一些校名的变革，1973

年 3 月，最终敲定为"莆田第一中学"，不过从 1998 年起，停止初中招生。

尽管多年来历经曲折，尤其深受战争的困扰，但这改变不了该校以培养人才为己任的目标。北宋邑人蔡襄有言："州郡之有学，所以励贤才而进德业，必有师友专训导之方，为之治经术，习文章，讲道义，以称厥职。"进德可资载物，这也成为该校办学的首要宗旨。

勤俭朴素、爱国向上，也因此成为该校一直传承的优良学风。更重要的是，该校在追求学业的同时，也注重发挥同学的文体特长。某种意义上，这也跟莆田当地的人文环境有关。自古以来，莆田就追求"文能治国、武能安邦"，所以文武兼修，既出文状元，也出武状元。推崇文体并重，可以强身健体，也可以让莆田人多个"强项"就如多个"朋友"一样多条出路。

1920 年，学校便举办了首届田径运动会，比赛项目有田径项目，也有表演项目棍操、兵列操、国术等。1931 年起，学校每年举办两次运动会。

同是在 1931 年 8 月，中学特级教师，也是新中国第一批国家级裁判，曾荣膺国际业余田径联合会颁发的荣誉奖状的莆田人翁祖烈，从上海东亚体育专科毕业，于莆田一中任教。在六十个春秋之中，他以莆田一中为基地，精心抚育人才，艰苦开拓莆田的体育事业，为莆田荣获"田径之乡"作出贡献。

正是得益于此，在莆田一中办学的一百多年内，四万多名校友从这里起程，谱写人生的新篇章。其中有护法运动先驱林师肇、邹鸿俦、林一士等，有革命烈士王于洁、韩永藩、徐元昌、欧成龙等，有抗战英雄温彦斌、陈文杞、林擎岱、陈祖勖等，有院士专家林兰英、闵桂荣、杨锦宗、黄维垣、蔡自兴、黄文魁等，有党政高级干部林一心、林汝南、黄国璋、肖键、李礼辉、陈金海、黄春萼等，有文学家教授学者郭风、朱维干、陈一琴、李建平等。

当然，也走出不少在体育赛场上为国争光的明星。如第一位跳过八米大关的中国跳远选手、曾两度改写亚洲跳远纪录并在第二十三届洛杉矶奥运会上取得跳远项目第五名的刘玉煌；以及曾打破亚运会十项全能纪录，并在洛杉矶奥运会上以总分七千六百六十二分取得男子十项全能第十五名，是中国"冲出亚洲，走向世界"的十项全能选手第一人的翁康强。

对黄广潢的姐姐、姐夫一家人来说，他们最常听说的莆田学子，是林兰英。

"光荣"永藏心中

林兰英，中国半导体材料科学的奠基人与开拓者，为九牧林的后人。某种意义上，她也算得上是西天尾人。不过，她能走上成功之路，付出了远超同龄男性的心血。

根据莆田一中提供的资料，其生于1917年。父亲大学毕业后就在外地工作，母亲从事家务。因为是"婶娘仔鬼"（当地方言，意指女孩），在她之前的两个姐姐，都在生下来不久就送给别人，而她则不被允许上学。尽管在莆田"家贫子读书"，但和黄家一样，读书是男孩子的事，通常女孩子没有这样的待遇。只是她要强又好学，近三天不吃不喝，以死相逼才得到母亲的应允。七岁那年，她获得了和男孩子一样的学习机会，进入了砺青小学读书。不过到小学毕业时，母亲又要她休学，她坚决不肯，并向母亲保证，要在初中三年中六个学期都得第一名，母亲见她态度坚决，也就默认了。

事实也证明，她并未食言，和小学一样，在初中三年的学习成绩也都居全班第一，这也让她于1933年考入省立莆田中学高中部，成了当时高一年段唯一的一名女生。据说一开始有男同学爱在她面前表现自己聪明，也有男生讪笑、讽刺她，她都默默不语。等到第一学期结束，她考了个全年级第一名。

正是这种坚毅向学，最终改变了她的命运，也为莆田女性争了口气。日后的她，成为著名科学家，以及中国"半导体材料之母"。她参加并主持制定中国科学院和全国有关半导体及其基础材料方面的发展规划和科研计划，对中国半导体材料物理研究的发展方向和研究课题的开设，起了重要的指导作用。

在林兰英求学于此数年之后，卓克淦接任莆田一中校长，成为该校第十任校长。比起林兰英，卓克淦只大她三岁，1937年毕业于上海大夏大学，求学期间曾参加"一二·九运动"，当上校领导时年纪仅二十七岁，可谓是年轻有为。他刚上任不久，便奉命将学校从城郊下郑村迁回城内旧府学恢复正常办学。

在卓克淦的记忆中，由于解放前中国贫穷落后，教育也不例外，所以，直到他接任莆田一中校长，整个福建省也就只有一个完全中学，即省立福州中学，其他的地方都没有条件办高中。到一中工作半年后，为了适应学生的升学需要，他向省教育厅极力争取，终于得到批准，学校改为完全中学。可是，因为财政年度预算的关系，省里暂时不能增加经费和人员。在这种情况下，全校开始自力更生。为此，他果断堵截校前通道，扩充操场；拆掉文庙大门，改建四间教室；封闭孔子塑像，拆除四配十哲的神龛来扩大礼堂，创造学习空间与环境——这种改动也为他招来了很多反对和争议，外界都在传言他破坏文庙、反孔，甚至还告到教育厅。这也让他很是无可奈何。

好在国家对他的作为最终给予了认可。1943年，亦即在卓克淦就任校长的第三个年头，莆田一中受到了教育部的传令嘉奖，这也是当时全省中学中唯一的嘉奖。福建省各报都以头版头条刊载这则中央社电讯。

1945年1月，戴学稷考入了莆田一中春季班，成为一中恢复增设高中部的第九届学生，通称"高九组"。2月入学。在他的印象中，进入校门，便是文庙故址，正中大殿已成为学校办公室，泮池两旁走廊两侧的房间改造为学生宿舍。东边是初中各班级的宿舍，西边是高中各班级学生的宿舍，它们都是一间间隔开的，高中宿舍每间放五架双层床，住十个人。自北往南，按班级挨次排列。他本人住的是南边第三或第四间，与上一班即高八组几位同学同屋，其中有后来成为著名化学家的黄文魁。

虽然此时距离抗战胜利只有半年左右的时间，但随后爆发的大规模内战，还是让学生的求学条件没有得到改善。

在戴学稷读书的三年时间内，没有自来水，没有电，煤油也买不到。寄宿生在学校里每晚点的是小油灯，又人手提一盏玻璃油灯，瓶中装着豆油或花生油，中间加一根小捻子做灯芯，大家就在这星星点点的灯光下进行晚自习。一日三顿饭都是各人自备瓷饭缸和米放在学校厨房里用大蒸笼炊，下课后就自取到饭厅里进餐，小菜是家里自制的简单菜肴或咸菜。他还记得，当时全国高中都实行军训，同学们一身黑制服，剪平头戴军帽，打绑腿，腰束宽板皮带，排起队。操练起来倒是挺精神的。

至于课余活动，主要是到大操场打打篮球或排球，更多时候是托托排球，大家围着一个大圆圈，随便练习。有时也双方对阵，那时打的是九人制，位置是固定的，赛完后不论胜负大家都很尽兴。到晚饭后大家都趿着一双木拖鞋，上街走走。出了校门口，走在下务巷石板街上发出清脆的橐橐声，相互响应，很有节奏。校园生活的条件虽然显得有些艰苦和俭朴，但大家内心是愉快的、满足的。

在1941届初中校友杨春霖的印象中，当时的母校，老师资质好，学生程度高，学校管理又严，校誉日隆，名闻遐迩。那时莆田一中的学生即使在天寒地冻的冬天里，也都背着一顶斗笠，上印"省立莆中"四字。因为斗笠有莆中的标志，大家都以进莆中为荣。这也给幼小的黄广濮留下了深刻的印象，在他心目中，莆田一中就是自己未来的圣地。

不过莆田一中非常难考。那个时候，只有莆田附近五六县市的精英才有勇气报考，而且十多个考生只有一人能上榜。1964年考入了莆田一中初中部的李文廉便记得，当年初中有六个班，每个班五十来人，总共大约三百人，高中也大致如此。但是整个莆田有二十多个乡镇，这也意味着，一个乡镇顶多只有十几来号人能够考进莆田一中，甚至有些乡镇一个都没有。即使有幸考进了莆田一中，从初中升入高中，同样要面临残酷的淘汰，这些学生能有一半到高中就读，就算不错了。

谁曾想到，黄广潢不仅做到了，而且还成为这群佼佼者中最为出色的一员。生活似乎向他这个贫苦孩子露出了微笑，他却很难笑出来。

也就在黄广潢考入初中之前，黄亚九熬过多年没有伴侣的日子，靠着自己勤劳的双手，以及走南闯北的微薄积蓄，终于又为自己结了一门亲事。这个家重新变得完整。

这位继母也姓黄，大家习惯叫她"黄亚姐"。黄广潢在日后填写的一份有关亲属关系的表格中，便提到了一位叫"黄玉钿"的人，对他的称呼为"舅"，地址一栏填的是莆田渠桥。渠桥在今天的新度镇，属于丘陵地区。黄广潢的外甥李文忠曾在渠桥供销社当过职工，跟这位继外婆的娘家有过交集。

在嫁过来之后，她又为黄亚九接连生下了两子两女，两子为黄广宪、黄广太，两女之一名叫黄金兰，跟黄广潢的侄女李金兰同名不同姓，说起来又是一个很有趣的现象。只不过，黄家养不起这么多人口，这两个女儿也相继被送了出去。

这也曾经给黄广潢带来了很大的心理压力。因为在各种传说中，最毒后母心。何况她又有了自己的亲生儿女，要亲的话也肯定对自己的儿女亲。再说，她连自己的女儿都保护不了，怎么可能对"前任"的孩子有心呢。但让黄广潢有些将信将疑的是，这个女人在嫁到黄家之后，似乎没有嫌弃家徒四壁，也没有嫌弃他和弟弟这两个"拖油瓶"。要不然他也不会顺利地读完小学，进入初中。但是，接下来会怎么样，他的心里也很忐忑。

好在这个时候，姐姐、姐夫向他伸出了援手。姐姐黄金莺也跟李天赐商量过："我娘家就剩这么两个亲弟弟，他们没出息也就罢了，但广潢学习这么好，我们得帮他一把。"

说起来，李家此时已经在走下坡路。因为在解放后，由于李天赐抱养过来的大哥带着他一起赌钱，让整个家庭从中农变成了下中农，不过，这也让他们在划分阶级成分时因祸得福。随着农村土地改革，以及工商业公私合营，李天赐只能去国营的百货公司工作，在西天尾日杂门市部任营业员，每个月拿一点固定工资，日子就更不好过了。为此，他们在大女儿四岁时，就将她按照当地习俗送给了杨家。一岁一担谷子，共给了四担。现在倒好，送了女儿，却要养小舅子。这叫任何人都很难做到，但是看着小舅子的确能读书，加上对妻子心存愧疚，李天赐同意了妻子的请求。

自 1953 年开始，黄广潢平日里就寄宿在学校，但是到周末可以放假回家时，他就赶到西天尾，住进姐姐家。学校里需要什么花费，也是直接从姐姐家拿钱。

正是在姐姐姐夫家，他的学习条件得到了改善，不用再成日爬高蹬低地看书。与此同时，他也找到了解决自己驼背的好办法。不知道从哪里他打听到一个法子，那就是在驼背突出的部位垫上东西睡觉可以矫正驼背。可是要用什么东西垫着睡呢，左瞧右看，突然想到自己平时翻的字典。在当时有限的学习条件里，这本字典是他的心爱之物，看得比一切都珍贵。每在看书、做作业遇到生字生词时，都依靠它的帮助解读。而且，还可以把它当成自己的课外读物，通过认识上面的每个生字，以及生字旁的注释，拓宽自己的知识世界。所以，他也不想弄坏它。把字典垫在自己身下时，他特别地小心，睡得规规矩矩、老老实实。最终，他的背又直起来了。

尽管长时间地叨扰姐姐家，但姐姐一家人对这个小舅子印象特别好。一个原因是他聪明好学，常常读到深夜，还有一个就是为人谦虚和善，而且懂事。他经常会帮助做家务事，比如一早起来扫地洗衣服，脏活累活抢着干，姐姐姐夫要是有个头疼脑热，他也会及时地赶到床前嘘寒问暖，帮忙请大夫、煎药。

他还和自己在年纪上相差无几的外甥、外甥女相处融洽，李文廉便记得，他与哥哥李文清的学习，得到了舅舅细心的辅导，所以进步很快。他之所以能在日后同样考进莆田一中，跟舅舅给他打下的基础，有很大关系。

这种习惯一直保持到他考入大学，每次放假到姐姐家，他都同样如此。李天赐看在眼里，喜在心头，常常教育自己的子女，要向舅舅学习，以舅舅为荣。

在学校里，黄广潢也同样表现出色。在莆田一中提供的，黄广潢于初中三年级下学期的学生操行评定表上，清楚地写着，上学期操行成绩为甲。这学期依旧为甲。而且在这一学期，他还在两位同学的介绍下，光荣地加入了中国共产主义青年团。

在他填写的"家庭主要成员姓名职业政治态度社会关系经济状况"一栏中，虽然因年岁久远，加上字迹潦草，略难辨认，但断断续续还能认出一些主要内容。在当时，他本人"拥护党的政策，如总路线、统购统销、合作化运动等都能积极地响应"，"弟黄广越……这学期小学毕业"，虽然还有两个弟弟，但家里的主要劳动力，"只有我母亲一人"，而父亲因当地尚未再吸收新组员，"因此尚未入合作社（成衣合作社）"，所以家里收入不多，不能维持一家生活，家里入社的股份基金还是贷款的，所以相当于"还负了一些债务"。

班主任随后给出的评语则是，"学习认真，作业及时完成，平时还能帮助同学，也能经常看报。担任队小队长，对工作肯做，但工作方法还不能很好的运用。班内工作能主动争取，说话滑稽，联系同学还好"。

有趣的是，班主任居然给出了"说话滑稽"这种评语，但联系到他给的"甲"等评定，应该不是贬义，而应该等同于"幽默"之意。从这里也可以看出，黄广潢性格开朗、乐观向上的精神，从他很小的时候就已经露出苗头。

在"自我评定"一栏中，黄广潢既中肯地展现了自己的优点，也对自己的缺点作了严格的自我批评。在他看来，自己在学习方面，"初步明确了学习的目的性，学习成绩在80分以上一些。学习较认真，作业不抄袭，课外课内都能较经常的自修。上课较注意听讲，并能记笔记"。在工作方面，"是较热情的，特别是对文娱工作，能帮助文娱组来开展文娱活动，如音乐，舞踏，都能尽自己的能力教给同学，取的成绩虽然不大好，如舞踏就开展得不好，但有些成绩，歌咏也取得一些成绩，这些成绩是在大家共同努力下而得到的"。

不难看出，尽管是在展示自己的优点，但他仍保持了谦逊的姿态，常常喜欢用"较"这个字眼。另外，在行文中也出现了一些错字，如"舞蹈"被误写成"舞踏"，让人初看上去莫名其妙。不过，他在音乐、舞蹈上的天赋展现和努力，也再次印证了莆田一中"德智体美劳"并举，同时也再次凸显了他的性格。

对联系同学，他则认为，"不论是大是小，是男是女，都有经常接触，团结友爱，共同搞好班的工作"。

锻炼方面，"除了正常的体育课、课外活动以外，我在早上起床的时候，总是与我住在一起的一些同学进行广播体操、劳卫操、跑巷路、短跑等；义务劳动我也能尽自己的能力去干，如大扫除，填防空壕等，并能够注意体育安全，在锻炼时，消灭了伤害事故"。

在其他方面，"在班内能服从班委的领导，听从校长、老师的话。在班内能完成班委所交代的任务，如课间操，课外活动的时间，教同学们唱歌等。能经常复习功课，考试时不开夜车，也不开早车"。

至于缺点，他认为自己"主动帮助同学的精神还不够，只等人家来问时才马虎地给他讲，不能很详细地很完整的答复"。

另外，"工作不大胆，计划性不大强。例如，这学期教音乐时，起初几次上去教的时候很怕，不能很大胆地负责起来、教起来，因此给同学讥笑。这学期咱班的歌咏比赛虽取得第三名，但不能经常在课间也举行歌咏活动，这也是因为我对这种工作的计划性不强，和领导能力差而造成的。同样的，咱班的舞蹈也开展得不好，原因也是一样的。从这些事实说明我对工作还缺乏计划性，并且不能大胆地领导同学，这些都是我的缺点"。

但是他相信，"在团的培养下，在班主任的教导下，同学们的帮助下，这些缺点在不久的时间内一定能得到改正的"。

不得不说，这种发自内心的对自己的清醒认识和自我批判，让黄广潇很好地内省，并努力地提升自己。某种意义上，他在未来能收获好人缘，在学业和工作上都能做得相当好，也跟他不断地和自己对话有关系。而且当年的社会风气的确风清气正，一个毫无背景的农家子弟，居然能够凭借自己的努力读书出色、德智体美劳全面发展，还能当干部、入团，最终还能取得直接保送莆田一中高中的资格。

在风清气正的学校里，这样的学生还很讨同学和老师的喜欢，学习成绩很不错，所以，在这样难考的一所中学中，他不仅考上了初中，而且三年之后，老师告诉他，他将直接被保送到高中。

这几乎又是一个让人吃惊的"壮举"，却彻底打乱了黄亚九的计划。

尽管期盼着儿子能恢复黄氏家族的荣光，但是迫于家庭经济的压力，黄亚九曾经修复了一下自己对儿子的"计划"，那就是希望儿子初中毕业之后，就直接报考师范。说起来也很简单，那就是求读师范，上学就有工资，再说读个几年就能毕业工作，好减轻家庭负担。

黄广潇听了之后，默然不语，他不知道这是父亲的意思，还是继母的意思。如果真的是继母要他这样选择，他也觉得无可厚非。毕竟家里的状况摆在那里，很难供自己读那么久的书，而且自己还是长子，需要尽早地承担长子的责任。

反过来说，继母能允许自己读完初中，再考师范，已经是给了很大的面子，他不能不知足。但是，一想到这样，他不能再考大学，没有机会为国家做更大贡献，就不免郁闷。尤其是在知道自己被保送的那一刻，他更是有悲无喜。

有同学用羡慕的眼光看着他，好朋友也过来恭喜他，他只能苦笑，他们哪里知道，这种机会再怎么摆在自己的面前，自己也只有看看的份儿。

黄广潢在犹豫，要不要跟老师说，把这份名额让给其他同学。可是，每次走到老师的面前，他又将想了好长时间的话，咽回了肚子里。夜晚，在床上辗转反侧难以安眠的他，眼前又闪现弟弟的面孔，想着弟弟也在读书，如果自己早点毕业早点拿工资，把弟弟们供出来，也是好的。再说，考师范也为国家做贡献，以后自己到工作岗位上，多培养出几个好学生，不也是能满足自己的心愿吗？

就在打定主意的时候，没想到黄亚九特意把他从姐姐家叫回来过周末。他以为父亲要他回来帮点忙，没想到父亲开口就说："这些天我也没睡好。"

他有点发愣，看父亲不像是生病的样子，于是赶忙问："爸爸你怎么了？是不是担心我不考师范？我答应你就是了。"

"你很懂事，"黄亚九看着他，眼含着笑意，"但我翻来覆去地想，你能在莆田一中被保送到高中，是很光荣的，家里也感到很骄傲……"

他听出了父亲的话里，藏着意外，不禁格外地支起耳朵，听父亲说："学校看人总归不会错，你是个读书的好种子，爸爸心里不忍心，你的继母也很同意……"

他"啊"的一声，以为自己的耳朵听错了，有些像在梦中地问："她真的会同意？"

黄亚九点了点头："一开头就同意。"

说起来，听到儿子被保送的消息，黄亚九也很兴奋。如同他对儿子说的那样，光荣，真的是光荣。从他目前的家庭条件里，能出这样的一个人才，以前觉得是做梦，现在却变成了现实，怎么不叫人激动？在他的内心，何尝不希望儿子能越飞越高。家学渊源，以及这个地方对读书的看重，让他觉得，儿子有这么个机会，还是得慎重，不能白白放弃。不过，他需要和自己的后妻商量。毕竟，儿子如果继续读下去，家里的很多事情依旧要落在这个女人的肩上，她如果不乐意，还是挺麻烦的。

往后多年，黄广潇都不知道父亲是怎么跟继母商量的，也不知道继母是怎么跟父亲说的，但她既然一开始就同意，也印证自己过去对继母态度的猜疑，同样是不准确的。

这位来自山区的女人，和她生活过的大山一样，胸怀厚实、质朴、宽广，同时也像岩石一样坚硬、顽强，能扛得住压力。她用自己的行动，证明自己对丈夫所有的子女，其实一视同仁，没有丝毫假装造作的成分。事实上，就连丈夫那位早早被嫁出去的大女儿黄金莺，她也关怀备至，家里有点好吃的好喝的，也会不时送过来。李金玉的两个女儿杨琼英、杨琼华就对她分外抱有好感，其中一个女儿就和她见过一面，那还是在李文忠结婚的婚礼上，这个老外婆也亲自送礼上门。虽早忘了两人当初都聊了什么，但是，一个人能在一面之后，还可以让对方记得住一辈子，而且是好的印象，颇能说明这个人的确是不错的。

黄广潇也把这份感激在内心保存了一辈子。不过，在当时，父亲也向他提出了自己的要求："希望你好好读书，以后光宗耀祖，照顾家庭和弟弟们。"

他就像战士接受上级下达的命令："保证完成任务！"

从此，这份"光荣"一直萦绕在黄广潢的心头不去。

他陡然觉得自己肩上的担子加重。他也意识到，自己的努力、奋斗不仅仅是为了这个国家，而且还为了这个小家。于公于私，他都不能辜负这个世界的希望。

好在这个希望，已经不再那么遥不可及。对很多莆田学子来说，进入莆田一中的高中部，就像为自己的大学上了一道保险。因为它的升学率一直很高，甚至在 1950 至 1960 年代，它还以"高考红旗"著称。

1952 年，华东十三所高等院校招生联考，全校高三毕业生百分之百达到高考分数线，创全省最高纪录。1957 年 8 月，三百余名毕业生参加高考，七人考入清华大学，四人考入北京大学，这一成绩轰动八闽大地……

在一波三折进入高中之后，黄广潢一面埋头苦学，向着自己的目标迈进，另一方面也不忘自己肩上的任务。从 1958 年上半年开始，他当上了学校的少先队辅导员。12 月，他又在校内当上音乐创作组长。次年，他又开始任班级文体委员……

除了班上和学校的工作之外，他还积极参加义务劳动，1958 年，他上山开过荒，还和同学一起炼过铁。到了暑假，他还参加了莆田粮厂的基建劳动。而在 1959 年高考之前，他还于 4 月 8 日到 16 日，去往东圳水库参加劳动。

这一年，也正是中国进入"鼓足干劲，力争上游，多快好省地建设社会主义"这一总路线的第二年，莆田一中夺得全省高考第一名。为这个荣誉做出贡献的，便有黄广潢。

很多年后，黄广潢依旧感念这段日月。那个时候的孩子们，单纯，没有什么歪心眼。更重要的是，想要达成目标，不需要"能力之外"的东西。不然，像他这种出身农民，毫无背景的孩子，怎么可能在莆田一中读上六年，而且还能通过高考获得改变命运的机会。

这样的人生经历，让他更加相信自力更生，只要有能力，便不需要逢迎。所以，日后的黄广潢，虽然性格开朗，"说话滑稽"，但是从来就不擅长于拍马屁，面子比较薄。

不过，高兴之外也有甜蜜的烦恼，那就是不知道该填报什么志愿。

一开始，黄广潢想学医科专业，想成为一位治病救人的大夫。而且，当医生可以靠专业吃饭，不需要低声下气地求人，然而，到医院体检时，他却被泼了一盆冷水，因为在这里看到的都是愁眉苦脸的人，没有谁在哈哈大笑，他不是太喜欢。所以一回来，他先是考虑园林专业，后来又将志愿全部改成生物。

在黄广潢看来，和医学相似，学园林或生物也是技术活，有本事便可行天下。更重要的是，跟生物打交道，比跟人打交道要纯粹得多，简单得多。何况，家乡山水的滋润，让他热爱这个世间的一草一木乃至万物。

只是，他的这一重新选择，却让他错过了全国学子都梦寐以求的殿堂——北京大学。尽管考分上线，但由于北大在生物学专业上已经额满，所以调剂到第三志愿厦门大学生物系海洋生物专业。但这已然足够骄傲。

他的出色表现，和自己的会读书有关，也跟家庭、社会的合力有关。但他必须要考出来，只有考出来，才能像很多前辈那样走出去。而只有走出去，才能更好地立足，才能更好地报效国家。

尽管厦门对莆田人而言近在眼前，但他的人生，已经截然不同。

附　录

黄氏入延寿记

在黄广潢厦门大学学生成绩登记卡上，第一项"永久通讯处"，很清晰地填写着：福建省莆田县城厢公社延寿大队。

时至今日，已经找不到延寿大队这个地方，但延寿村很容易就在地图上定位出来。这个位于莆田西北的村庄，属于 2002 年 4 月莆田市区划调整后新组建的城厢区龙桥街道，为一条"几"字形的溪流所镶嵌着。事实上，"延寿大队"正是延寿村在 1950 年代公社化时的曾用名。根据莆田城厢区的历史沿革，在国家于 1958 年 10 月建立人民公社实行政社合一之后，其为莆田县城厢人民公社，除延寿大队之外，共辖有城中、城南、城北、下郑、安龙、张镇、南郊、莘郊、坑坪、洋西、白洋、新溪、拱辰、沟东等二十八个生产大队。

如前所述，此地距离城市相对较近，又有着得天独厚的自然环境。某种意义上，这也是吸引徐氏族人，以及黄氏族人到此定居的重要原因。但显然，延寿既不是黄氏族人的始发地，更不是它的终点站。

要研究黄氏族人是如何进入延寿的，我们就必须要了解黄氏族人所具有的迁徙的基因。在数千年间，他们不停地在中国大地上往来奔波，只为寻找属于自己的生活。

梳理出黄氏演进的脉络，它的老祖先，也许可以追溯到远古洪荒年代发源于内蒙古东部、燕山之南的辽河西源——西拉木伦河流域的黄鸟族。他们喜爱黄色事物，以狩猎为生，以黄莺为图腾。其后，他们集中向东南迁徙，跨越河北进入山东半岛，与其他氏族组成黄河下游的东夷部落联盟集团，成为九夷中的一支氏族——黄夷。它也因此成为黄氏的最古老的族源。

随着氏族的发展壮大，黄人一度被尊推为部落联盟大首领，并与另一支氏族凤鸟族结成婚姻氏族。不过，随着凤鸟族的势力越来越强，后来居上，尤其是生于炎黄之世的少昊一跃成为部落联盟大首领，黄夷降为凤鸟族的附属氏族，它与凤鸟族的关系，也由婚姻氏族变为父子氏族。因此，今天的黄氏也集体以少昊为本族始祖。

关于少昊，《左传·昭公十七年》对他的功绩曾有具体的记载，主要是测天象、制定历法、发展生产，以及订立制度标准。而少昊又为嬴姓，《说文解字》说得明白："嬴，少昊氏之姓。"在甲骨金文中，嬴字正像鸟的形象，所以黄姓出自嬴姓（准确地说，应是黄氏。远古时代，姓氏一分为二，有姓有氏。姓是大的氏族部落集团的徽示，氏是一个姓所分出的小氏族支系的标志。姓氏合二为一，是秦汉时才开始的）。姓氏学家邓名世在他的杰作《古今姓氏书辩证》卷十五中就说："黄出生嬴姓。"

日后的黄氏族人，依旧在辗转腾挪当中。在少昊去世之后，他们还曾追随少昊的得力助手和辅弼大臣——居于黄河中上游的戎夏集团大首领（黄帝之孙）高阳氏颛顼内迁中原。因治汾洮两河有功，少昊之孙台骀被颛顼封在汾川，大约是在今山西汾水中游的霍州，并被后世尊为汾水之神。日后，台骀后人伯益为帝舜所派，辅佐夏禹治水有功。又因来自东夷少昊鸟氏族，故能知禽兽之言，能与飞鸟通话。《尚书》言伯益"佐舜调驯鸟兽，鸟兽多驯服"。但不幸的是，其因权力斗争，终为夏禹之子启所杀。为笼络人心、安抚天下及伯益部落，夏启遂大封伯益两子——大廉、若木。若木被封于徐（今淮河流域），并建立徐国，其后人乃以徐为姓；大廉被封于有黄之地，即今河南潢川一带，并建立古黄国，崇美玉，祀黄帝，亦以国为姓，遂开黄姓正派主流之先河。

还有一说，黄国建国始祖为颛顼帝后裔陆终。传说，他是火神祝融吴回的儿子。有六子。因治水有功，受封于黄，之后子孙以国为姓。

不管如何，今天的黄氏族人都尊伯益、陆终为祖，而他们所建的黄国，历经夏、商、周三大朝，统治达一千四百余年，最后于春秋时期，为楚国所灭，黄地入楚。落难的子民或战死疆场；或背井离乡逃至中原各诸侯国避难，这为后来著名的淮阳黄氏的形成发展奠定基础；或向楚国腹地内迁，分别定居今湖北黄冈、黄石等地。这些地方，据说也均以黄姓遗民迁居至此而得名。其中，有一支族人迁至今武汉江夏区一带，还有一支则内迁至今湖北江陵、荆州一带，后来形成秦汉时期著名的江陵黄氏。

还有更多人迁至广大江南地区、台湾，及朝鲜、越南（大部分是山越黄氏、黄洞蛮及岭南壮、瑶黄氏之后裔）、泰国等地。

因此，《重建黄氏宗祠记》一开篇便是，"伟哉中华，吾黄家族，第七大姓，源远流长，追溯血缘，根在潢川。少昊台骀，伯益陆终。诸祖裔孙，繁衍拓展，子孙千万，族遍环宇"。到东周之时，"翼州牧封，司寇黄老，迁居固始"。

自黄老（一作浩）一脉相传，到其孙黄歇，黄氏家族更是迎来自己的又一次辉煌。其仕于楚，因从虎狼之国的秦国换回楚考烈王熊完的性命，被封为春申君，是战国四公子之一。上海之所以叫申城，流经上海的大江之所以叫黄浦江，就是因为上海是春申君封地，他为这里的开发立下汗马功劳。日后，他又被改封于吴（今江苏苏州）。公元前238年，春申君被他的门客杀害，十三个儿子外逃他乡。其中，逃亡至江夏的与早前定居于此的黄氏族人融合，发展成为汉代著名的江夏黄氏。

其中著名的有黄歇之孙黄大纲。因追随刘邦举起反秦大旗，功勋卓越，于汉高祖三年（前204）被拜为光州刺史，有善政；六年（前201），汉置江夏郡，十二年（前195）高祖巡狩光州，以大纲优异，封江夏侯，再封汉定侯，兄弟皆赐三公之服。其后复归固始定居。从此，天下黄氏以江夏郡"江夏"两字为堂号，时称"江夏堂"。

大纲之后，又有黄霸，做过颍川太守，为官廉正，精明能干，后官至丞相。到黄霸的第四代孙，有名列"二十四孝"之一的黄香，其正是出生于江夏安陆（今湖北云梦）。他的孝道，闻名遐迩。《三字经》里"香九龄，能温席"，说的就是黄香孝敬父亲的事迹。更重要的是，他博学经典，精研道术，以文章闻名京师，时人称为"天下无双，江夏黄童"。因其子黄琼及第四代孙黄琬皆是东汉末期位列三公的显赫人物，江夏黄氏臻于至极。所以，《重建黄氏宗祠记》又说："孝子黄香，世居安陆，才倾天下，忠孝无双。以国为氏，派衍江夏，代为冠族。"

黄琬之后，又历黄权、黄崇、黄忠、黄公衡，再到黄腾。像其祖大纲一样，黄腾从江夏郡迁居固始。据《黄氏公谱世系》记载：黄氏子孙有不少人在江夏和固始之间交错迁徙，有的回固始（如黄大纲），有的留居江夏（如黄香），有的先居江夏后固始。

正是黄腾，生子知运，官至永嘉（今浙江温州）太守，子又生子为元方。但元方显然时运不济，他遇上西晋王朝的永嘉之乱，最后随统治集团衣冠南渡。后来官晋安太守，居住在福州乌石山脚，也就是今日所见的黄巷。因政尚慈惠，封闽国公，卒于官，年九十有五，谥文节。674年，他的嫡系十一世孙黄岸生于此地。

《重建黄氏宗祠记》对这段历史的描述便是，"世孙大纲，光州刺史，封汉定侯。传至知运，为永嘉守，生子元方，擢晋安守，车马南浮，衣冠随徙，闽之侯官……"后来，传至黄滔，再传至黄公度。至于黄氏是什么时候进入延寿的，这篇洋洋洒洒数百字的碑文并没有太显著的标明，只是提到，"宋末明初，黄原贞公，亦择居此"。不过，创作者也发现，明太常少卿、翰林侍讲、探花林文在《绶溪四景诗序》中曾云，有黄公度之裔，"乐其山水之美，自东里析居于兹"。而延寿的黄氏宗祠，正是始建于明。

　　自此，延寿也深刻地打下黄氏的烙印。尽管随着时代的变迁，又有很多黄氏族人，包括像黄广濒这样通过考学走出延寿甚至莆田、福建，但延寿的山水，延寿的文脉，以及延寿祖辈的风骨，却永远地化为血液，流淌在每个延寿人的身体当中。

第二章

厦大岁月

誓为"南方之强"

也不知道从什么时候，大家喜欢将大学校园称为"象牙塔"。这个本来源自圣经《旧约·雅歌》，只是描述新娘美丽的颈项的词，后来经过19世纪法国诗人、文艺批评家圣佩韦·查理·奥古斯丁的"加工"，被用来比喻超脱现实社会，远离生活之外的梦幻境界。在书函《致维尔曼》中，奥古斯丁批评同时代的法国作家维尼作品中的悲观消极情绪，主张作家从庸俗的资产阶级现实中超脱出来，进入一种主观幻想的艺术天地——象牙之塔。

对很多人来说，大学校园是安宁的，也是梦幻的，是万众热爱的焦点，也或许因为象牙是纯洁的，在象牙塔的保护下，可以将这种纯洁保持下去。所以后来很多人都喜欢将"象牙塔"冠在大学校园的头顶上，大概是希望那些并没有真正地踏入社会的大学生们，能保持自己的初心，不被社会的大染缸给侵扰、浸染。

在初入厦大的黄广潇的眼里，这所校园无疑对得上这样的称号。它广大而又漂亮。首先它选址的厦门本是福建漂亮的沿海城市，因身在南亚热带海洋性季风气候区，气候温和，光热资源丰富，雨量适中，所以在远古时期便是白鹭喜欢落脚的好地方。故此厦门也别称"鹭岛"。海天一色，白鹭翩飞，群山叠翠，波涛环涌。坐落在这样一座风光旖旎的岛屿之上，厦大也定然差不到哪里去。

给人留下最直观的印象，便是校园像一个植物王国，遍处可及绿色植物，其中就有散发独特气息的大叶桉，以及华盖如云的老凤凰木。让孩子垂涎三尺的果树也不少，有龙眼、芒果、番石榴、莲雾等。但他们最大的乐趣，还在于爬到凤凰木上捉金龟子。

掩映在这些绿植之间的，还有很多让人眼前一亮的建筑。在建筑风格上，比起传统的中式建筑有着极大的突破，它们大多古今、中西结合，最常用的是屋面中式、屋体西式，白石朱顶，红砖绿瓦，既见闽南民居之遗痕，亦有南洋风情之体现。

除了漂亮，这所校园似乎还藏有很多秘密。比如说这里的高楼大厦都有很好听的名字，如"囊萤"、"映雪"，还有"群贤"、"芙蓉"等。只是，称作"群贤"并不是因为校方想要对人道德教化，唤作"芙蓉"也绝不是因为芙蓉花，或者一个叫"芙蓉"的姑娘；还比如进校的"南校门"，在地理位置上看绝对是"北校门"，因为靠近大南社区，原叫"大南校门"，只是简称的习惯，才有了这样混淆视听的名字。

除此外，这里还有很多古迹和传奇。成智楼前面有小亭子，据说是涉台文物古迹，与闽南一带著名的海盗蔡牵有关。而囊萤楼则是福建省第一个党支部所在地，书记叫作罗扬才。至于南校门，上面的"厦门大学"四字，则来自鲁迅——这并非鲁迅亲笔题写，而是从他的书信中摘录，但足以证明，这名革命斗士与厦门大学之间渊源匪浅。事实上，在厦门大学，还专门辟有的厦门大学鲁迅纪念馆。

尽管没能考入首都的北京大学，但是黄广潢依旧觉得荣幸，自己能够进入厦门大学。虽然考前不曾来过这里，但它的美丽，以及传说，已经在这八闽大地上，流传了很久。老师们说起这所高校，也是一脸敬仰。终究是百闻不如一见。

这让他很有些兴奋，青春的热血在他那瘦弱的身体里肆意沸腾。他发誓要利用好这几年宝贵时光，好好学习天天向上，方才不辜负家里人的期托，以及这良辰与美景。当然，他更希望能在这所校园的某个时间，碰见一位他想见的老者。

这位老者同样在家乡人口中相传，是为厦门大学的创始人，也在日后被广大师生亲切地呼为"校主"的南洋富翁——陈嘉庚。

尽管在整个校园，我们都很难找到与他相关的印迹——直到1990年代由著名校友丁政曾、蔡悦诗伉俪捐资建造颂恩楼群，以表达对陈嘉庚的纪念——但每个在这里读书的学子都会承认，没有他，也许就没有今天这个沿海城市中最为漂亮的校园，也就没有经济特区中唯一的一个"211"和"985"的高校。

黄广潇不走出福建，就能得到很好的高等教育，校主陈嘉庚居功至伟。

陈嘉庚，和黄广潇的祖辈相似，都是源于八姓入闽。1874年10月21日，他生于集美一座闽南普通民家。今天已是厦门市一个区的集美，位于厦门本岛的西北部，与本岛隔海对望。其早先是属福建省同安县管辖的一个小渔村，地处东溪至石浔入海处，其海湾称浔江，浔江西岸延续到这个村庄已是末尾，村庄因此得名"浔尾"，后雅化成"集美"。

这种地形也让集美很像一条龙的龙头，正伸向浩瀚的大海。两侧的鳌头屿和宝珠岛便是这龙的眼睛。生在这样的龙头之上，像是有福之人。但此时的中国，却处于内忧外患之中，而龙头也被外力按住不得动弹。

正是在陈嘉庚出生的这一年，日后挑起"九一八事变"并进而全面侵华的日本，已经野心初露。它们借琉球船民事件向清政府进行外交讹诈，并派军台湾，逼迫清政府签订《中日北京条约》，赔偿白银五十万两，而且还得承认琉球为日本属地。

到他十岁那年，马尾海战爆发。因在中法战争（由法国侵略越南并进而侵略中国而引起的一次战争）中未达到目的，法国军队由远东舰队司令孤拔率舰侵入福建马尾港，寻机报复。尽管对方只有六艘战舰，但由于装备落后、准备不足，加上清军主要将领临阵畏战，尽管有将士英勇还击，但这支由晚清政府辛苦建造起来的水师，还是被打得七零八落。海战的惨败，激起国人极大愤慨，清政府也被迫向法国宣战，中法战争正式宣告爆发。与此同时，它也让初懂人事的陈嘉庚深受刺激。

后来，他亲笔记下这样一份《附录百年来领土及主权之损失一览》：

一八四二年林则徐在广东烧英商鸦片，英军来攻海口。

一八四三年与英订立《南京条约》，割香港及赔款与英国。

一八五六年英法联军陷大沽，复在天津立约，赔款并准许领事裁判权。

一八五九年英法又陷北京，订立《北京条约》，赔款及割地，是年俄国因调处之功，迫清朝立《瑷珲条约》，割黑龙江以北边区境地。

一八六〇年俄又因调停英法事，复迫割乌苏里江以东之地。

······

一八九五年中日战争，割台湾及赔款。

一八九五年德国藉山东曹州教士案，占胶州湾及山东铁路权，并许可开采各矿产。

一八九八年法国占广州湾，并订两广云南三省优先权及铁路权，英占威海卫及九龙半岛。

······

"这是陈嘉庚心里的一笔账。"日后，厦大优秀学人朱水涌在自己的著作《厦大往事》中如是说。某种意义上，正是这种每个华夏子民心灵里都有的痛苦的、耻辱的历史记忆，让陈嘉庚在年长之后，和众多谋求"实业救国""科学救国"以及开辟新文化拯救人的灵魂的仁人志士一起，在挣脱耻辱、振兴中华的道路上前赴后继、奋斗不已。

1890年，十六岁的陈嘉庚遵照父亲陈杞伯的意愿下南洋经商，由于眼光独到，加上"守信如潮"，在1925年前后，成为新加坡商界无人不知的"南洋橡胶大王"。

原本，他向往着实业、教育并举的救国之道，指望办"师范学校之训练学生，俾将来回国可以发展胶业"，但他后来曾思索西方富强，发现教育先进是重要的原因，"英美法德男女不认识字者，百人中不满十人，日本新进百人中不满三十人，我中国百人中则占九十六人不识字，呜呼，此人格欲立国于世界而求免天演淘汰，其可得乎？"

因此，陈嘉庚坚定地走向教育救国、教育兴国的道路，曾说"振兴工商业的主要目的在报国，但报国的关键在提倡教育""教育不兴则实业不振""国家之富强，全在乎国民；国民之发展，全在乎教育""改进国家社会，舍教育莫为功"……

可以看出，实业和教育之间的地位在他心目中倒了一个个儿，至死他都抱定"教育为立国之本，兴学乃国民天职"的信念。

厦门大学正是他这一信念的集中体现。

在投身厦门大学之前，陈嘉庚就已经开始自己的办学实践。

他曾在家乡筹建集美小学。1913年春，现代化的集美小学开班授课。当时聘有七名教员，设有五个班级，共招收一百三十五名学生。陈嘉庚亲自制定"为改进国家社会"的办学方针，提出"诚毅"二字为学校校训——诚以为国，实事求是，大公无私；毅以处事，百折不挠，努力奋斗。集美小学的成功带动周边地区的求学风气，不少地区也开始兴建小学、发展教育。他在一战中审时度势、改变自己的经营策略，并抓住橡胶制品深受市场欢迎的机会，一举壮大自己的企业。当经济基础强悍，他的办学便有了坚强的后盾，并开始在家乡进行大规模的办学举动。1917年，集美女子小学开学。

朱水涌详细写道：

1918 年，集美这块原本贫瘠的土地上，骤然出现一片红砖绿瓦、中西合璧的建筑群，集美学校的大礼堂，"居仁"、"立功"、"尚勇"等教学楼群建成，供学校用的电灯厂、自来水塔、餐厅、浴室、大操场等公共设施也相继建好，集美师范学校和集美中学成立并开始上课。之后，陈嘉庚又创办集美幼稚园、集美水产科、商科、农林部、国专部，增办集美女子师范、集美幼稚师范。

与此同时，集美医院、集美图书馆、集美学校储蓄银行、科学馆、体育馆、军乐亭、植物园也先后设立。由此，在东南之滨的浔江出海口，出现一个美丽的以现代教育为宗旨的学村。在集美学村学习的孩子们，享有校方免费供给的日常用品和统一制服，不用缴交学宿费，师范生还免交膳食费。他们来自闽南一带，也来自东南亚各国，在陈嘉庚的心里，集美学校不仅是故乡孩子们学习成长的家园，同时也是"海外侨生的摇篮"。

在现代教育刚刚兴起的中国大地上，当年集美学村内的学校，其教育设施远远超过当时国内同类学校，那时就任临时大总统的孙中山曾电令福建、广东省长，请令两省统兵长官，辟"集美为永久和平学村"，那时很有影响力的《社会与教育》杂志，称集美学校"是世界上最优良、最富活力的学校"。

今天，地处福建省厦门市的集美大学，是福建省重点建设高校，也是由国家交通运输部与福建省、原国家海洋局与福建省、福建省与厦门市共建的高校。其办学便始于陈嘉庚于 1918 年创办的集美学校师范部和 1920 年创办的集美学校水产科、商科，迄今已有近百年历史。1994 年，集美师范高等专科学校、集美航海学院、集美财经高等专科学校、厦门水产学院、福建体育学院合并组建集美大学。学校以"诚毅"为校训，坚持"嘉庚精神立校，诚毅品格树人"，在海内外享有广泛声誉。

只是，陈嘉庚等不到集美大学的成立。在创办集美学村之后，他就开始孕育创办大学的念想。"何谓根本，科学是也；今日之世界，一科学全盛之世界也；科学之法院，乃在专门大学；"他还认为，"专制之积弊未除，共和之建设未备，国民之教育未遍，地方之实业未兴，此四者欲望其各臻完善，非有高等教育专门学识，不足以躐等而达。"

尤其是在1919年，中国爆发反帝爱国的五四运动，这次中国革命史上划时代的事件，无疑是中国旧民主主义革命到新民主主义革命的转折点。它鼓舞全国的人心，也让陈嘉庚看到新的希望，他决定回国去实现自己的理想。这便是厦门大学的缘起。

对这次办学，陈嘉庚预计需要用四五年乃至五六年的时间，所以，他干脆将自己在南洋的实业，交给胞弟陈敬贤和公司经理李光前管理，并借临别宴会向大家表示，自己将长住中国，希望诸君"一心协力进行"，同时他还郑重宣布："此后本人生意及产业逐年所得之利，除花红外，或留一部分添入资本，其余所剩之额，虽至数百万元，亦决尽数寄归祖国，以充教育费用。"可谓是为办学赌上自己的大部分身家。

回国后，他通过在杂志上刊发《筹办厦门大学附设高等师范学校通稿》，向全社会表明自己办学初衷：

鄙人久客南洋，志怀祖国，希图报效，已非一日，不揣冒昧拟倡办大学校并设高等师范于厦门……以培育各种专门人才，活动于教育界、实业界或政治界，为吾国放一异彩。

这无疑又是一场精卫之填海、愚公之移山般的事业。在写给集美学校校长叶渊的信中，陈嘉庚便大吐苦水："厦中人士虽多，无论才、财，弟度能举为帮手者，未有其人。"但同为中原移民的后裔，既有着中原人的宽宏，又有闽南人"敢做敢担当，毋惊鬼敲门"这一性格的陈嘉庚，自然不会半途而废。而且，他等不及，八闽儿女等不及，中国更是等不及。"当此风云飘摇之际，国势岌岌可危之时"，创办厦大，又"岂能久待"。

创办厦大的头等要事便是选址。陈嘉庚看上了厦门东南端的一块地。此地原为郑成功整训军队北伐且最终收复台湾的演武场，所以数百年来，便没有多少人居住，倒是荒冢累累，怪石错立。但无人占领，便意味着厦大的校园可以"扩充至广"。那时的厦大，"西自许家村，东至胡里山炮台，北至五老山，南至海边，统计面积约二千余亩"，面积之大、空间之大让时人都不可理解。但在今天地价飞涨的厦门，厦大无疑手握一笔巨大财富。

不过，当时的厦大并不"孤独"。因为在它左近，还有一个知名庙宇，那就是始建于唐朝末年，后又在清朝康熙年间得到重建的南普陀寺。因其供奉观世音菩萨，与浙江普陀山观音道场类似，加上又在普陀之南，故有此名。所以，"大南校门"往往被误解为"南校门"，有一种缘由就是，很多人理所当然地将其理解成南普陀旁边的校门。

1921 年 5 月，陈嘉庚为厦大开建了历史上的第一栋楼，即为"群贤楼"，它其实是一个楼房群。主楼为群贤楼，以其为中心，左右各有两楼，一字排开。

一号及五号楼，为映雪楼和囊萤楼，一开始作为学生宿舍；二号及四号楼，则为同安楼和集美楼，一开始则作为教学楼。映雪和囊萤，自然出自古人孙康、车胤不畏贫困、勤奋好学的典故，寄寓了他对学子的期盼。同安和集美，无疑是与厦大息息相关的两个地名，它表达了嘉庚先生振兴家乡、办好国民教育的决心。

至于主楼，一开始取名为"嘉庚楼"，但是当即就被他否定，因为他创办厦门大学，不是为了扬名，而是"以尽国民一分子之天职焉"。后来有人便提议，以他弟弟"敬贤"之名命名，不过，经过一番思考后，陈嘉庚还是改"敬贤"为"群贤"。

尽管没有陈嘉庚的名字,但厦大的建筑却无不体现了陈嘉庚的建筑思想和审美风格。其大多遵循"横五竖三"式立面分划、西式主体与中式歇山顶的融合,以及红砖白石闽南山花。整体显得开朗、稳重、朝气蓬勃。因为它们具有鲜明的特色,这种杂糅的特色又无法用建筑学的既有流派来限定,一度被人称为"穿西装、戴斗笠"的"嘉庚风格"。

在很多人看来,这是他既尊重民族传统又欢迎外来文化的博大胸怀在建筑上的体现。一方面,他相信取人之长补己之短,才能使国家强盛起来。相比而言,中国传统建筑只重社会等级,不重功能差别。校舍与住宅毫无区别,阴暗闭塞,更没有运动场所。西方校舍则光线充足,空气流通,有利教学,有利师生健康。所以,陈嘉庚并不排斥西方的建筑师和建筑。但在另一方面,他也不迷信。当时,按照茂旦洋行建筑师茂飞的方案,群贤楼本为"品"字形,但陈嘉庚不赞同,认为品字形组合比较占地,方向失利,又失南风之益,改为一字形排开后,前面开辟体育场,有利于学生运动锻炼。另外,他将西式屋顶改建成中式屋顶,也在于他认为,一个民族抹杀自己民族传统建筑形式,只求模仿洋化是不应该的。"无论走哪条路,亦须保留我国文化,乃能维持民族精神。"

尽管这些建筑只用了一年多的时间便告竣工,但"岂能久待"的陈嘉庚,甚至没等到首批校舍的奠基,便于1921年4月6日,假集美学村的集美中学举行开校仪式,三千多名福建、厦门的官绅商学各界代表和厦门大学的教师、新生以及集美学校的学生参加大会。

10时30分,豪迈的军乐奏起,浔江两岸,响起由郑贞文作词、赵元任作曲的《厦门大学校歌》:

自强,自强,学海何洋洋!谁欤操钥发其藏?鹭江深且长,致吾知于无央,吁嗟乎南方之强!吁嗟乎南方之强!

自强，自强，人生何茫茫！谁欤普渡驾慈航？鹭江深且长，充吾爱于无疆，吁嗟乎南方之强！吁嗟乎南方之强！

校歌中，"自强"一句，无疑来源于陈嘉庚为厦门大学所定校训"自强不息，止于至善"，而此校训则出自《周易·乾》："天行健，君子以自强不息。"而"南方之强"则出自《中庸》："宽柔以教，不报无道，南方之强也，君子居之。"后人遂称厦门大学为"南方之强"。

歌词在今天听来有些深奥隐晦，没那么朗朗上口，不适合情人间的轻吟低唱，也不适合在小资沙龙里夹在浪漫曲和咏叹调之间用与众不同的腔调来唱，它是节拍激昂的、富有战斗性的未来之歌。一经唱出，便刻入一代又一代的厦大人的心里。

与此同时，伴随着国家和民族的命运，"自强"也成为包括黄广濒在内的众多厦大人的内在精神，在内心里蔓延，并开枝散叶。

为中国谋山海之利

厦门大学要想成为真正的"南方之强"，不仅要抢先机，更重要的是抢人才。

正如陈嘉庚为厦门大学第一栋楼群命名为"群贤楼"，他对厦大的期望，也是"群贤毕至"。所以，对厦大的教学，他也持有开放式的态度。对厦大的老师，他也认为，"独是师资一项，最为无上第一要切"，又说，"以诚挚待教师，又以优俸酬其劳，按月必交，无缺分毫"。

在厦门大学今日的校史展览馆里，便有主题为"重金礼聘名师"的展板。正是在陈嘉庚的尊师重教之下，厦门大学真正做到群贤毕至、名师云集。

展板上有名录，上有语言学家沈兼士；哲学家张颐、陈定谟、邓以蛰、汤用彤、林玉霖、朱谦之；历史学家顾颉刚、张星烺、陈万里、薛永黍、郑德坤；人类学家史禄国；社会学家徐声金；教育学家孙贵定、杜佐周、钟鲁斋、雷通群、姜琦；法学家黄开宗、区兆荣；会计学家郑世察、陈德恒；银行学家陈灿、冯定璋、朱保训；数学家姜立夫、张希陆、林觉世、杨克纯；物理学家胡刚复、朱志涤；化学家刘树杞、张资珙、刘橡、区嘉炜；天文学家余青松……

不过，展板目录打头的则是中国文化史上赫赫有名的几位人物，也是文学家，分别是林语堂、鲁迅，陈衍、孙伏园、台静农，以及余謇。

他们的到来，和时局的变化有关。1926 年，正是中国近代史上不可忘却的一年，一边是国共合作的北伐战争高歌猛进，一边是北洋军阀的统治进入最黑暗的时期。

这年北京发生"三一八惨案"，段祺瑞执政府竟下令对游行示威的学生开枪，当场打死四十七人，伤二百余人，主持会议的李大钊、陈乔年均在斗争中负伤。

今天为众多学子所熟知的鲁迅散文《记念刘和珍君》，便是写于此次事件之后。在参加刘和珍的追悼会之后，鲁迅亲作《记念刘和珍君》一文，追忆这位始终微笑的和蔼的学生，痛悼"为中国而死的中国的青年"，歌颂"虽殒身不恤"的"中国女子的勇毅"。

正是出自对北洋军阀的痛恨，北京大学有一批著名教授学者相继南下，进入创校并没有多久的厦门大学。其中就包括著名作家、翻译家和语言学家林语堂。

不过，这对他来说，算是一次"回家"。

林语堂，祖籍福建漳州，也曾在厦门鼓浪屿求学生活七年，其初恋情人陈锦端（林语堂名著《京华烟云》中女主角姚木兰的原型）的家，以及夫人廖翠凤的娘家就在鼓浪屿。展板上提到的厦门大学哲学系林玉霖便是他的二哥，而其弟林幽则在厦大任外语系讲师。

正是抱着"以为故乡做事的热心",1926年的5月,林语堂携全家离开北京前往厦门,就任厦门大学语言学教授、文科主任。住在今天的厦大白城,面临秀丽的海滨,天时、地利、人和俱备。10月10日,厦门大学国学院正式成立,林语堂出任总秘书,而国学院院长则由时任校长林文庆兼任。尽管数月之后,林语堂便因故离开厦大,但在短短的时间内,他还是让厦大的文科建设焕然一新。

其时厦大文科包括国文中文、外语、历史、哲学等系科。林语堂一上任,就调整各系课程,修订各科教学大纲,而且敦请教授学者亲临课堂第一线讲授。也正是在他的推荐和聘请下,沈兼士、顾颉刚、张星烺、孙伏园得以来到厦门大学任教。

这也包括看不惯当时的北洋政府,也为北洋政府所通缉,准备"换一个地方生活"的鲁迅。在未就职之前,鲁迅便收到厦门大学寄来的薪水和车旅费共五百大洋。要知道,民国时期一个纺织厂女工的月薪才五个大洋,五百大洋在今天快抵上公司董事长级别。

这些来到厦门大学的名师,都是学术界精英,多有著译,讲的课深入浅出,所以深受学生们欢迎。其中鲁迅讲授《小说选及小说史》、《文学史纲要》,沈兼士讲授《文字学及文字史》、《声韵文字训话》,张星 讲授《中外文化交通史》,陈定谟讲授《知识论》、《哲学方法论》。尤其是鲁迅,作为五四新文化运动的主将,不仅名声大,而且很懂授课技巧,据当时的学生俞获回忆:"鲁迅讲学,并不像一般'名教授'那样,只干巴巴地一句一句地读讲义,枯燥无味地下定义。他的讲话也和他的作品那样丰富多彩。他讲到某时代的代表作家及其作品的时候,善于引证适当的、丰富的资料来详尽地加以分析,雄辩地加以批判,说明什么应当吸取,什么应当摒弃。听他讲学,好像小学生听老师讲有趣的故事那样,唯恐时间过得太快!"所以,每等鲁迅上课,厦大校园便出现这样一景:

钟声刚响，教室里早就坐满了人，后到的学生只能凭窗倚墙站着听讲。不仅文科的学生来听课，法科、理科、商科的学生也来听课，厦门大学不少年轻的教员也到场听课，还有很多校外的记者、编辑也闻风而至，场面十分壮观。

《鲁迅与厦大的恩恩怨怨》一文曾如此感慨："学生们不满足于只听鲁迅讲课，他们把鲁迅看成引路的导师，许多厦门本地的学生，有时星期天都不回家，留在学校里陪鲁迅，鲁迅倘若上街，他们便随同去当厦门闽南话的翻译。鲁迅的宿舍里，经常有学生来请教各种各样的问题，传出鲁迅与青年们亲切交谈的话语和爽朗的笑声。在鲁迅的支持和帮助下，学生先后成立'泱泱社'和'鼓浪社'两个文艺团体，筹办《波艇》月刊和《鼓浪》周刊。"也正是在厦大任教期间，鲁迅写下大量的作品，完成好几部书的编辑、校订工作。其中以《从百草园到三味书屋》、《藤野先生》两篇文章最为有名。

因为各种缘故，鲁迅和林语堂并没有在厦大长久地待下去，甚至早早便离开厦大，但是厦大对出走的鲁迅和林语堂等人依旧给予相当的尊重。

尤其是鲁迅，在厦大的地位是何等至尊，过去校牌校徽凡是带有厦门大学印记之处都有鲁迅的字体，就连"厦门大学"四个字，也是校方从鲁迅与许广平的情信集《两地书》中抽选组成。今天，位于厦门大学集美楼，还有目前国内唯一设在高校的鲁迅纪念馆。其于1952年10月创设，先为鲁迅纪念室，地址正是集美楼二楼原鲁迅先生在校任教时居住过的房间，后来与鲁迅文物陈列室合并，遂成厦门大学鲁迅纪念馆，为厦门大学人文学院下辖纪念馆之一。

尽管不是文科生，也未曾有机会受教，但黄广潍也应该有很多次机会，到这个纪念馆瞻仰鲁迅先生的风范，以及他的"硬骨头"。

对黄广濑来说，他更大的受益，还来自厦大对生物学系的建设。

今天，被归属于生命科学研究范畴，以研究生物（包括植物、动物和微生物）的结构、功能、发生和发展规律为主的生物专业，因为与当下世界面临的粮食、人口、环境、资源等重大问题直接相关，而成为一门显学。

但是，在风雨飘摇的年代，生存不易，遑论去"探索生命的意义"。因此，即使英国博物学家达尔文早在 1859 年便发表《物种起源》，确立唯物主义生物进化观点的同时，也推动生物学的迅速发展，但在中国，生物学教育一直处于滞后的状态。

直到苏州大学的前身，也是中国第一所私立大学的东吴大学，于1912 年创办中国高等院校历史上的第一个生物系。

这大约是源于东吴大学是美国卫斯理宗教会之监理会在中国创办的第一所大学，所以会有很多开风气之先的创举。其首任系主任正是 1876年出生于美国南卡罗来纳州的祁天锡。他是范德比尔特大学的生物学硕士，1901 年受美国南监理会派遣到东吴大学任教。任教伊始，他就开设生物、物理、化学以及地质学课程，由于他本身的专业为生物学，所以在生物学课程上更下功夫。与此同时，他还在任教期间，对华东地区的淡水生物、鸟类、长江中下游地区的农作物进行研究，并编写《江苏植物名录》、《华东鸟类指南》等具有开创性意义的论文和著作。

也因东吴大学身份特殊，在中国生物学史中，长期被冠以"中国第一个生物系"这一荣誉的是给予南京高等师范生物系。今天，这所与北京高师、武昌高师、广州高师一起，成为我国创办最早的四所高等师范学校之一的师范高校早已不存，但它的"后身"却赫赫有名，先为国立东南大学（1921—1927），后为中央大学（1928—1949）。1921 年，中国近现代生物学的主要奠基人秉志创办该校的生物系，并担任系主任。由于该校与国立东南大学的关联，也让国立东南大学成为中国大学中最早设立生物系（秉志）的大学，除此外，还有地学系（竺可桢）和数学系（熊庆来）。

然而，除此之外，中国高等院校中开设生物系的寥寥无几。同为知名大学的北京大学，其生物学系集北大、燕大、清华三所大学生物学人才精英，于1925年创建；而复旦大学的生物学系则要更晚，为1926年成立。

　　相比而言，厦门大学在这方面却走在前列，刚刚成立便开设生物学方面的课程。1922年，设立植物学、动物学两科。次年，按照英国的教学体系，植物学系和动物学系分开设系。十年后，又改用美国的教学体系，合植物学系和动物学系为生物系。与数学系、物理系、化学系同属于理学部，亦即日后的理学院。这也让生物系成为厦大学科当中的"创校元老"。

　　这多少是跟陈嘉庚所坚持的理念有关。那就是创办生物学科，以开发祖国山海资源。想想中国地大物博、山高水阔，有那么资源可供利用，为什么我们却白白地放弃，或拱手送人，任凭列强强占，到头来反而求之于人？！况且，厦门地处物产丰富的亚热带南域，山海交汇，正是研究生物的盛地。厦门大学应挑起这个重担，责无旁贷！

　　某种意义上，创办生物学科培育生物人才，从而研究、掌握和保护宝贵的生物资源，也是这个国家实现"自强"的一个重要途径。

　　科系初建时，陈嘉庚就在校园临海的高处，兴建生物馆大楼。此楼为花岗岩建筑，前面铺设登门长石阶，气势十分宏伟，堪称校园一美景。

　　一出生便有"立足之地"，生物学系发展劲头十足。

　　在今天的厦门大学生物学系系史中，我们可以看到，办学伊始，植物学、动物学两系教授便立即制定计划，开设各门课程，建立实验室，成批采购欧美名厂生产的显微镜和其他实验仪器，并开展富有本国南方特色的生物标本采集与分类研究。

　　各教授在亲自授课外，还定期带领采集小队，足迹踏遍中国东部各省，北至烟台、青岛，南至海南、东沙；三年中收集植物、动物标本达几千号。1924年秋，生物馆大楼落成，特辟出二层专室，按进化历程陈列标本，供教学科研和对外开放科普使用。

这些教授当中，有不少是名师。他们一是感于厦门大学"重金礼聘名师"的盛意，二是觉得厦门这块区域的确是做生物研究的好地方，所以纷纷南下北上，齐聚这一宝岛。这也让生物学系在当年的风头，和其他科系并驾齐驱。

其中，首任植物学系主任正是著名植物学家钟心煊。他既是清华学校首届留美预备班学生，又是中国科学社发起人之一。其于 1913 年赴美留学，在伊利诺大学、哈佛大学专攻植物学，获硕士学位。其毕业论文《中国木本植物名录》是中国早期植物学重要文献之一，常被引用。1920 年，他学成回国，于 1922 至 1931 年任厦门大学教授。

接下来还有中国近代植物学的奠基人与开拓者钱崇澍，其于 1910 年考取清华留美公费生，与胡适、李四光、赵元任、竺可桢等一起远渡重洋赴美国深造。1916 年回国于各大高校任教，曾担任清华大学生物系第一任系主任，接着南下厦门，后又担任中国科学社生物研究所所长。外界对他的评论是，不论在学校任教，还是在研究所工作，始终坚持科研与教学紧密结合，为中国培养一批优秀的植物学家。凡他任教过的学校，都建立植物标本室，为各地开展植物区系研究奠定坚实的基础。事实也正是如此。以其在厦大为例，他在建系之初，于植物标本采集方面出力最多。在辛勤筹划系务的同时，他还历年讲授植物学基础课和专业课，课余指导植物标本的采集研究，并亲自携带标本历访美国大学博物馆，交流标本、交接种子、订正学名，与国际知名的哈佛大学阿诺德树木园等建立关系。

经过几年努力，厦大植物标本馆收集了大量中国以及菲律宾、新马、日本、澳洲、美国等地主要品种的木材标本，其中包括美国加州赠送、亚洲独有、直径达三十米的"世界爷"（*Sequoia gigantean*）巨树断面（日占期间被掠，现存于中国台湾大学）。至此，建系初期采集的植物标本已相当完备，其中经国际植物学权威签名鉴定的腊叶标本尤其可贵。1920 年代初，厦大植物标本馆藏之丰富，居中国诸校的前列；1990 年，该馆被列入世界植物标本馆索引，代号 Au。

在生物学系名师的队伍中，还出现一位外国面孔。他就是应聘来校任教的美籍动物学家莱德。尽管在校时间只有短暂的两年，他却于 1923 年在考察厦门海区动物分布时，发现厦门岛附近浅海沙质区盛产文昌鱼。

文昌鱼是脊椎动物演化宗亲的活化石，俗名鳄鱼虫，又名蛞蝓鱼。说是鱼但实际上并不是鱼，是介于无脊椎动物和脊椎动物之间的动物，体形短小、狭长，略呈透明的淡红色，头尾两头尖，外形上具有通透玲珑的美感，国外又称"双尖鱼"。其重量很轻，每五百克重就会有四千多条文昌鱼。以鲜美著称。但它在世界海域十分罕见，然而附近渔民竟能大量捕捞，赖为生计。除此之外，在学术上，文昌鱼同样具有重要地位，因为这一成果揭示了自然演化历史中无脊椎动物向脊椎动物转化的奥秘。

这一年，莱德在美国权威学术刊物《科学》上发表《厦门大学附近的文昌鱼渔业》一文。此文一出，厦门海区遂以盛产文昌鱼而著名，厦门大学也以研究文昌鱼而知名于国内外学术界。

其后，生物学系又有秉志加入。他于 1924 年至 1928 年于厦大任教，并担任动物学系主任。随着他的到来，厦门大学动物学系教学科研取得显著进展，尤其在厦门岛附近海洋动物的采集、分类与生态研究，昆虫调查，中国白蚁种类研究等方面。动物学系设动物标本馆，制作标本并对国内外供应，厦门文昌鱼标本遍供海内外各学府。1934 年，他还发起成立中国动物学会，任会长，创办《中国动物学杂志》，任总编辑。

多年后，黄广潇的同班同学、中国动物学会理事长、国家自然科学基金委员会主任陈宜瑜院士曾对其有过这样的评价：秉志先生在中国早期动物学研究中所起到的作用非常重要，是名副其实的奠基人。秉志先生一生不仅功业至伟，且道德纯粹、忠信笃敬，令人极为钦佩。秉志先生一生淡泊名利，潜心从事科学研究。

相比较钟心煊、钱崇澍，以及秉志，陈子英年龄最小也去世最晚，但对厦大生物系所作的贡献同样让人不可小觑。他正是东吴大学的毕业生。尽管因教会背景而被"冷落"，但这所高校依旧培育出不少生物专业人才，陈子英便是其中之一。1921年，他从该校毕业，在摩尔根学生波琳指导下，他成为燕京大学生物学系第一个硕士研究生，获硕士学位。后获得洛克菲勒基金会奖学金赴美国哥伦比亚大学摩尔根实验室学习。1926年，在摩尔根学生斯特蒂文特指导下获博士学位。

回国后，他先是在燕京大学担任副教授，后辗转厦门，进入厦门大学任教。同秉志、钱崇澍、钟心煊他们略有所不同的是，他这一生对遗传学以及海洋生物学研究情有独钟。他既是中国遗传学先驱，更是在中国最先开展现代海洋生物学的研究。

在厦门大学，陈子英一方面专注于果蝇遗传学研究，包括果蝇原基的发育，正常型和突变型的差别，通过突变基因表达的研究，对果蝇的镶嵌、雌雄同体等突变现象做出科学解释，并与燕京大学的李汝祺合作开展金鱼的遗传育种研究。但另一方面，他也将自己毕生的精力，投入到海洋学术研究，以及海洋学术团队的创建当中。

"在陈子英的学术生涯中，一个重要贡献就是创立海洋学术团体，推动中国海洋生物学研究发展。"2016年，上海海洋大学为纪念三位老前辈——著名鱼类学家朱元鼎、著名水产教育家侯朝海，以及著名水生生物学家陈子英一百二十周年诞辰所整理的介绍文字中，细致翔实地描述了陈子英在海洋生物研究上的贡献，"20世纪20年代初，陈子英等就在福建沿海各地采集海洋动植物标本，在中国最先开展现代海洋生物学研究。1931年7月，中华海产生物学会在厦门大学创立，陈子英为该会成立之初主要负责人。这是中国专事海洋生物学研究的学术团体，也是中国第一个群众性海洋学术组织，每年在厦门举行例会，开展为期一个半月的暑期海滨生物研究，先后共举办四届研究会，后并入中国动物学会。"

也正是在这一年，陈子英发表《中国文昌鱼一个雌雄同株标本的研究》。1936年，他又在《厦大海产生物研究场报告》中发表《福建南部厦门文昌鱼的历史》一文。日后，经他的影响，英文的《文昌鱼歌》也在厦门大学传唱。

除了文昌鱼之外，陈子英的研究涉猎更多的海洋生物。"1932年，陈子英在《中华海产生物学会志》专刊发表《福建省（海洋）动物初步目录》，其中有海绵、软体、甲壳和棘皮等底栖动物名录，所列新种有厦门海丝瓜、林文庆海燕等十多种。其中，发表的《厦门的棘皮动物报告》是中国研究棘皮动物最早的论文。同年，陈子英发表《福建省渔业调查报告》，对福建沿海十七县的渔业情况做了较为系统的总结。经过数年艰苦摸索，使中国海洋生物科学研究渐入正轨，为促进中国近代海洋科学发展作出积极贡献，陈子英因此成为中国近代海洋生物研究先驱之一。"

1933年，太平洋科学协会海洋学会提议在中国设立分会，并议请设立厦门大学海洋生物研究室——这是中外生物学人多年梦寐以求的结果。

此前，在国内，秉志等人首先倡导建立海滨生物实验所，提出的理由是对国家建设、实业与教育有利，发展的途径则是以意大利和美国海洋生物研究机构为模范，建立中国自己的相应实验所。祁天赐也曾提出厦门是理想的海洋生物学研究场所。这一点可能与当时厦门发现文昌鱼渔场有关。毕竟，文昌鱼是生物学实验的重要材料。

正是在国家政策层面的影响、来自祁天赐和厦门大学的建制支持以及文昌鱼等物质条件的合力下，该研究室于同年7月起由福建省政府按月资助五百元，于次年在生物馆成立，并聘陈子英为主任。全室有成员七位，分科开展研究。"1934年创办厦门大学海产生物研究站刊物，1935年创办厦大生物学期刊，发表研究成果。"在厦门大学生物系史看来，这些无疑成为厦门大学盛行海洋生物学研究的标志。

不得不说，自 1933 年到抗战全面爆发前，是厦门大学生物系生机勃勃、意气风发的一段时期。生物系与科研室、研究站制定规划，然后和师生一起奔潮汐、攀岩礁、访渔村、探荒岛，采集标本，为发展中国海洋科学艰苦钻研。而且，此时期科研成果丰硕，研究报告大量发表于校内外刊物，除教师论文外，本科毕业论文质量也大有提高，达到可发表水平者并非个别。

1934 届学生顾瑞岩的论文曾在美国学术会议上宣读，其也在毕业之后出国深造，后在国内大学任教授，接着又在美国大学任系主任。而高他一届的金德祥，毕业论文研讨的正是文昌鱼生物学方面，曾在菲律宾科学杂志刊登。其于毕业后赴岭南大学深造，后为厦门大学教授。黄广潇入学后，便曾受教于他。

谁也没法想象，无法预测，如果没有此后的各种变故，以及战乱，厦门大学的生物学系，可能会拥有怎样的更加辉煌的发展历程。

在进入厦大之前，黄广潇就听过这样的故事，说的是陈嘉庚矢志办学，不要大厦，宁要厦大。这曾经感动过几代学人，包括黄广潇自己。

1920 年代末到 1930 年代初，席卷世界的经济大萧条，既让美国等老牌资本主义国家进入寒冬，也打击了西方殖民地的经济。陈嘉庚在南洋的主业陷入困境，面临倒闭危险，急需要资金的注入。汇丰银行和一个准备支持陈嘉庚的财团清楚陈嘉庚的能力，认为他只要卸掉办学的包袱，必能起死回生、东山再起，所以，只要陈嘉庚停办集美、厦大两校，它们就愿意支持陈嘉庚。陈嘉庚断然拒绝，"企业可以收盘，学校决不能停办。"他还说："两校若关门，自己误青年之罪小，影响社会之罪大。"

为此，他不惜牺牲自己在公司中的权力和地位，将其改组为股份有限公司，公司董事会由汇丰等债权银行派代表组成，陈嘉庚仅出任董事经理，月薪四千元。他除了留下一百元作为生活费，其余三千九百元依旧汇给学校。

最后，为维持学校的正常运转，他甚至卖掉自己在新加坡林密小山中，原本为他的两个儿子购置的三栋楼房。"陈嘉庚的这一举动犹如痴绝精卫的一声填海鸣叫，令人震撼令人叹为观止，人们称之为'出卖大厦，维持厦大'。"

用更精炼的句子就是，不要大厦要厦大。中国近现代爱国主义者和民主主义教育家黄炎培感慨说："发财的人，而肯全拿出来的，只有陈先生。"

尽管在日后，由于心力交瘁，力不从心，陈嘉庚决定将厦门大学无条件地"奉送"给政府，由私立变国立，厦大却依旧巍然挺立在东海之滨。由私立改为国立之时，为1937年7月1日，距离"七七事变"正好一周。

为说服当时的国民政府接手厦门大学，陈嘉庚一方面提及"厦大为福建省最高独一无二之学府，建立于厦门地方，论省界不免有稍偏于南区，若合浙江、广东沿海区域而言，则堪称为最中心地位"，另一方面则提到"况研究海洋生物，已经全国各大学考虑公认，推全国沿海最相当之地点"。无疑，陈嘉庚很骄傲于厦门大学在生物尤其是海洋生物方面的研究与发展上所作出的成绩，并以此为谈判的资本。

日后，当厦门大学又面临着改名福建大学的危机，陈嘉庚提出的反对意见就包括，中国的海洋与海洋生物的研究及人才培养还要不要?！他对众议员这样说，中国海洋与海洋资源，"不亚于诸富强国家"，厦门大学地处海洋，周边海产丰富，化学生物等设备完善，建校十年来，已成为国内各大学、研究机构或专门学校研究海洋和提供海产物标本的中心，"此为厦门大学与国内诸大学不同之点"，倘若改名福建大学，学校也将"移往他处"，则"海洋生物无从实验"，这关系非同小可。

可惜的是，八年的全面抗战，让厦门大学备受摧残。而生物学系也与国家民族共命运，步入艰辛历程。1937年9月3日，日本舰队的"羽风"、"若竹"等三艘驱逐舰驶入大担岛海域，突然向厦门岛的曾厝垵海军飞机场、白石炮台和胡里山炮台发起攻击。它们一炮就端掉厦门大学生物大楼，给刚接受国民政府校长任命的萨本栋一个下马威。尤其是在 1938 年 5 月至 1945 年 8 月厦门沦陷期间，厦门大学成为日寇军营，校舍更是受到极大破坏。

抗战不忘学习。为此，生物学系全系师生跟随厦大迁往山城长汀，并被安顿在长汀县孔庙的前廊。

风雨如晦，鸡鸣不已。即使再艰苦的环境，也没有打击生物学系发展自身学科的激情。讲课、实验、野外考察采集等都照常进行。甚至从 1938 年开始，遵照教育部指示，该系学生除了修读生物学各课程外，还必修数学、物理及四门化学课，成为大学学习面最宽的科系。在科研方面，虽然战时经费断绝，教师科学研究和学生毕业论文仍坚持质量要求，尽力为地方解决问题。比如，当时长汀竹蝗成灾，稻螟滋生，地方性甲状腺肿病严重，疟疾流行，师生们就以此为题展开研究，提供解决方案，并取得很好成果。而在文昌鱼研究、福建渔业资源调查之外，陈子英用海藻为长汀治疗甲状腺肿等工作也为人称颂一时。

这段时间，陈子英又重新担任系主任。又因萨本栋校长十分看重基础课教学，主张知名教授、专家权威亲自讲授基础课，所以他还要讲授普通生物学。

1943 年，昆虫学家李琼池博士入校任教，为生物学系教师队伍又增添宝贵人手。除承担动物学、昆虫学各课教学，并对长汀昆虫群落进行研讨外，1942 年，他还兼代系主任。

1943 年，著名细胞学家汪德耀博士应聘到厦门大学任生物系教授，教授细胞学、动物胚胎学等课，并主理系政。其相继担任系主任、理学院院长，并于 1944 年代理校长，1945 年任校长——某种意义上，这也是生物学系在厦大发展史上的又一大"贡献"。

此外，还有植物学家林镕博士于 1944 年来校开授高等植物分类学、真菌学等课，顾瑞岩校友返校任教，吴金声博士兼授动物生理学课，陈心陶博士则开授细菌学课……他们都为生物学系提高自身的教研质量作出贡献。

1946 年，厦门大学终于结束自己的流浪生涯，迁回厦门。但见五座主楼依旧，而生物馆一片断垣残瓦。师生的激情却不曾因此泯灭，在接下来的艰辛旅程中，依旧奋力迈进。这一年，中国第一个海洋学系在厦门大学成立，同年成立中国海洋研究所。这也让厦门大学成为全国高校中第一个设立海洋系的高校，也是在海洋生物学科方面最早产生国际影响的高校。不过，它的力量却在 1952 年被严重削弱。

这一年，由于中国试图将民国时期效仿英式、美式构建的高校体系改造成效仿苏联式的高校体系，所以进行了一次大规模的中国高等院校院系大调整。这既让生物系受其益——由于福州协和大学与华南女子学院合并成立福州大学，该校生物学系学生划归厦门大学；但也让海洋系深受其苦——其部分专业并入原大连海运学院和上海海运学院，部分专业并入山东大学水产系。

也正是在山大水产系的基础之上，山东大学建立海洋系。此后，随着山东大学在 1958 年迁往济南，该系又留在青岛，后发展成为青岛海洋大学，2002 年更名为中国海洋大学。可以说，中国海洋大学能有今日，也是得益于厦门大学所作出的贡献。

尽管由二十一个系锐减到八个系，但是从创立之时便抱有把厦大办成万人大学这一鸿鹄之志的陈嘉庚，依旧不放弃对自己孩子的"栽培"。这个时候，他年岁渐高，而且孩子早已变成国家的，但他对厦大的爱惜之情，从来没有消退一分。1950 年，他回国定居故乡集美，此后便将人生的最后十年，全身心地投入到两所学校的修建当中。也正是在他的影响下，他的女婿——1893 年出生在福建省南安县梅山镇芙蓉村的李光前，对厦大的投资也不遗余力。

今天看来，这翁婿二人可谓是互相成就。如果没有陈嘉庚对他的赏识，李光前当年很难进入陈嘉庚在南洋的公司，并进而拥有改变人生的大好机遇。

相反，也正是得益于李光前的智慧和为人，陈嘉庚不仅在南洋的公司经营顺利，而且在自己的倾资办学上，也得到对方无私而又巨大的支持。

这也让生物学系在1954年之后，又重新拥有自己的教学阵地。这一年，陈嘉庚按原设计图纸，重建被侵华日军炸毁的生物馆大楼。

这座大楼在今天被称为成义楼，它属于建南楼群的一个部分。和群贤楼群一样，建南楼群也秉承"一主四从"传统布局，一排五座，坐北朝南，这也让它"面朝大海，春暖花开"，同时也意味着"放眼世界"。在这个楼群当中，雄伟堂皇、拥有五千个座位的建南大会堂居中，东侧为南光楼、成智楼，西侧为南安楼、成义楼。它们呈半月形，巍然矗立在山坡上，俯瞰着楼前的半椭圆形的大运动场，利用楼群与运动场之间的落差，因地制宜地砌成可容纳两万人的大看台。由于运动场与看台都呈弧形，恰似上弦月，故称之为"上弦场"。

之所以取名"成义"，则因为李光前的大儿子名叫李成义。而成智楼，则源自李光前的二儿子李成智。整个楼群叫"建南"，则是为了与集美学校的"福南"大会堂相呼应，两者合起来即是"福建南部"，寓意厦门大学和集美学校是福建南部教育基地。

不管如何，前人的诸多积累，加上陈嘉庚的不忘初心，生物学系并没有消沉。与此同时，厦大对海洋与海洋生物的研究，也没有因故而断了传统。

黄广澜之所以还能在厦大读到海洋生物专业，也是因为生物系在1959年之后，又在动物学、植物学之外，另辟海洋生物学专业。这也让厦门大学和山东海洋学院成为当时全国仅有的开设海洋生物专业的两所高等院校。

看着美丽的校园，以及前人的功绩，黄广澜心里在不断地呐喊：厦大，我来了。

祖国，我来了。

战斗在海防前线

和黄广潢一起光荣地成为这所大学海洋生物专业学生的，一开始差不多有四五十号人。它也让这个重新创设的专业，挣到了足够多的人气。

这些同学大多来自福建和广东两地，福建的有福州、莆田、厦门、泉州、罗源、惠安、安溪、龙海、永春、福清、龙岩、武平、清宁、华安、霞浦等县市，以及国共对峙的金门；而广东的大致有广州、大埔，以及丰顺。其他为数不多的外地，则是上海等。

从年龄上看，这批学生的年龄跨度比较大，最大的是来自安溪县的张端王、泉州市的柯永春，以及出生侨商家庭的郑瑞珍，他们考上大学时已经二十三岁。最小的则是来自仙游，和黄广潢算是莆田老乡的陈宜瑜，高考当年他只有十五岁。相对比较年轻的还有身为华侨的李碧霞，时年十七岁。

因为是华侨创办，处华侨之乡，又因为华侨在建校过程中作出了突出贡献，所以厦门大学一直以来都面向华侨招生。所以，在这个海洋生物专业中，不少同学的家庭都有在东南亚生活的经历，像李碧霞、郑瑞珍，还有徐惠洲、张明赞、王真金，在成分上都属于华侨。这也使得他们在班级中的地位稍显优越，除了经济上有依靠之外，当时国家的建设还需要依赖大量的侨汇，因而在政治或者政策上对他们也是给予保护。

地位优越的还有那些成分很好的同学。这里就包括黄广潢，他不仅是贫农，而且在高中就加入了共青团。除他之外，林日辉、柯永春、郑玉水、周朝根、倪景辉等人也属于贫农。黄广潢的另一位莆田老乡戴国梁则属于下中农。他们和成分为工人的郑宗华一起，在新中国的政治图谱中，属于"红五类"；相反的则是"黑五类"，包括富农、地主、反革命分子、坏分子和右派。他们是阶级斗争和无产阶级专政的对象，从新中国成立后的"镇反"、"农业合作化"、"工商改造"到"反右"，尤其在日后的"文化大革命"中，这五种人始终是斗争和打击的重点。而他们的子女则被称为"可以教育好的"子女。

黄广潢的身边就有几位这样的同学，一位是黄森坤，还有一位是来自上海的女生陈月英。他们的成分有点"扎眼"，为地主，还有一位同学赵建培，则为"小土地出身"。但让人意外的是，他们居然有机会考进了大学，并为厦门大学所接收，这在当年要算万分之一的幸运了，只是谁也不知道未来等待他们的还会有什么。

但黄广潢一开始并不关心这些，只为自己又多了很多的同学而感到高兴，这可是难得的缘分，不是谁都有机会成为同窗的。更让他觉得珍惜的，是周生、郑玉水、潘智韬、杨伟祥、周朝根、魏成宝、孟凡，以及张良兴，他们将在未来的日子里，和他共处一个宿舍。

他们的宿舍，不是映雪也不是囊萤，而是芙蓉。芙蓉楼前有芙蓉湖，很多人会以为楼因湖而名。事实上，楼出现在湖之前。它的得名，其实依旧来自李光前。和建南楼群一样，芙蓉楼也是在他资助下才诞生的"杰作"，所以以其老家芙蓉村之名命名。

这个楼群同样有五栋，其中一栋为博学楼，于 1923 年最早修建，初为教职工宿舍，1953 年在此建成厦门大学人类学博物馆。在此办馆的则是中国人类学家林惠祥，其 1926 年毕业于厦门大学，1931 年始任厦门大学历史社会学系主任、教授。其余的四栋为学生宿舍，均平面呈双角楼前廊式布局，一、四号楼为三层建筑，二、三号楼主体三层、局部四层。一至三号楼的墙体大多以红色清水砖砌筑、花岗岩作装饰镶砌。四号楼的墙体则以花岗岩条石砌筑、红色清水砖作装饰镶砌，屋面为双坡西式屋顶，上铺红色机平瓦。放眼望去，甚是好看。而且从南普陀寺一侧的大南校门进入，数分钟就可以抵达。

这也让厦大的生活出现了一个很有趣的话题：男生们住在名字上很有女性色彩的"芙蓉"，相反，女生们则住在名字上很有男性色彩的"丰庭"——此名则取自李氏家族旧地"丰庭乡"。

大学四年，黄广潇一直住在这芙蓉楼群，尤以芙蓉四为主，他所在的正是315室。班上其他男生则分属314以及316室。

这是一个很温馨的小集体。多年以后，有音乐人老狼深情款款地演唱《睡在我上铺的兄弟》。现在已经很少有人能记起睡在自己上铺的兄弟，但这无损那种近乎兄弟之间的特别情愫。因为在这人生最为宝贵的青春岁月里，他们要共同生活，共同学习，甚至，还将共同应对特殊年代中的无数可能，以及特别考验。

尽管新的征程在他们面前徐徐地展开。但正如这个世界从来没有不受社会侵扰、"不知有汉，无论魏晋"的桃花源，象牙塔也不例外。

首当其冲的，自然是台风。这不是厦门的特产，却深深地困扰着福建这个东南沿海的中心城市、港口。作为亚热带海洋性季风气候区，厦门本来是个好地方，但它的注脚还有这样一条——全国著名的大风区之一，这不免又让人感到一定的紧张。

厦门曾经历过大大小小的台风，但在新中国成立后，受台风正面袭击，引起风暴潮，造成重大损失的主要台风有三次，一次是1996年的第八号台风，一次是1999年的第十四号台风，还有一次，就是1959年的第三号台风，史称"八二三风灾"。

这年的8月23日，台风在福建厦门至漳浦一带沿海登陆。十二级大风席卷闽南沿海各县，最强区在同安、厦门、海澄地区，厦门市瞬时极大风速达每秒六十米。加上它的到来，恰逢农历七月十九日天文大潮，风助潮势，潮顶江水，酿成严重的风暴潮灾害。《厦门市志·大事记》对此事的记录虽寥寥两行，但触目惊心："死伤近千人，大树被连根拔起，房屋倒塌，部分海堤崩毁，人民生命财产损失重大。"

《厦门港志》中的记录则更详细些：

1959 年 8 月 23 日，台风正面袭击厦门港，风力达 12 级以上，风向东南东，定时最大风速 38 米／秒，瞬时极大风速 60 米／秒。

1959 年 8 月 23 日，厦门港遭受强台风正面袭击。有 23 艘木帆船沉没，死亡 9 人，其他损失严重。（鹭江道）第一码头完全毁坏。

尽管在这一天大家严阵以待，但厦大也同样损失惨重。到黄广潇入学时，虽然校园早经过师生们发扬生产自救精神得以重建，并基本恢复正常的校园秩序，但是台风留下的印痕，却随处可见。校园里众多高树，都被拦腰斩断，剩下半截枝干，露着新鲜的伤口，刺向天空。此外，校园里东、西两个学生餐厅，也顶不住压力而倒塌。

黄广潇入学后的头两周，也因此是在集体劳动中度过的。他和同学一起，清理台风造成的损失，以及残砖烂瓦。为了安全，所有的学生在晚上转移到教室里，铺张草席打地铺。

这无疑也在提醒黄广潇，选择厦大，乃至选择"海洋"这一终身事业，既是幸福的通途，同样也要直面未知的威胁，需要勇气和胆量，以及乐观的心态，努力地走下去。

但莆田本身也是台风喜欢光顾的地方，所以这样的场景对黄广潇来说也不会太陌生。如果要说有什么让人感到担心的，那就是炮弹的威胁。尽管此时距离抗战胜利也已十数年，但厦门依旧没有摆脱战火的困扰。

如果我们翻开地图就会发现，厦门既有诸多沿海城市的风情，也有它们所没有的特点，那就是它是中国大陆除福州平潭之外距离台湾本岛最近的城市，也是距离台湾地区最近的城市。从厦门的角屿到金门的马山，只有短短的一千八百米的海面。

早在 1949 年 10 月 24 日，中国人民解放军就试图通过厦门岛渡海进攻金门岛。他们可以用三天就解放厦门岛，但是由于对潮汐的判断经验不足，在小小的金门岛上栽了跟头，以失利告终。受挫半年之后，解放军成功解放海南。就当国人摩拳擦掌再次准备攻取金门，进而欲解放台湾时，朝鲜战争于 1950 年爆发。解放金门一事就此被搁置。然而，等到朝鲜战争结束，远东冷战格局却又形成。

1955 年 1 月 28 日，美国盟友新西兰出面，在联合国安理会提出讨论台湾海峡"停火问题"，目的是通过联合国安排海峡两岸停火，使台湾问题国际化。3 月，台湾地区与美国签订的《共同防御条约》生效；1956 年 1 月，台美又签署军事协议，美国不只向台湾派驻"协防台湾司令部"，更将驻台美军顾问团人数扩充至两千六百人，美国空军第十三特种舰队也进驻台湾……至 1958 年，蒋介石政权已在金门、马祖等外岛驻扎十万大军，大有"反攻大陆"的意图。这种长时期的两岸对峙，也让那短短的一千多米，变成这个世界上最遥远的距离。与此同时，厦门也成为两岸对峙的"主战场"，而厦大更是前线中的前线。

今天，出了厦大的白城校门，过环岛路上的一座天桥，便到了著名的旅游景点——白城沙滩。在众口相传中，它是厦大学子的情侣滩。也有很多的厦门市民和游客喜欢到此漫步、游戏、游泳和观赏夕阳。据说，天气晴好时，在厦大登高便可远眺金门。

从 1950 年起便担任厦门大学校长至 1969 年因癌症于上海去世的王亚南在演讲中曾指出，"在地理上处在祖国国防前线，这是厦大的特点，今后的学习过程中间，对敌斗争是其他学校所没有的"。

所以，自 1951 年 2 月，厦大便成立防空指挥处，并逐渐在校园里修建起了阡陌纵横的防空壕。黄广潢便留意到，在脚下的这片土地上，遍地战壕，纵横千米。从教室到食堂，从宿舍到信箱……而在后山五老峰的花岗岩山体中，也硬是给挖出一个防空洞，分左、中、右三个大洞口，正虎视眈眈地"恭迎光临"。

事实上，和台风一样，黄广潢对这些东西同样也不陌生。当年的莆田曾留下过无数战争的痕迹，但谁也没想到，转过头又要和它接触。

新中国成立初期，父母先后回到厦大任教，自己也于1952年出生在这个校园内的"厦大土著"——厦门大学人口研究所研究生导师、福建省人口学会副会长、土耳其中东技术大学孔子学院首任中方院长——郑启五，在回望自己的厦大往事时说，他童年的记忆，总是离不开防空洞，甚至到今天，他也一时分不清脑海里关于飞机凄厉的呼啸声和炸弹的爆炸，究竟是来自儿时最初的记忆，还是后来荧幕上的电影镜头。

20世纪50年代头几年，福建的制空权掌握在台湾的手里。"伴随着'反攻大陆'的叫嚣，海峡对岸的轰炸机、战斗机和侦察机袭扰厦门是常有的事儿，"郑启五便记得，"自己隔着厦大托儿所的铁栅栏可以时常看到解放军和大学生民兵架设高射机枪对空演练的镜头！"尤其是在1958年，为反击国民党当局对大陆的猖狂侵扰，为打击美国插手中国内部事务，以及对中国领土台湾的侵略行径，同时，也为回击当时苏联对美国所采取的姑息政策，大陆利用黎巴嫩民众反对美军入侵之机，决定对金门实施大规模炮击。

同样是在8月23日，17时50分，随着一串串红色信号弹升起，厦门前线万炮齐发，两千六百余发炮弹从各个不同方向同时泻落在对面金门岛北太武山上。顷刻间，整个金门岛地动山摇，完全笼罩在一片硝烟和火海之中。那天，很多厦大师生推窗就见到远处南太武山至小金门的上空一片红光，仿佛大面积燃烧的晚霞一般，上千颗越海的弹道化成海天一色的天然大银幕上壮丽的奇观。随后，驻扎在金门的国民党军队也开始还击。

不过，为了避免将国民党当局彻底推到美国的怀抱，甚至放弃金、马与大陆"划峡而治",大陆决定调整对台政策,将金、马留给蒋军驻守,牵制对岸。随后,金门炮战变成长期化,单日打,双日不打,逢年过节宣布放假,停止炮击。

世易时移,但历史依旧鲜活,如同昨日,从台湾的政治演变看新中国成立初期的对台政策,国家领导人之深谋远虑,令人钦佩。

不管作战形势如何变化,厦大师生仍然在反空袭、反炮击的战斗中坚持教学,并根据战斗形势制定两套教学方案。课堂设在后山的防空洞外,一旦敌机临空立即躲进防空洞。"警报一来,有的同学带着小凳子和书,疏散到楼下后面的防空壕里,坐在地上看点书……既不惊慌,也不悲观。没有人借故擅自离校。"有校友写道。也正是在防空洞中,郑启五和诸多厦大学子一起感受着金门打过来的炮弹落地时的震响。不断有一些沉闷的爆炸声,从头顶和附近传来。

不幸又一次降临在厦大。9月9日,金门的数发炮弹落在厦门大学,其中芙蓉一一枚,外文系学生宿舍附近四枚,附近的南普陀山上八枚,东村十多枚,图书馆一枚,大操场一枚,合作社一枚。生物馆再次在这次炮击中受到攻击。此外,图书馆、物理馆等几幢建筑也遭到不同程度的伤损。化学系还有同学受伤。

但是越烈的炮火,越淬炼厦大人的勇气和胆量。也就在9月8日,在厦大校园的坑道里,成立了英勇的民兵师。时任校长王亚南、副书记张玉麟担任师长,吴立奇、未力工担任正、副政委,未力工和宣传部部长李光任正、副政治部主任,统战部部长范公荣和党委办公室主任白世林任正、副参谋长,分设理科、文财科、工科三个团。

正如郑启五所经历的那样,这些民兵们既要坚持学业,也要配合学校各部门加强治安保卫工作,与纠察队一起护楼护馆,站岗、放哨与巡逻,保卫要害部位,维护校园的良好秩序…正是在战火中出色地完成支前参战、抢救抢修、守卫海防等工作,厦大也被誉为"在炮火袭击上坚持斗争、学习的英雄大学"。

"厦门大学在血与火斗争中的英雄事迹，受到了全国各方面的高度赞扬，全国各高等学校一百多封电报和七百多封慰问信如雪片般飞来。"厦门大学革命史研究专家陈炳三在《福建党史月刊》上刊载的《英雄学府谁能摧——战斗在海防前线的厦门大学》一文中说，"1958 年 9 月 12 日，中央侨委主任何香凝给王亚南校长暨全体师生发来慰问电。9 月 25 日，远在苏联列宁格勒电子学院的中国留学生发来电报，电报中写道：'勇敢地战斗吧，我们和你们在一起，永远和你们在一起！'这代表着一千七百多名留苏全体学生的战争号角。"

全国各界也纷纷派出慰问团到学校慰问，也许让人最难忘的，是全国文艺界福建前线慰问团来校亲切慰问。其时的团长，正是国歌的词作者田汉。

他曾特意赋诗一首《献给厦门大学》。诗云：

温室不能育大材，
大材必须经得起狂风暴雨和惊雷。
厦大屹立在东南海防最前线，
英雄学府谁能摧？！

除此之外，朝鲜人民军协奏团到中国慰问时，还特意请求到厦门前线，并到厦大慰问演出，受到前线三军代表和全校人员极为热烈的欢迎。这是省市接待国际友好邻邦慰问的"破天荒"之举。

党中央也对厦大给予莫大的重视和关怀。1959 年 4 月，全国第二届人民代表大会召开期间，周总理向毛主席介绍坚持在海防前线办学的厦大代表王亚南，主席关切地询问：现在你们还经常听到炮声吗？还紧张不紧张？

这样的关怀，不仅温暖了厦大，也曾温暖过黄广潇。他感受到国家对人民对学子的情意。但是要说不紧张也不现实，毕竟，敌人的炮口一直在虎视眈眈地对着自己，谁也不知道它什么时候又要发射。所以，他在厦大上的第一堂课，便是"如何跑防空洞"。他和同学们一直牢牢地把老师的安全教育记在心里，并认真听老师讲解，好记清楚大山中的那些隧道，不能到时乱跑给跑岔了。

晚上睡觉时，也得时时竖起自己的耳朵，注意收听金门方面传来的消息。万一有人打探到对方炮位有挪动，那就意味着有可能会炮击，所以赶快跑，躲防空洞。

宿舍里所有玻璃门窗也都被贴上"井"字形或"米"字形的纸条，理由有二，一是防台风，另一则是怕被炮弹震碎伤人。

没有炮击的时候，他也会和同学一起去建南大会堂。那里是学生们经常听报告、观演出，还有就是看电影的地方。由中央新闻纪录电影制片厂到厦大特地拍摄的电影纪录片《战斗的厦门大学》，就将拷贝放在这里。通过银幕，全中国都看见厦门大学坚实的防空洞和威武的厦门大学民兵师。在1959年之后，厦大常常会将其免费放映给新生看，作为校方给新生上的革命传统教育的第一课。

这让黄广潇内心很是激动，他一遍又一遍地想，我们的学校是个漂亮的校园，先是被日本大规模空袭，现在又被国民党当局天天炮击，怎不叫人感到愤慨。我们一定要捍卫自己的校园，捍卫自己的国家。以前自己还小，对革命还体会不深，没能在战斗中贡献自己的一份力量，现在我们都是受国家培养多年的知识青年，在国家遭遇威胁的时候，我们应该勇敢站出来！

不得不说，解放后受新中国教育成长的一代人，堪称纯真的一代人，他们围绕着爱国主义、爱校主义、集体主义、奉献精神，为建设新中国努力学习、积极工作的精神头儿，大大超过现在流行的个性主义。

正好这个时候，学校又在新进的学生中发展民兵，补充力量继续维护校园的秩序、防范敌人的渗透。黄广潢积极报名响应，他要像电影里的那些大学民兵师那样，勇敢地去面对外面的狂风暴雨和惊雷。

他和同学被分配到白城沙滩站岗。这个在当下深受厦门市民喜爱的海水浴场，在那段特殊的时期，有一大半被划为军事禁区，并建有一个民兵哨所，若非出示"边防通行证"，任何人不能擅自穿越。至于任务，则是"防上防下"——"上"指金门方面派出"水鬼"刺探情报，游过来从这里偷偷地摸上岸；"下"则是这边的人下海投附对岸。所以这里除了流动哨之外，还有暗哨。

为了严防死守，他们还给配了枪，并压好子弹，死死地盯着水面以及附近的岩礁，一有风吹草动，全身的神经就立刻紧绷，高度警惕，不能放过一点蛛丝马迹。

放哨以外，到傍晚时分，他们还要负责将沙滩扫平，如果第二天发现上面有脚印，就说明有特务上来了。

这样荷枪实弹的大学生活，在国内恐怕没有第二家。红色歌曲《我为伟大祖国站岗》中这么唱道："手握一杆钢枪，身披万道霞光。我守卫在边防线上，为我们伟大祖国站岗。"仿佛是当时厦大学生"海防哨"的真实写照。

不过，让黄广潢紧张中又略感失望的是，当年的他和同学们，并没有得到机会，亲手抓上一个特务"坏蛋"。更让他们面子有些过不去的是，这些守卫的同学有天紧张过头，结果误认敌情，将跑过来的学校管保卫的领导当作敌人，还没等对方的口令回过来，子弹就不由自主地打出去，将领导的棉衣穿了个窟窿，好在学校也体谅学生，没有作过多的追究。

黄广潢却觉得有些不太好意思，他一直在想，一定要拿出一次像样的行动，来展现我们新中国学子的气概。

恰恰好，有大人物迎头便撞上"枪口"。

德怀特·戴维·艾森豪威尔，美国第三十四任总统。二战期间，他担任盟军在欧洲的最高指挥官，凭借坚强的意志和外交策略，指挥海陆空多兵种数百万盟国部队，胜利渡海作战，为解放法国和向德国本土进军作出重要贡献。1944年下半年，他被授予五星上将。1948年2月退役，任哥伦比亚大学校长至1953年，但实际上从1950年起一直缺席而担任北约司令。1952年作为共和党总统候选人参加竞选总统获胜，1956年再次竞选获胜，蝉联总统。

然而，在总统任内，艾氏继续推行杜鲁门政府制定的"冷战"政策，除了顽固坚持"扶蒋反华"的政策，1957年又提出控制中东、近东的侵略扩张计划，是为臭名昭著的"艾森豪威尔主义"。许多评论家认为，艾森豪威尔在第二次世界大战期间的经历"是光辉的，受人尊敬的"；但是，他在冷战期间作为美国的总统，所执行的政策却是"失败的，令人咒诅的"。

1960年的6月17日至19日，艾森豪威尔窜访台湾，作为其亚洲之行的其中一站。这是有史以来美国在任总统首次访问中国。民众纷纷涌上街头，争相一睹台湾"保护神"的真容。蒋氏夫妇更是亲自到松山机场迎接。

他的到来，无疑又给蒋氏政权在台的稳定添加一枚厚重的砝码，也让蒋氏政权再次得到加强与美国"共同防御"、继续"保卫台澎金马"的承诺，但它也无疑又一次严重地插手中国的内部事务，加重两岸的持续对峙。

为了表示对美国总统访台的抗议，北京先是以"欢迎"为名，在17日下午对金门地区各岛进行全面炮击，落弹三万余发，18日再次炮击，落弹五万余发，19日则以"欢送"为名，又三度炮击，落弹近九万发。这是金门自1958年以来遭受解放军炮击最惨重的一次。直到艾森豪威尔离开台湾后，国民党军队才展开全力反击。

为了保证安全，黄广潢和同学们临时集合，也没有通知家人，立马拿上铺盖转移，步行至同安莲花。当然，也留下一部分同学作为敢死队，保卫校园。

今天，黄广潢当时的班长徐惠洲，以及同班同学赵建培、黄森坤还记得，当年他们将 19 日的炮击称为"万炮送瘟神"。对这位二战中的美国英雄，他们毫不客气。只要他侵犯我国的神圣领土，英雄即刻变"瘟神"。

伴随着大陆的军事动作，全国人民也纷纷站出来，在福建省人民政府外事办公室的外事志中有记载提道：

福建省各民主党派、各人民团体纷纷集会，严厉谴责艾森豪威尔台湾之行，支持台、澎、金、马爱国同胞的反美斗争，坚决反对美国分裂中国的阴谋。各地广泛开展反美宣传活动。福州、厦门、漳州、泉州、福安、闽侯、南平、龙岩等城市从 6 月 21 日开始，放映一批反映中国人民和亚洲人民反对美国侵略和保卫世界和平的影片。6 月 27 日，福州市 12000 名全副武装的男、女民兵在省人民体育场集会，会后举行示威游行。同日，厦门举行反对美国的示威游行。

黄广潢的热血也再次沸腾起来，既然每个有良知的中国人都站出来，我们厦大学子又该怎么办？绝对不能眼睁睁地看着美国在我国领土上破坏统一，妄图"反攻大陆"，颠覆新中国。我们也要去游行，也要去发出自己的吼声。

用什么样的形式来表达自己的愤慨？对于在高中就有着诸多文艺经历的黄广潢来说，发动同学一起来创作一个文艺节目，不失为一个好的方式。生物学系侨生居多，他们在文体上很有热情也很有才华。有同学说，打标语，写得大大的，让金门都可以看到；又有同学说这不现实，不如大家一起唱歌，喊口号，让艾森豪威尔一听就颤抖。后来，又有声音提议到，不如我们编个活报剧吧。

忘了提议者是谁，有可能是赵建培，也有可能是黄森坤，但这个点子的确还挺招人喜欢的。活报剧，是为那时很多青年学子所熟悉的内容，就像当年集体创作并由陈鲤庭于1931年执笔的《放下你的鞭子》。这以应时性、时事性为特征，就像"活的报纸"的话剧，同时多在街头、广场演出，也可在剧场演出。在演出时，常常把人物漫画化，并插有宣传性的议论，既容易讨得观众的喜欢，又很有力量。

经过大家的持续讨论，一个好的创意慢慢在脑海里形成，那就是通过活报剧，用当时的语境来描述蒋介石和美国人之间"狼狈为奸"，但这种关系最终不会长久。

很快，剧中人物的角色也纷纷被人领走，其中赵建培演的是蒋介石。艾森豪威尔由谁出演，今天已没有太大的印象。不过，为增强这个活报剧的批判力量，黄广潢和同学们一起商量，为它编首歌吧。可要写什么呢？

正好这个时候的艾森豪威尔已经到总统生涯的末期，所以，"艾森豪威尔滚下了台"。但是下任总统换成肯尼迪也未必是件好事，他和艾森豪威尔一样，对新中国的态度都强硬且不友好，加上这些青年学子正是血气方刚之时，自然不会客气，接下来歌词便写到，"肯尼迪紧跟着爬上来"。前前后后，反映了鲜活的时代背景，整个的思维方式和话语体系，都与现在完全不同。

它不是炮弹，但这个活报剧，也一举在游行当中引得诸多的关注，看到的人纷纷报以热烈的掌声。

事实也印证了黄广潢同学们的判断，在11月8日举行的大选中，肯尼迪以极其微弱的优势战胜尼克松，并于1961年1月20日正式宣誓就任美国第三十五任总统。尽管其于1963年11月22日遇刺身亡，但在短短的三年任期内，他不仅依然紧随艾森豪威尔，依旧积极推行杜鲁门时期制订的"遏制并孤立"中国的政策，阻挠恢复中国在联合国的合法席位，而且还坚持支持蒋介石政权，并借台湾海峡紧张局势包围中国、继续推行对华经济封锁和"禁运"政策……让大陆与金门之间的炮战延续十数年。

今天，很多人回望厦门大学的历史，会不由地觉得，这是悲悯与传奇同在的学园。陈嘉庚将它选择在这个地方，既坐拥美景，也历经磨难。有时想，如果没有这么多年动不动就要跑防空洞的历史，厦门大学会不会发展得更迅速？

但正如田汉所说，"温室不能育大材，大材必须经得起狂风暴雨和惊雷"。这段特殊的经历，也在持续磨砺着厦大学子的精神，令他们在抗战、解放战争、抗美援朝，以及金门炮战的硝烟中，经得起心意困苦、筋骨劳累，以期在日后加倍努力，用一腔激情重拾山河。

运动中的"沉默"者

黄广潢的大一生涯，就这样忙碌而又满怀热血地度过了。

这一学年，除了社会主义教育及体育之外，他相继学了普通化学、普通物理学，高等数学等课程，外语则是俄语。这是因为中国和苏联的关系好，所以在课程上都向"老大哥"靠近。

这段时光虽觉新鲜，但也需要花时间适应。幸而黄广潢并没有落下自己的功课。似乎在第一年，他就拿到了班上的学习标兵。之后每次寒暑假回姐姐家，他都能给他们带去自己的好消息。

这消息不是成绩优秀，就是获得学校的最高奖学金。更让黄广潢外甥李文廉感到高兴的是，舅舅不仅给他们带来学习用品、好吃的东西，而且尤有吸引力的，是带来关于外面的世界，大城市、大学的新见闻，同时耐心地辅导他们的功课，完成假期作业。从来没有因为自己已经是大学生，就摆起了架子。

所以，一进入大二，他就和林日辉、李澄汉、钟华基、陈台辉、陈月英、倪景辉、柯永春、郭春钦、陈宜瑜、郑玉水、黄森坤一起，成了班级核心小组成员。

这一年，班上的同学有了不小的变动。首先有十几号人去学习山林鸟兽，真正一气读完海洋生物专业的，最后也就剩三十来号人。

这中间还有像宋海棠这样的，二年级时又被调整到外文系专门去念俄语专业，结果没过一年，国际风云突变，中国由靠近苏联老大哥，变成"反修防修"，自然俄文读不成了。宋海棠只好又回到生物系，但已经比黄广潢低了一个年级。不禁让人感慨，在时代的大手面前，人的命运只能被动地随其拨弄而已。

还有的，像班上原来的团支书，因为早早地在农村就入了党，所以进了大学，书也不好好读，尾巴翘得很，对老师也极不尊重。老师对此不满，向系里反映情况，最后让他留了级。

课程也有所调整，除了俄语、体育、物理之外，社会主义教育课程变成了政治经济学，普通化学变成了有机化学。与此同时，增加了动物学，以及"物化与胶化"，也就是物理化学与胶体化学。这原是化学系四年级的课，不知道为何硬塞给他们这帮生物系的二年级学生，而且物化与胶化是很抽象的思维，比较难理解，所以学习效果之差，可想而知。但不得不说，自抗战以来便十分注重学生知识面、学习面的厦大生物系，一直坚持着这一优秀的传统。从这里可以看出，黄广潢所要学的课程设置很全，数学、物理、化学都有，真应了外人对生物系学生的看法：生物系是理工科里的"万金油"，什么都学。多年后，他们都要感谢生物系这种刻意栽培，不管日后从不从事生物研究，"学好数理化，走遍天下都不怕"。美国的生物科学，就是建立在雄厚的数理化的基础上的。

在一年高等数学（积分和微积分）、两年高等物理（普通物理学和高等物理学）的理工科专业必修课之外，黄广潢和他的同学几乎将化学系本科的课程学了一个遍。从陈再生老师的无机化学的定性到普通化学的定量，接着修房世民老师的有机化学，然后再念物理化学与胶体化学。化学系的课程还包括物理化学、生物化学等。

不过到大三之后，黄广潢所学课程开始突出专业，相继增加了微生物学、动物生理学、生物化学，以及细胞学、生物物理学、生物技术学，最后一学年则是达尔文主义遗传学、浮游生物学、海洋底栖无脊椎动物学、鱼类学，还包括海洋生物学专题。这个专题综合了海洋学和海洋生态学内容，学了它之后，包括黄广潢在内的很多学生，才觉得自己确实是学习海洋生物专业的，因为它重在"海洋"二字。

也是从大二开始，徐惠洲"升任"为团支书。在新学期的团支部工作分工安排上，他和来自安溪的张良兴分别担任支部的正副书记，周婉霞担任组织委员，林颂光担任宣教委员，军体委员则由来自莆田的戴国梁担任，与此同时，他还承担班级体育股的工作。

在班级工作分工安排上，正班长为张良兴，副班长则是李澄汉，并负责学习股。劳动股由倪景辉、郑玉水负责，福利股由陈台辉、柯永春负责，至于"黑五类"之一的黄森坤，因为学习好，居然还被选为了宣传股的负责人。而文娱股的工作，则交给了孟凡。不过在黄森坤多年后的印象中，自己做的是学习委员，而文娱委员，则是黄广潢。

但不管怎样，这个班级对黄森坤还是很包容，并没有因为他的出身问题，而对他横加挑剔。至于陈月英也同样没有遭受多少"折腾"。除了和黄森坤等人一起是班级核心小组的成员，她还和张良兴、周婉霞以及郑玉水一起，是助学金评定小组的成员。

有出也有进。正是在大二这一年，张晓云成了黄广潢的同班同学。事实上，她曾是他的师姐，但是中途"生病休学"一年，最后才插到他的班上。和陈月英一样，她也来自上海；但不一样的是，她出生于知识分子家庭。父亲同样是学生物出身的，所以希望她日后能继承自己的事业。本来她喜欢唱歌，想进音乐学院，在考厦门大学之前，先考的是中央音乐学院和上海音乐学院，初试复试都录取了，但听从父亲的意愿，她放弃了自己辛苦争取来的口试资格，转过身去考入了厦门大学。因为有唱歌的底子，她依旧会不时地被"抓差"，开学时的联欢晚会上，她要唱一唱，其他的娱乐活动，她也要去唱一唱。

本来青春年少的张晓云也是个心直口快的女孩，唱歌既是自己的爱好，对于应邀演出，她便从来没有想过拒绝。问题是，她越活跃，越高调，就越让旁人觉得她有问题，认为她很有些"小资产阶级情调"。再者，难免别人的眼红，掺杂各种情绪，枪打出头鸟。结果，在原来的班级，但凡她做什么事情，都会被无数双眼睛盯上，连冬天用热水洗脚也遭人告一状，还给画了漫画，说什么用热水洗脚真是好啊。在他们眼里，这样的上海姑娘太娇气了，脚又何必特意常洗呢，就是洗，也应该用冷水洗。用热水洗的脚都是资产阶级的脚。最后张晓云看全班都针对自己，借口生病，提出休学，暂且避避。

加入到黄广潢所在的班级，算是张晓云对自己的一种"保护"。黄广潢十分欢迎这位能歌的"百灵鸟"的到来，这意味着，往后班级的文娱活动，便有了个很好的台柱子。不过，他也从中敏感地意识到，这所美丽的学校正在发生着某种不可阻止的变化。

厦门大学开展大规模的反右斗争已经有两三年了。

在郑启五的印象中，自 1957 年开始，自己曾经欢乐的童年便有了不愉快的记忆。他的父亲——王亚南得意门生郑道传的名字不断地出现在各式标语上，旁边写的都是"打倒"字样，或许还会配上漫画，再打上红叉叉，然后贴在芙蓉三的墙壁上。这座学生宿舍的墙壁有一面正好朝向他在大南新村的家。到了 1958 年，父亲从口头上的打倒，变成了现实中的打倒，先是被定性为右派，接着发配到东澳农场劳改。而他全家也从大南新村的 10 号小洋楼，搬到了国光三楼 17 号，尽管这也是陈嘉庚时代所建的房子，但与给华侨住的大南新村相比，结构还是不合理，而且，分给他家的那一套，还是最潮湿的。明显带有贬低的意思。

也正是在这一年的 5 月，中共八大二次会议正式通过了"鼓足干劲，力争上游，多快好省地建设社会主义"的社会主义建设总路线。这是中国人民探索中国自己的社会主义建设道路的一次重要尝试，也反映了广大人民群众迫切要求改变我国经济文化落后状况的普遍愿望。但是在后来的执行过程中，表现出许多忽视经济发展客观规律的现象，夸大了主观意志和主观努力的作用。

随后的很长一段时间，全国各条战线迅速掀起了"大跃进"的高潮。与此同时，国内也迅猛地开展了"拔白旗，插红旗"运动，把一些坚持实事求是、反对浮夸的人，以及一些所谓"具有资产阶级学术观点"的人都作为"资产阶级白旗"加以批判、斗争甚至处分。

尤其是到了 1959 年的庐山会议之后，反右倾更是成为这一时期的主要战斗任务。在理论上，它使阶级斗争扩大化理论进一步发展。在经济上，打断了郑州会议以来纠正"左"倾错误的进程，使国内已有所克服的"左"倾思想和"左"的行动再次泛滥，并延续更长时间。

面对冲击，厦门大学外文系首当其冲。"厦门大学外文系过去是名闻校的资本主义堡垒之一。长期以来，资产阶级邪风在系里占了优势，严重地阻碍了我系的进步，也使人民教育事业造成了巨大的损失。"1958 年的《西方语文》即后来中国外语界的顶级期刊《外语教学与研究》上面曾有一文，直指外文系的"落实面貌"。

这篇文章指出，该系教师出身不好，思想不好。"绝大部分出身于资产阶级家庭，从小就接受帝国主义教会学校的奴化教育，好几位教师还直接为帝国主义买办服务过，因此，资产阶级思想十分浓厚。"而且他们在教学上常持资产阶级观点，脱离实际和政治，厚英美薄苏联；教学态度差。排斥工农子弟，对他们百般刁难。其中前系主任甚至说工农子弟为"土包子"。而该系的学生也同样问题成堆。"例如 1950 年我系毕业生全部不服从国家分配，有的出洋当买办，有的到香港做生意、当牧师。1955年有几个毕业生分配到军事国防部门因政治思想差而考核不合格，有的到了工作单位又重新分配。今年毕业生中政治立场不稳或丧失立场的占70%，大部分'先专后红'，有的甚至'不专不红'。"

于是，也便有了全系的大批判、大整改。全系师生写了数万张大字报、专门召开大会，同时还调整了课程大纲，取消了毕业论文，增加劳动比重，组织学生下厂下乡等。正如此文的主标题《从西风压倒东风到东风压倒西风》所体现的，"经过历时三个多月的交心运动和拔白旗、插红旗运动，我系全体师生在党支部的领导下对资产阶级思想进行了毫不妥协的斗争。通过斗争教育了自己，提高了自己，并且攻破了堡垒，横扫了歪风邪气，从资产阶级手里夺回了这块阵地，胜利地升起了红旗……"

今天看来，这样的批判有激情，有担当，也能见赤子的拳拳之心，其批判的内容即使放在今天，有些也不过时，但是，过分的"左"倾，以及意识形态上的非理性，让这些批判犹如一根巨椽大棒，既能横扫千军，也极易误伤无辜。张晓云无疑便是其中之一。

在这样的大环境下，黄广潢所在的班级自然也不能独善其身。

查阅该班团支部所制定的新学期计划会发现，除了要"继续深入学习毛泽东思想，以毛泽东思想指导班级的一切工作的开展，认真学好政治课，以理论联系实际"，与此同时，还要"大胆暴露自己的思想进行批判，坚决同坏人坏事作斗争，把我班长期存在的歪风彻底地压下去，树立团干部、班干部的工作威信"。

黄森坤却给班干部"丢了脸"。尽管靠着学习成了干部中的一员，但他接下来横竖没能跨过一道"坎"——成为团员。而这种身份认同才是他最看重的，他偏偏就得不到。这让他一直到毕业，在政治面貌上还是一枚白板。它也导致他在各种场合都不敢乱发言，就连说话也得先看别人的眼色。这也让他自嘲，到今天还没有改正这个缺点。

赵建培更是"无辜"。他的父亲毕业于金陵大学，在银行里工作时曾集体加入国民党，但他的母亲是共产党员，当小学校长，所以家庭成分不红也不黑，他偏偏自己挖坑自己跳。在反右倾运动中，他积极地响应团支部乃至系里要学生们深挖自己内心的右倾思想，积极地向党和人民交心的号召，一次又一次地向大家做检讨。其中包括，大炼钢铁的时候，他曾向物理老师说，这炼的并不是钢。还有，刮浮夸风的时候，有报纸说亩产三万斤粮食，水稻上面可以坐个姑娘。后来有农村的同学跟他说："老赵，别说那个女孩子能坐上面，就是老鼠坐在上面，也不一定能坐得住。"他便说自己也不知道。这让他想起来就觉得羞愧，不应该对此有怀疑思想，说自己不知道。

然而，等到真正交心之后，他却成了众矢之的，被树为批判的典型。有人组织同学来斗他，要他再老实交代。这让他有些恼火，自己都已经交心了，还有什么可讲的？这么多年下来，他总结到，自己这辈子就毁在耿直上了。

即使张晓云"因病"逃得了一时，逃不了一世。那位和她同样来自上海的女同学，因为极力想摆脱自己的身份，要背叛自己的阶级立场，所以特别追求政治进步，急于在各项运动中表现自己，于是张晓云便成了送上门的活靶子。这下把张晓云给气得够呛。但不管如何，渡尽劫波兄弟在，相逢一笑泯恩仇。没有谁真正想过要害谁。

这些遭遇，让黄广潢开始觉得有些看不懂。为什么我们一直尊敬的知识分子，全部被打成"臭老九"，"知识越多越反动"，"高贵者最愚蠢，卑贱者最聪明"？为什么明明国民经济已经濒临破产，还要自欺欺人"形势大好，不是小好，而且越来越好"？都说生而平等，为什么我们却要将人分成三六九等？为什么将正常的批评，看作资产阶级疯狂的进攻？

何况自己的这些同学，从根子上都是单纯的，对社会主义新中国抱着极大的热情，即使有点错误，也是理解有误，用不着这么上纲上线地批判。

更让他有些不解的，是王亚南的遭遇。

在黄广潢眼里，王亚南是陈嘉庚之外，让他最敬重的一个人。他们一个是校主，一个是校长。校主自不必说，而这位校长也同样能力超群，在经济学领域颇具造诣。早在 1938 年，他就与同道郭大力合力翻译，推出《资本论》的三大卷中文全译本。

这部在世界经济学说史、哲学史和社会主义学说史上具有划时代意义的经典著作，是中国革命批判旧世界、创造新世界最重要的理论武器。一经出版，不仅是中国经济科学研究中的一个新鲜事物，给当时的中国吹来一股清新之风，更是马克思主义在中国传播中的一件大事，对中国的共产主义运动产生重要影响。

更重要的是，他坚守原则，刚直坦率。在 1950 年被任命为厦大校长后，他积极配合陈嘉庚进行厦大校园的扩建工作，还不时给出自己的意见。

根据厦大前辈卢嘉锡的追忆：

在礼堂设计上，陈老先生强调民族风格，提出采用木结构大梁。亚南同志虽然非常尊重这位爱国老人，但在原则问题上他总是坚持自己认为是正确的意见。他觉得采用木结构难以持久，不能马虎从事，他便向当时的高教部和陈老先生力陈采用钢结构大梁的必要，终于说服陈老，并由高教部申请到换用钢架的费用。这个大礼堂能在 1959 年经受住那场席卷厦门的灾难性台风的考验，是和亚南同志的远见卓识和坚持原则的品格分不开的。

除了扩建厦大之外，他上任后烧的第一把火，就是着手厦门大学的改制工作。针对当时呼之欲出的社会主义经济建设高潮和文化建设高潮，从新中国建设急需的人才出发，他将原有的法学院的法律系与政治系合并为政法系，与文学院并成文法学院，撤销商学院，与法学院的经济系合并为财经学院，下设财政金融系、贸易系、会计系、工商管理系、统计系，同时创办全国高校中的第一个经济研究所，自己亲自任所长。理学院、工学院则保留原有的体制和设置。

在朱水涌看来，"王亚南校长上任后的这一举措，显示一位经济学家和教育家的远见卓识，厦大财经学院不仅是厦门大学新设立的学院，也是当时国内大学的新的高校建制，厦门大学经济与管理学科的优势与在国内领先的地位，其基础便是在王亚南校长主持下奠定的"。据说，今天的厦大金融学全国有名，深圳曾有一半银行的行长是从厦大毕业的。

如果说陈嘉庚创建厦大，是基于对教育的认识，认为中国需要近代教育，那么，王亚南则在此基础上更进一步，认为科学教育是现代教育的关键，并提出现代教育要以科学教育与民主教育为核心，主张社会科学与自然科学的教育并重。而且，从综合性大学培养目标出发，他还要求厦门大学充分重视科学研究，要创造自由研究的科学风气，培养国家需要的自然科学和社会科学的研究人才。所以，他到任后烧的又一把火，就是在全国首开经济学培养研究生的先河。某种意义上，也正是得益于此，与黄广潢同一班的同学，有四年毕业的，也有五年毕业的，像徐惠洲和陈宜瑜。那些读五年的，正是在四年的专业基础上，再细分细读，将学问研究得更深更透，这样未来可以更好地为各类科学的研究事业做出贡献。

王亚南对人才的发现和培养，集中地体现在他与陈景润之间的故事上。陈景润，1950 年从福州英华中学考入厦大数理系，住的正是博学楼。这四年内，他以沉默到近乎孤僻的性格，痴迷于数学王国的遨游。毕业后，他被分配到某中学教书，然而因无法应对现实中的教学任务而被辞退，只能在老家摆摊谋生，卖香烟，以及出租小人书，工作和生活曾一度陷入困境，如果没有在 1954 年意外地碰上王亚南，也许就没有今天的著名数学家。

1955 年 2 月，陈景润受这位极其珍惜学生才华、极力奖掖后进的长辈举荐，回母校厦门大学数学系任助教。到 1957 年，陈景润科研取得初步成果，中国科学院数学研究所要调他去。这要是换成别人，肯定不会放他走，但王亚南却认为，这对他攀登数学高峰更为有利，所以极力支持，二话没说就同意了中国科学院数学研究所的要求。也正是在这个数学研究所，陈景润历经万难，终于登上数论的巅峰，科学、完整、系统地证明了（1+2），创造中国人距离摘取数学皇冠上的明珠（1+1）只有一步之遥的辉煌，开拓数论研究中的一个崭新的时代。也因此，在《哥德巴赫猜想》这篇报告文学中，作者徐迟称王亚南是"一个懂得人的价值的经济学家"。

　　王亚南和陈嘉庚一样，其实对学校里的每个学生都关爱有加。

　　中文系有个女生，把用过的邮票撕下来，洗干净后重用，被查出，受到处分。王亚南从系主任那里了解到她平时学习用功，表现也好，感到事出有因，特邀这个女生到家里面谈，得知她家庭经济十分困难，迫不得已这样做，王亚南除当面对其错误进行批评教育外，从该月开始每月自己拿出十五元，由中文系转交给她，直到大学毕业，但并不让其本人知道钱是校长出的。

　　学校里经常有学生买不起鞋子，只好打赤脚在校园里走来走去。但王亚南认为这种现象不文明，有碍校园作风，所以他让办公室人员作一次统计、登记，并量下那些赤脚学生所需鞋子的尺码，然后用自己的稿费买鞋子送去。有一天，王亚南发现还是有学生赤脚行走，便主动问："你们'haizi'呢？"其中有个同学回答："王校长，我们都是学生，还没成家，没有孩子。"王亚南听了哭笑不得。王亚南是湖北人，口音很重，方言里"鞋子"和"孩子"发音相近，这件事后来成为厦大亲切的笑谈。但在此之后，厦大校园里便不再出现随便打赤脚的人。

　　让黄广潢感同身受的则是，王亚南也免除他们这些学生的学杂费。他能考得上厦大也能读得起厦大，一方面，得益于姐姐家持续不断的支持——

尽管姐姐此时已经有了四五个子女，他们依旧尽自己最大的能力扶持小舅子。另一方面，自学校的关爱，也减轻了黄广潢很多负担。王校长不仅替他们出讲义费，甚至，像黄广潢这样农村出身的学子，连伙食费也给免了。不仅如此，每个月学校还给这些学生提供十二块半的助学费，如果再不够用，还有三块钱的生活费。班上那位叫王真金的侨生，因为是运动员，所以学校补助十二块，自己再掏十二块。但和他不一样的是，她可以吃小灶，学生食堂里另辟一个橱窗，是专门给他们这些运动员吃的。即使到毕业，学生被分配到了外省，学校还代出路费。

但就是这样的校长，在反右运动中，因为是党外人士，也备受冲击。郑启五的哥哥郑启平就记得，当年他的父亲郑道传与章振乾、陈碧笙、郑朝宗、李拓之教授等及数百名师生一起，被错划为"右派分子"。"而当时主持厦大和经济系反右运动的某些人，为达到他们不可告人的目的，竟在将父亲划为'右派'撤销副系主任和副教授职称的文件署名上，签上'王亚南'的名字。这包含着'一石三鸟'的险恶用心。"

他在文章中曾这样写道：

众所周知，当时作为党外人士的王校长，在反右运动中也蒙受极大的压力。铺天盖地的大字报中，都把他重用和信任父亲，作为他的罪状来批判。所谓的"反右斗争"，实际上是除掉王校长的左膀右臂，让他大权旁落。用王校长的名义处置父亲，一可搬掉他们心目中父亲这个绊脚石，二可以此打击王校长在广大师生中的威信，三可逃避将来他们可能承担的历史责任，其居心何其毒也！

但是，郑道传却不为这一手段所迷惑。在他心目中，王校长始终是他最崇敬、最爱戴、最思念的恩师益友……

就在他于厦大农场劳改的三年中，有天傍晚收工挑着一担浇菜用的空水桶回家时，在南普陀前的放生池旁的小径，遇上正在散步的王亚南，擦肩而过的时候，王校长轻轻说道："多保重。"特殊岁月一句最简短的问候足以胜过平时的千言万语。

这不能不令人感慨，一个校长与一个曾经的下属相见，都是如此的小心翼翼。那个时代让人际关系竟变得如此滑稽而又危险。

黄广潇很是佩服王校长的品格。王校长让他见识到，一个人不论在什么样的情况下，都能保持涵养以及自我判断，而不会见风使舵、随波逐流。

但在另一边，这又让他陷入深深的思索，如果说此前批判小资产阶级情调、学生的政治思想不及格，还算是有一定的道理，但是现在就连这样受人尊敬的校长都如此受到委屈，那这场运动肯定是哪里弄错了。

他爱这个社会，爱这个国家，也坚信中国共产党会带领这个国家前进，所以从大二开始，他就和徐惠洲、张良兴，还有周婉霞等八人一起，组成了"党章学习小组"。每次学习，都让他加深了对共产党"全心全意为人民服务"的认识。也就在1956年推出的八大党章里，他看到它最主要的是提出了主要任务不再是阶级斗争，而是经济建设和改善人民生活，强调防止脱离群众，坚持民主集中制……这也让他意识到，这个社会并没有让党章完全得到贯彻。所以，在面对着校园里的大字报，以及各种批判时，他都敬而远之。

很多同学也因此发现，这样一个有活力、能干的年轻人，却在校园里的政治斗争中"失语"。张晓云记不住他，除了因为交往不多，更主要的是，他没有整过人，不然不会没有印象，张晓云能记住批斗会上每一位批斗她的人和说的每一句话。赵建培也同样记得，批判自己的声音里，没有黄广潇的。相反，能让大家想起黄广潇的，全都是这样的事情：很积极地参与一切需要付出的集体事务，包括抗台风、扛枪卫海防、反美大游行，以及植树、绿化。学校里一号召，每个班每个团支部都要热烈响应，做得好的话，还要向学校报喜。徐惠洲便记得，在这些活动当中，"小黄表现得非常积极"。

另外，黄广潢还在半夜和同学一起挑灯砌墙。学校太大，甚至有村庄、农田混杂在校园之中，没有点防护也不好。但初干"工程"，没人培训，只好自己摸索，你砌一块，他砌一块。结果墙砌出来，别具特色，波浪状的，笑死了人。日后他在工作岗位上从事基建工程，修房子建基地，轻车熟路，并不是天降的能力，而是在大学时就有这方面的"实习经历"了。

在班上的女生鲍雪美、王真金、周婉霞等人的印象中，大家一起劳动的时候，需要搬石头，身材并不高大的黄广潢总会主动拣重的搬。

如果不了解黄广潢的过去的人，也许更会对他刮目相看。因为他有音乐细胞还会跳舞，关键跳得还不错，尤其是交谊舞。在中苏关系仍友好的时候，学习交谊舞还被学校当成政治任务，不去还不行。黄广潢便领着大家到学校里的一块风雨操场去跳舞。这块风雨操场因为有顶棚，刮风下雨都可以在里面打排球，上体育课。在这些跳舞的同学当中，有些被逼无奈，有些则是爱好有加。

其中就有一位同学，经常去跳舞，虽然跳起来不灵活，笨手笨脚的，姿势也看上去不怎么优雅，被同学戏称为"打桩"，却乐此不疲。不过，随着中苏关系破裂，这股跳舞的风潮也慢慢地平息下来。

另外，在那个有些"人人自危"的年代里，黄广潢却整天都是一副笑眯眯的样子，热情随和，还乐于帮助别人。

有一天，班上一位叫林嘉涵的同学，他的姐姐从湖北到厦门大学来找弟弟，中途遇到黄广潢，他便非常高兴地跑过来喊，林嘉涵的姐姐来找林嘉涵啦。这让林嘉涵的姐姐很高兴，因为她这次过来的目的，也是想看看弟弟在学校里头和同学相处得如何。在受到这份热情的接待之后，她立马放下了心。

曾有人"出于好心"，在私底下提醒黄广潢，你这样对谁都好是不对的，要时刻注意自己的阶级立场，不要一不小心就滑进右派的阵营。但是硬要他装出一副铁石心肠的样子，实在没办法做到。这让他心里也生出不少苦恼。

好在他的"成分"保护了他,他的"沉默"也在某种程度上保护了他。更重要的是，无处不在的饥饿，也"抵消"了那些过激的革命热情——那些年大家之所以过得磕磕绊绊，但依旧风雨同舟、相安无事，很重要的原因就在于大家还要忙着对付一件起居的小事、生存的大事：填饱肚皮。

在黄广潢大多数的日常口粮中，一天至多只能吃八两米，早上二两，下午三两，晚上再三两。但早上的那二两，多是稀饭，根本不顶用，没多久就消化殆尽，肚子开始咕咕叫唤。尤其大二第四节课正是难学的"物化与胶化"，听不懂，加上饿，所以更是坐立难安。几十年过去，有同学赵建培对这节课能记得住的，就一个名词，"布朗运动"。

即使挺到了下课铃响赶上午饭,吃得也不好。米饭里多是一些胡萝卜,和其他植物块茎。都说厦门靠海，自然会靠海吃海，事实上，食堂里并没有鱼类供应，顶多一个月才能吃上一次，最多不过二两，或者一小段带鱼。这种很难尝到油腥的日子，让很多同学都受不了，晚上回宿舍，几乎是扒拉着扶手，爬着上楼梯。即使熬到上床休息，哪怕再累也不大可能躺下就睡着，还是因为饿。

赵建培的身体大概就是从那时候落下病根。他有比较严重的胃溃疡，而且还有比较严重的失眠。

老师们也没有好到哪里去。电影纪录片《战斗的厦门大学》的剧本创造者之一、鲁迅研究家、任教于厦门大学中文系的许怀中便记得，那时候的知识分子都是在困境中度过，只有讲师以上可享受一个月一斤平价花生油。"我也有此待遇。这无疑是'雪中送炭'。"

在食堂吃饭，有的老师是一两一两地买饭，食堂人员说："你们是斤斤计较。"老师们则回答说："何止斤斤计较，是两两计较呀！"

说起饿，自然跟"大跃进"，跟反右扩大化所造成的损失有关，也跟自然灾难有关。这也让中国自1959年到1961年，陷入全国性的粮食和副食品短缺危机当中。在这三年自然灾害困难时期，全国经济严重衰退，人民生活困苦，许多地方出现大量"非正常死亡"。日后成为厦门大学教授的易中天，便对这三年时间印象特别深刻，因为那时候正好碰上自己长身体，每天要干重活，而且还吃不饱。

为了解决饥饿问题，学生们也曾开动过脑筋。黄广潢和同学一起，在宿舍前的农田里种过几种菜，如包心菜、牛皮菜等。农村里来的孩子，会吃苦，也会种菜。何况都是学生物出身的，自然懂得一些生物的由来或特性。

像这种牛皮菜，适应能力强，在各种土壤中均能生长，耐盐碱。当然，它更喜欢生长在湿润的地方，温度在十五至二十五摄氏度之间尤佳。所以，在厦大种植牛皮菜，是比较好的选择。尽管看它的名字，以为它长得像牛皮似的不好入口，吃起来会很硬，但实际上是说它的叶片比较厚而已。不过，在日常生活中，这种菜多是被农民当作饲料使用，比如喂食猪、牛、羊等，有些人还会把它打碎喂鱼，现在却种来给人吃，那也是没有办法的办法。

除了牛皮菜之外，他们还种过南瓜，制造过人造肉。六〇级校友陈安全曾在《特殊年代厦大生活片段》写道："大难当前，大家仍然斗志昂扬，信心百倍，开荒种菜种地瓜，生产自救，克服困难。"说的也有他们。

还有些同学被分配到各地，如漳州的南靖"觅食"，那边有著名的土楼，也有很多山。这些山很高，树林很密，有不少可供食用的资源。他们就结合自己的专业知识，爬到山上挖蕨根和块茎，比如野芭蕉头、金毛狗、牛蹄角，然后集中起来挑下山，学校则派车到公路边来接。这些块茎虽然不太好吃，但可以瓜菜代，也能顶一段时间。但是在山上的日子却不太好过，吃饭的时候没有下饭的菜，只能酱油当菜。如果没有酱油的话，就买点咸盐，等它溶化，再浇到粥里。有一次浇多了，大家吃完拼命地吐。

黄广潢和同学也曾找过当地的山民，要买些米糠，准备和饭一起煮。一来可以节省点粮食，二来米糠据说能防水肿。但是山民不肯，因为要自己用，但可以卖些粗糠给他们。这些粗糠本来都是用来喂鸭子的，结果他们吃起来，也就跟鸭子吃饭似的，挺直着脖子，咽都咽不下去。回校后，大家果真纷纷水肿，一大部分人都住进厦大的医院。

　　学校倒是很照顾，每个人发蜜饯一小包，秋枣一小包。还有人就啃甘蔗。那个时候，宿舍楼附近不仅有学生种的牛皮菜，还有附近农民种的很多甘蔗。到现在，很多人还记得那甘蔗的甜味，似乎比什么都甜。

　　黄广潢记得更深的，还是陈嘉庚在这段时期对厦大学子的关爱。在他的印象中，陈嘉庚曾经主动拨款给学生加顿早餐，补充营养。所以"努力加餐饭"成了黄广潢日后的口头禅。在三年自然灾害的日子里，因为在厦大读书，有陈嘉庚先生对厦大学子从不间断的关怀，物质条件虽然艰苦匮乏，同学们精神上还是感到幸福满足地度过来了。不过，这些事迹大多不见记载，却深刻地留存于黄广潢的心里。

　　那个时候，陈嘉庚已回国定居集美并建设两校多年，出于身体的原因，1959年去往北京就诊，住进圆恩寺胡同的一座四合院。这座院落即位于今天北京著名的旅游景点——南锣鼓巷，该胡同因元朝时在此建圆恩寺而成名。该地清静幽雅，宽敞明亮，十分适合养病。在这里，陈嘉庚度过人生中最后的两年。

　　陈嘉庚曾强调过学生都要吃早餐，就是生活再困难，还是得让学生们吃早餐，保证营养。厦大在王亚南的手上，依旧秉持陈嘉庚的精神和志愿，在那三年间尽力保障学生的生活。有回忆文章曾写道："领导对群众生活很关心，亲自下食堂蹲点，在有限的条件下尽量改善师生的伙食。考虑到大家的体能精力下降，有一段时间学校宣布早上上课，下午卧床休息，减少体力消耗。"

　　而与黄广潢同为五九级的中文系学生林卫国则记得，当时的学生中患浮肿的人也很多。"为了使莘莘学子能健康地完成学业成为对国家有用的人才，校方采取各种措施来维护学生的健康。学校医院加强监控，体检中一旦发现有人浮肿，立即通知有关部门，给这些学生发药（可能是维生素类）和一种类似糖饼的食品，以补充营养。学校还给学生发西红柿等新鲜蔬果，给大家当零食。

"另外，还供应一些肉酱（在那个年代，竟能弄到这类好东西，我感到很诧异）。在学生食堂里，我们经常吃到一种发糕，是用粗粮和海里捞取的一种藻类粉碎后加工制成的。这些即可口又有营养的食物，对大家的健康大有裨益。在整个困难时期，我们厦大没听说过饿死一个人，浮肿的人也很快康复，大家都安然渡过难关。"

不得不说，正是有着这样的校主和校长，黄广潢等同学的日子过得清寒，但充满乐观主义精神，毕竟正值最有活力、充满希望的年龄，又有旺盛的学习意愿的环境。即使世事维艰，战争的阴影挥之不去，以及各种运动的烦扰，多姿的青春却从来没有褪色。更重要的是，相比今天，那时的老师对学业抓得认真，教得也同样认真，这也让那些被耽误诸多时光的学子，得到宝贵的滋润。

让人永远难忘的大师们

在很多次的梦回厦大中，黄广潢总会回到生物馆。

在这座大楼里，他完成了大学四年最为主要的学业和科研训练。其中的114室是阶梯教室，常常上一些基础性的大课，像社会主义政治教育课、政治经济学、中共党史、哲学，都是整个系一起集中起来听讲。三楼用作专业课，至于二楼，主要是用来做实验。

梦里，他常常端坐在教室的座椅上，手里拿着笔，专心致志地听着台上老师的讲解。上的课一会儿是细胞生物学，一会儿是浮游生物学，一会儿又是高等数学……出现在讲台上的老师的面孔也模糊不真，看着有点像汪德耀，有点像丘书院，又有点像黄厚哲……

尽管距离厦大初创、"重金礼聘名师"已经过去很多年，那些曾经撑起厦大南方之强的名师如秉志、钟心煊、陈子英等人或转投他处，或垂垂老矣，厦大仍把师资建设当成校园建设的重中之重。

著名教育学家梅贻琦出任国立清华大学的校长时曾提出，"所谓大学者，非谓有大楼之谓也，有大师之谓也"。王亚南对此倒有另外一种解读。有天，他与一位老师散步，其间他问了一个很基本却并不容易回答的问题："你说一所大学的运行哪些人最重要？"老师不假思索地回答："大师、教授和校长。"王亚南却摇摇头，笑了："我认为是排课的、敲钟的和食堂的厨师最重要。"这一说法让老师很惊讶，从这里可以感受到他作为人民大学校长的情怀，他是多么地看重校园里那些最不起眼的人。但这不意味着，他对大师就不看重了。

正是在他的手上，厦门大学"广招人才，知人善任"。当年他离开北京到厦大上任，就请三位学者同行。一到校，就马上召集全校教职工，说明党中央、政务院对厦门大学的关心，传达中央对高等教育的指示，解释党的"各尽所能，量才使用"政策，殷切希望大家发挥一技之长，为办好社会主义新大学贡献力量——这对迅速稳定教师思想，迅速建立新教学秩序起积极作用。为了更好地广招人才，他着重从几个方面入手。

卢嘉锡在《回忆王亚南校长》一文中曾总结道：

一是留用旧社会过来的知识分子。原厦大校长汪德耀先生在生物学方面有较高造诣，他从国外回来后，亚南同志找他谈话，即任命为生物系主任。原福建省研究院社会科学研究所研究人员中，不乏进步的知识分子，但也有旧社会的辩护士。亚南同志采取兼容并蓄的方针，请来厦大，量才录用；二是赴兄弟院校求贤。五十年代初，厦大理科教学力量较弱，亚南同志每次外出总不忘求兄弟院校量力支援。1954年他赴沪开会请交大支援，交大决定派物理学家黄席棠教授夫妇来厦大任教。亚南同志亲自登门拜访，主动热情介绍厦大情况和发展设想，赞扬他们的学术成就，希望他们为办好新厦大共同努力，使他们深为感动，愉快地来到当时还是炮声隆隆的厦门大学；三是聘请有专长的人士来校讲学。海洋系刚成立时，缺少海洋专业水平较高的教师，原台湾省气象台台长石某系海洋气象专家，解放后因历史问题被管制。亚南同志考虑再三后决定向有关部门请示，聘石某作短期讲学。有人曾提出异议，他认为：'又不是办党校，只要他肯把聪明才智献给人民，我们有何理由拒绝呢？'在他的坚持下，石先生来校任教一时，解决缺少师资的困难……

此外，王亚南还注重对教学骨干放手、压担子，像卢嘉锡，先后担任理学院院长和副教务长，后又兼任研究部副部长、部长等；又如陈国珍、郑朝宗两位教授从英国回来，蔡启瑞教授从美国归来，他都先后对他们委以重任。

还有就是，注重"尖子"培养。王亚南创办的研究所，在为国家发现、培养人才的同时，也不断地为学校师资队伍输送骨干力量。"当时厦大经济研究所、化学研究所都招收研究生，亚南同志亲自带经济学方面的研究生，并要我带物理化学的研究生。这项工作，当时在全国是有创见的。目前厦大、福大及科学院系统不少学科骨干，院所一级领导骨干，大多是那时或以后培养出来的。至于陈景润同志的例子更是众所周知。"

正是这种多管齐下，让厦大在解放后略显单薄的师资队伍，重新壮大，而且涌进不少大师。黄广潇和他的同学们也因此深得其益。

在黄广潇当年的学生成绩登记卡上，出现不少优秀学者的大名，其中最著名的，应该就是汪德耀。他不仅是厦大继萨本栋之后的校长，更是细胞生物学奠基人之一。

在江苏"连云港史志网"上，关于"汪德耀"的词条是这样写的：

汪德耀（1903－2000），我国著名的细胞生物学家、细胞生物学奠基人，出生于灌云县板浦镇。9岁随家迁至北京，参加过"五四"运动。

1921年，汪德耀考取法国里昂中法大学攻读生物学，1925年获理学硕士学位。翌年，转入巴黎大学，攻读细胞学，1931年获博士学位。1932年回国，先后在国立北平大学、国立西北联大任教。1939年，汪德耀参加筹建国立湖南师范学院，并担任教务长。1941年，他创办福建省研究院，并担任院长。1944年任厦门大学代理校长、校长。1950年他被选为福建省政协委员、常委，厦门市政协副主席。1963年担任中国科学院遗传研究所研究员。80年代初，他是全国细胞生物学会副理事长，兼厦门大学细胞生物研究室主任，厦门大学抗癌研究中心主任。

报上曾刊登过他这样一个故事，说的是他小时候路过上海一个公园，亲眼看到门口立着一块写有"狗与华人不得入内"的牌子，心里感到莫大的侮辱。这次经历是他人生中最刻骨铭心的一幕，从此立下"要不受外侮，必使国家富强"的信念。

在法国时，他曾两度作为中国的唯一代表参加国际解剖学学术会议。因为喜欢法国作家罗曼·罗兰的作品，他还写信向他讨教，并专程前往瑞士拜访他。

经罗兰介绍，汪德耀拜见了印度圣雄甘地。通过与两位伟人的交往，汪德耀进一步受到自由、民主、爱国思想的熏陶。

在"九一八事变"爆发之后，一直密切关注祖国命运的他，再也不能等待。立刻从巴黎途经马赛，然后乘轮船在海上漂荡三十五个昼夜，回到日夜牵挂的祖国。那一年，二十八岁的他成为中国第一位细胞学博士，也是当时国内七个获得法国国家博士学位的学者之一。

尽管国内任教的生活变动不居，历经辗转，但汪德耀仍矢志探求科学。就任厦大校长时期，日本濒临战败，最终投降，硝烟散去后的学校处于百废待兴的局面。他除了多方筹集资金、完成由长汀搬回厦门的迁校工作外，还要考虑学校的发展。在他的任内，厦大于理学院设立海洋学系。与此同时，在工学院设立航空工程学系，在商学院设立国际贸易系，在法学院设立南洋经济研究室。这些在中国教育发展史上空前设立的新系科，对中国战后恢复经济的人才需要，以及学校和国家的发展，作出重要贡献。

汪德耀与王亚南之间的关系，亦成为一段合作的佳话。当年，正是在他的苦心孤诣之下，王亚南被引入厦大校园，此外，还有一位卢嘉锡，他们两人都是汪德耀的爱将。众所周知，厦大在今天的强项在于经济学科和化学、化工学科，而这两强的源头可以追溯到这两位大师身上。不过，在当时，王亚南的研究活动以及对独立思考的推崇，使他成为国民政府的眼中钉。厦门文史专家洪卜仁从南京中国第二历史档案馆翻查资料发现，当时国民党教育部部长朱家骅曾三次向汪德耀下达"亲启密令"，命令他解聘厦大法学院院长、经济系主任王亚南，开除一些进步学生。汪德耀则回信说，王院长为唯物论经济学者，他在讲述"西洋经济思想史"时，必须提及马克思一派学说，如同必须介绍"澳大利亚学派经济学"和"古典学派、历史学派经济学"一样。至于对当时教育部所开列的黑名单上的人，汪德耀也一并辩解，为其开脱。正是得益于他的保护，王亚南才能保全自己在厦大的事业，并出任厦大在解放后的首任校长。日后，汪德耀又反过来配合王亚南的工作，出任生物系的主任。相比较做校长需要面对的事无巨细，回到生物学领域让他又找到科研、教学的乐趣和自由。1950年，他出席全国自然科学工作者大会，听取周总理关于中国自然科学发展宏图的报告，深受鼓舞。此后他一直参与制定中国细胞学的发展规划。

纵使国内掀起的各类政治运动曾让他备受煎熬，但他却一直笑看人生的痛苦，通常会很快"忘记"那些曾经有愧于他的人。他总是相信，乌云终会被驱散，自己迟早会回到他热爱的讲台。所以，即使条件再艰苦，他也不放弃自己的研究。

1950年代，他先后发表论文二十多篇。日后，他首次报道鸟类精细胞变态过程中的微管空间构型和核孔复合体的趋微结构，填补国际上细胞学研究方面的空白。在果蝇唾腺细胞的系统研究上，纠正国外学者研究的长期片面性。

今天，在回忆这位生物学家时，大家既称颂其在1944年接手厦大时让它走出岌岌可危的困境，也注重他在新旧政权的交替时为保全厦大忍辱负重的巨大历史功勋，更敬佩其"能进能退"，贵为一任校长却甘当普通教师。也正因为这种精神，黄广潢才有机会聆听这位"校长老师"给大家上细胞学的课。和很多同学一起，黄广潢把他称为"祖师爷"。

除了汪德耀，给黄广潢上过课的老师还有很多，如黄厚哲、赵修谦等，每个人拉出来，都同样是一等一的大师。

关于黄厚哲，同学们更喜欢、记得他的昵称外号：黄老虎。

这是一位全才的老师，教普通生物学、生物化学，还教遗传学，甚至连哲学课也能上。当年给黄广潢这届同学上的是生物物理学。黄厚哲出生于福建南安，早年家境贫寒，但仍然勤奋学习，刻苦钻研，于1938年考入厦门大学生物系，1942年毕业后留校任教，1949年赴南安参加中共领导的闽中游击队泉州团队，任区队长，成功策反南安县政、军、警的起义，为南安县和平解放做出突出贡献。解放后，他又重回厦门大学。曾先后任副教授，科研处副处长、生物学系主任。他还是厦门大学出版社首任社长兼总编辑，也担任过福建省遗传学会第一届副理事长，福建自然辩证法研究会副会长等职。

黄厚哲淡泊名利、勤勉无私。但是在教学上特别严格，学生们必须认真，学有学样，而且要坐有坐相。谁要是上课不认真，跷二郎腿，对不起，请出去。所以，每次上他的课，黄广濒他们都很一本正经，规规矩矩，不敢有什么小动作。

他的爱人曾亚卿，也是生物系的教师，教授动物学，同样为黄广濒所熟知。两人在厦大生物系的教龄，加起来达百年之久，可以说，他们是真正的教师之家，为厦大生物系的教学科研工作做出巨大的贡献。

还有一对"夫妻教师"则是郑重和顾学民。郑重给黄广濒他们上的是浮游生物学，不过顾学民并不在生物系，而是学化学出身，毕业于浙江大学化学系，也曾任教于该校。1953年8月她调到厦门大学化学系，历任副教授、教授、硕士生导师，1956年创办厦大化学系无机化学专业，1963年、1979年两度出任厦大化学系主任，为化学系的发展壮大兢兢业业、无私奉献，做了大量卓有成效的基础性工作。

和爱人一样，郑重也是江苏吴江人。他于1911年10月19日出生在一个书香门第家庭，其父郑咏春，其叔郑桐荪是成就卓著的数学家，其姑郑佩宜是著名爱国民主人士柳亚子的夫人。1934年，郑重毕业于清华大学，后留校任教，1938年赴英留学，攻读浮游生物学，1944年获阿伯丁大学哲学博士学位，曾在英国阿伯丁大学、牛津大学任教。1947年回国后，亲手创立厦门大学海洋学系"海洋浮游生物学"专业，历任厦门大学海洋学系和生物学系教授、系主任，校学术委员会副主任。

作为著名的浮游生物学家，郑重长期致力于海洋浮游生物学的教学和研究工作，其对海洋浮游甲壳类，特别是对桡足类、樱虾类和枝角类的研究，为中国近海渔业资源的开发利用，以及中国海洋浮游生物学的创建和发展作出贡献。他还对海洋污损生物的生态、海洋鱼类的食性和海洋浮游生物的生态系进行研究，促进了中国海洋生态学的发展。

他和爱人对厦大还有一个重要贡献便是，重学奖学金。这是两人于

1987 年共同设立的。奖学金名称既取自两人的名字，又表达了他们设立这项奖学金的意愿——"重学"。2001 年，两人的儿子郑兰荪向该奖项增资。

某种意义上，郑兰荪也是他们教育出来的为厦大增光添彩的"好成果"，其于 1978 年 2 月至 1982 年 2 月在厦大化学系本科学习，是首批中美联合招收的化学类（CGP 项目）研究生，并于 1986 年 6 月开始在厦大任教，因为在中国原子团簇科学研究等方面的贡献，2001 年当选为中国科学院院士。

和郑重一样，金德祥也是教浮游生物的。他正是厦大生物系在抗战 20 世纪 30 年代培育出来的学子。1935 年获岭南大学理学硕士学位之后，回到厦门大学任讲师。此后一度去往其他单位任职，但在 1946 年，又重返厦大。尽管其本科的毕业论文为文昌鱼生物学方面，但他更广为人知的，是在海洋硅藻方面的研究。正是得益于他率先在国内开展这一方面的研究，并从不间断，使得厦大成为中国藻类学研究中心之一，成为海洋硅藻研究的发源地，成为在海洋硅藻研究方面国内历史最长、人数最多、资料最齐全的权威研究单位。同时，厦大在硅藻浮游植物分类学和生态学方面有着雄厚的研究实力，对硅藻黄质的鉴定在国内外都有一定的权威性。

1956 年，金德祥教授开始招收第一届硕士研究生。1981 年，厦大的海洋硅藻学为国家首批博士授权点方向；2001 年设立水生生物学硕士点、博士点；2007 年水生生物学获国家重点学科，也是全院三个重点学科之一。

让人记忆深刻的，还有一位老先生，赵修谦教授。其为福州人，1911 年生，1935 年毕业于清华大学生物系，后到厦门大学生物学系任教，长期从事生物学教学与研究。他的主要学术贡献除了漳州水仙花的研究、探讨栽培过程的原理和意义等，还有就是最早从事福建省苔类植物的调查和研究。

有这样一个故事，著名植物学家和教育家、中国植物分类学的奠基人胡先骕在太平洋学术会议上听到日本学者有关首次发现举世稀有的川苔草科植物的报告时，预见中国肯定也有川苔草科植物的分布。日后，他还在1930年《岭南科学杂志》第9卷第3期上，再一次表明并推测中国东南沿海各省，如广东、福建、浙江等多山省县以及长江上游肯定会有川苔草科植物。

还是赵修谦证明了这一猜想。1944年2月，他在福建省长汀县东北隅龙门的岩石上采到该科植物一种。一年之后，又在汀江流域、晋江和闽江流域发现两种。经鉴定，这三种均为中国特有，即川藻、中国川苔草、福建川苔草。

他给黄广潢他们讲的主要是植物学。给人的感觉就是学识渊博，而又非常朴素。他曾给大家指导一个案例，那就是南瓜要是不结果，就在它的藤上扎一根竹签。有些学生小时候也曾这样干过，但一直不知道这是什么原理。后来经过赵老师的点拨才知道，这就像人生一样，一帆风顺未必能成才，非得吃点苦头，才会激发出潜能。

除了以上诸位老师之外，还有几位相对年龄较小的，但同样让人不可小觑。

像丘书院，江西于都人，生于1924年。1948年毕业于厦大生物学系，后在厦大海洋学系和生物学系任教，长期从事鱼类生物学和海洋浮游生物学的教学与科研工作，1950年代中期采用实验生态学方法研究栉水母摄食生态，发现球栉水母的"口道囊"结构，填补了中国对栉水母研究的空白。后转而研究海洋鱼类，特别是中上层鱼类，提出在中国采用水下电光捕鱼的设想，并在东山沿海开展实验，取得成功。丘书院还荣获厦门大学南强杰出贡献奖，学生深情地回忆，像丘书院老师这样有真才实学，而没有什么耀眼头衔的科学家，获此殊荣，难能可贵。说明厦大在考察教师方面，仍然以学术为重，这是多位老海洋科学工作者的共同感受。

又如张其永，1927年11月出生于福州，1950年毕业于厦大，后在厦大海洋系任教。长期致力于鱼类学和鱼类生态学教学，并从事海洋经济鱼类生物学和繁殖生物学研究，其主要贡献为应用能量散射仪阐明鳞片年轮形成机理，以及通过海洋鱼类食物网研究，提出鱼类资源繁殖保护的生态学观点等。

又如李复雪，南安人，1928 年生。1952 年毕业于厦大海洋系后，留校任教，一直从事海洋生物学教学和科研工作，是中国海洋底栖生物学家和贝类学家。他不仅是著名的头足类专家，在海洋底栖无脊椎动物生物学方面有较深的造诣，还擅长于红树林底栖动物生态学和潮间带生态学研究。他教授海洋底栖无脊椎动物生物学。

还如何大仁。今天，他以集邮家而著称，是厦门大学集邮研究会创始人、中华全国集邮联合会会士，曾与钟灿兴老师、郑启五老师并称“厦大邮协三驾马车”。不过，他的专业是生物学。1952 年毕业于厦门大学海洋系。1953 年至 1969 年任厦门大学生物系助教、讲师，在这期间从事鲻科鱼类繁殖生理研究，最早人工培育成功鲥鲻鱼苗。因为求学和任教生涯基本上集中于厦门大学，所以他对陈嘉庚的故事了如指掌，也是其中的见证者。他曾经告诉过郑启五不少关于陈嘉庚的感人细节——厦门大学创办的初期，除了海路，没有别的路可通厦门。陈嘉庚便直接从集美乘小船到厦大校园“督工”，经常可以看到陈嘉庚拄着拐杖巡视工地。陈嘉庚会关心校舍建设，不时用拐杖敲打建筑材料，还直接用闽南话向惠安石匠问这问那。修建丰庭一号楼作为全校的女生宿舍时，陈嘉庚一再强调：走廊的采光和栏杆的高度要适合女生一早起床梳头或早读……

对于何大仁，黄广潢应该最为熟悉。他在四年级所作的学年论文《几种经济鱼类气体代谢概况》的指导老师，便是何大仁。在大学四年级做学年论文是对专业方向的一种学习和总结。当年在何大仁先生的指导下，黄广潢选择了对经济鱼类气体代谢概况进行研究；而在几十年后，黄广潢在完成海带养殖、紫菜养殖课题研究之后，还参加了鲻鱼养殖课题组，不能不说是学以致用的延伸，受到何大仁先生所学的影响。黄广澉不论身处何时，身陷何地，都保留着自己的兴趣，养花种草，一方面自然跟他的性格和情操有关系，但另一方面，也许也是因为长期跟这样的老师学习、相处，耳濡目染。

说起来，这两位师生还是很有缘分，他们不仅同处一校，而且在时隔多年之后，他们虽不在一起，却在各自的专业领域都取得了成果，在1978 年获得全国科学大会奖，算是殊途同归。

从黄广澉所学的本科课程，以及跟从的教授、老师的水准和敬业精神来看，在厦大海洋生物学专业的求学之路上，黄广澉的收获非常丰厚。现在想来，尽管那个时候学校很不太平，但上课的老师都是好老师。谁能想象得到，一个生物系，就有十数位教授。即使此时已无秉志、陈子英，但这些教授的业务水准同样一流。他们大多受教于传统，却又有深厚的西学功底。对学子的教育也不止于读书习字做研究，而是要塑造完全的人格。难能可贵的是，他们每个人都心甘情愿地站在普通的三尺讲台，去为普通的本科学生传道授业解惑。相反，在当下社会仿佛一种惯性的条件反射，教授不愿为本科生授课的新闻，隔段时间就会出现。与此同时，一个博士生才刚毕业，马上就可以站上讲台。而在黄广澉那个时代，助教是没有资格站到讲台上的，他只能像普通学子一样，跟着资历老的教师在底下学，就这样干三四年之后方有讲师的资格，才可以讲课。

得益于这些老师的存在，黄广澉那一代的学子，也保持着生物系在抗战时期便形成的"学习面广"的传统。今天，包括徐惠洲、赵建培等人在内都还记得，自己在生物馆大楼爬上爬下的情景，一会儿在 114 室，一会儿说不准又在其他的教室，一会儿又在实验室，感觉一天都是在爬楼梯。求真求知的精神一直在鼓励着这批学子们，从高屋建瓴的知识结构，野外采集标本训练，到实验室设计试验方案，试验操作检验结果，到准备论文和毕业答辩，再到期待新物种的发现，期待理论知识的学习和实践的不断检验。这批学子没有辜负四到五年难得的真正的校园学习机会，为未来的工作中都打下从理论到实践扎实的学业基础，即使三年自然灾害期间也丝毫没有放弃学习，反而留下了艰苦但充实的记忆。

无疑，黄广澜那一代人也是幸运的。尽管在困难时期，他们都曾饿过肚子，但不曾饿着知识，饿着精神。一方面，这些老师不管遇到什么状况都坚守讲台，让他们对学习和专业抱有敬畏之心，不始乱终弃；另一方面，相对丰富的训练，加上前辈们为生物系打下很好的基础，让他们在学习、研究上也比其他人占得先机。所以日后走出去，都能成为建设祖国的真正人才，在进一步推进中国的海洋事业的发展上贡献自己应有的力量。

更幸运的是，在自己的青春期，也是人生观和价值观塑形的最关键的时刻，他们能进入如此优秀的学校，接触到无数优秀的师生，不仅得以增长见识，留下人生最美好的回忆，而且还在世事变迁以及人情冷暖当中，理解逻辑、理性、法律和自由。从而重新认识自我、构建自我，让自己懂得在暴力面前不畏惧，在迷信面前不盲从。

与此同时，这里独特的人文环境和文化传统还造就他们特有的文化品格，其中之一便是感恩。在不断地感恩父母、感恩学校、感恩社会、感恩国家的情怀累积并升华的过程中，也奠定爱国、奉献等精神的重要思想基础。

某种意义上，这才是黄广澜多年之后念念不忘陈嘉庚的真正原因。这一切，都是源自校主，却不曾随着校主的离去，而成空谷足音。

为厦大再唱一出《厦大赞歌》

如果说大学四年最痛心的事情，莫过于陈嘉庚的逝世。

1961 年 8 月 12 日 0 时 15 分，陈嘉庚走完人生八十八年的光辉历程，因病在北京去世。早在 1958 年 1 月，他右侧眼眶上就患有鳞状上皮癌，经诊断后即进行积极的治疗，肿瘤基本上得到控制。但是，自1961年3月起，陈嘉庚又多次发生脑血管痉挛，并伴有点状出血，这是他最终前往北京医院就诊的一个重要原因。

在北京，他得到中华人民共和国卫生部保健局局长黄树则及肿瘤医院院长吴桓兴教授、北京医院院长邓家栋教授、北京医院内科主任吴洁教授、陶恒乐教授、脑系科主任陈荣诗教授、眼科主任左克明教授、天津医学院脑系科主任赵以成教授等专家的多次会诊，病情曾有好转，但是一生劳累奔波，加上年岁已大，造成部分脑组织在屡次脑血管病变之后发生变化。1961年6月23日，他又一次突发脑溢血，虽经过专家反复抢救，终因全身机能衰竭，生命终究还是没有挽留住。幸而，去世时，其公子陈国怀等侍奉在侧。

根据资料，在他生病卧床期间，国家领导人对他的病情极为重视。全国人民代表大会常务委员会副委员长沈钧儒、彭真、李维汉、何香凝，华侨事务委员会主任廖承志，副主任方方、庄希泉、黄长水、庄明理等，都曾前往他的住宅探视和慰问。

国务院总理周恩来更是多次指示，采取一切措施抢救和细心护理。即使为解决中印边界争端，需率团赴印度谈判，周恩来还在出国前一天晚上，到医院看望。事实上，就连陈嘉庚之所以能去北京，也是得益于周总理的安排。

这既是国家对这位无私投身教育事业的老人的尊敬和爱戴，同时也见证一份穿越时空、惺惺相惜的伟大友情。他们早在1940年就相识，在此之前，陈嘉庚曾到达过延安，在延安的九天，让他意识到，"中国的希望在延安！"而见到周恩来，更让他一扫和国民政府打交道的郁闷，"中国是有人才呀！"尽管直到1949年6月7日，全国解放前夕，陈嘉庚受邀北上准备参加新政协会议共商国是，才得以和周恩来第二次相见，而且这九年间即使来往函电亦不多，但周恩来说，"最要紧的是心相通"。

这种志同道合的友谊，比什么都来得坚固。

只要认真研究过陈嘉庚的人都知道，除了周恩来之外，他其实也曾与政界中很多要人都结下不解之缘，包括和孙中山、蒋介石，甚至汪精卫，双方之间都曾有良好的私交。

比如，他支持过孙中山的革命活动。1906 年，他与孙中山在新加坡初次会面，后剪掉发辫加入同盟会。1911 年武昌起义成功，孙中山从欧洲取道新加坡准备回国时，他资助其一万元作路费。孙中山回国后，他又给汇了五万元。

至于汪精卫，陈嘉庚同样一度看重，不仅聘任汪为厦大筹备委员，还准备请汪出任厦大首任校长。这是源于 1908 年，孙中山面临"倒孙狂潮"的危机，汪精卫以同盟会总部评议会会长的身份前往新加坡，参加支持孙中山的论战。论战中，汪精卫犀利的文风和豪气动人的演讲倾倒许多侨胞，也感染了陈嘉庚，自此两人相识。而且，陈嘉庚筹建厦大之时，汪也在筹办另一所大学——西南大学。只是还没有等到汪在厦大上任，孙中山在广州就任非常大总统，开始第二次护法运动，这也让汪陷入繁忙的政务当中，只好无奈地写信请辞。

但再好的私交，也敌不过民族大义。1927 年大革命失败后宁汉合流，国际上纷纷承认南京政府，但汪精卫等人仍不肯服输，陈嘉庚却特意写一幅字"拥护南京国民政府为首要目的"，挂在报馆墙上。他解释初衷说："念外国经已承认，国民应当服从，……第以此为私人之事，不得因私废公。"

等到南京失守，海外风传汪精卫主张与日本"和平妥协"的言论，而外电也有"汪精卫发表和平谈话"的报道，陈嘉庚也是非常气愤，连发电报问询，并痛骂汪精卫是秦桧，"卖国求荣"。正好此时国民参政会一届二次会议在重庆开幕，陈嘉庚虽无法到会，当即致电参政会，提出"敌人未退出我国以前，公务员谈和平便是汉奸国贼"的提案。尽管有人阻挠，但在表决时，还是以绝大多数赞成通过，仅将原文文字修改减半为："敌未出国土前，言和即汉奸。"短短十一个字，却像十一颗炮弹一样，炸得汪精卫以及一众卖国求荣者颇为狼狈，也狠狠地回击了当时言和投降的风论。因此，它也被邹韬奋誉为"古今中外第一伟大的议案"。如今一说"汉奸"一词，也正是从这一提案流传而来。

不仅汪精卫，蒋介石也感受过陈嘉庚的"倔强"。早在1927年，陈嘉庚便诚心拥护蒋介石。1936年，蒋介石五十大寿，陈嘉庚还受命发动华侨捐款买飞机祝寿。甚至，还主动将厦门大学由私立改为国立。他也曾多次在抗战期间，出席国民参议会等各种会议，与孔祥熙、孙科等政界要员交谈，希望蒋介石改革弊政。无疑，身处南洋，寄人篱下，总希望祖国能出现一个强有力的政权，来改变国人乃至所有华人的生存状况。但国民政府的贪腐、"前方吃紧后方紧吃"，以及组织低效，还是一次又一次地消磨掉他对蒋氏政权的支持。相比较共产党在延安的表现，两者简直是天上地下。所以陈嘉庚在走访延安时，心情为之一振。到抗战胜利后，面对中国向何处去的疑虑，陈嘉庚更是秉持民族大义，毫不犹豫地站在人民一边。1949年，他拄着蒋介石送的拐杖，参加新中国的开国大典。

也正因为在不同时期和各类政界要人关系不同寻常，所以很多人看到陈嘉庚总是会联想起胡雪岩、盛宣怀这些"红顶商人"。但是必须得承认的是，陈嘉庚和他们并不可同日而语。他虽然和政治走得近，但并没有依附，也没有一味地委曲求全。正如陈嘉庚之侄、新加坡中华商会名誉会长陈共存所认为的那样，伯父的一切出发点，是看你和你的政策是否合理，是否合义，是否符合大众要求。这是他为人的准则，也是他衡量世人的标准。不管你地位多高，也不管感情多深。也正因为如此，他最终作出自己最为正确的选择。

新中国成立后，陈嘉庚任中央人民政府委员、华侨事务委员会委员、华东军政委员会委员、全国侨联主席，以及第一、二届全国人大常委会委员，第二、三届全国政协副主席。1950年，陈嘉庚结束侨居海外六十年的生活，以七十七岁的高龄，回国定居于出生地集美。晚年的陈嘉庚，仍雄心勃勃，为国事操劳，奔波于厦门、北京之间，到全国各地参观视察，建议并参与落实鹰厦铁路的设计和建设工程，主持修建鳌园和华侨博物馆；还动员其女婿李光前捐献巨资，亲自主持扩建厦门大学和集美学校的校舍……尽显其为国为民鞠躬尽瘁的赤子情怀。

也就在鹰厦铁路的通车典礼上，还发生一件让人难忘的事情。据说为了迎接陈嘉庚，鹰潭市市长特地准备丰盛的宴席，可是在宴会上，陈嘉庚坐在那里一口也没吃。市长感到莫名其妙，不知道是什么地方"冒犯"了陈老先生，于是上前连连道歉。这时，熟悉陈嘉庚的人告诉市长：您要请陈老先生吃饭的话，最好就是给他上地瓜稀饭。

这话听来令人难以置信，但在卢嘉锡眼里，陈嘉庚确实如此，他的生活一向十分简朴：居室很简单，陈设也很简陋；山珍海味似乎与他无缘，地瓜稀饭便是他一生的主食，也没有任何嗜好，烟茶酒从来不沾。就连自己的衣裤，破了也是缝缝补补再穿。

他一生奉行的信条是："该用的钱，千万百万也不要吝惜；不该用的钱，一分钱也不要浪费。"就是请别人吃饭，也是如此。爱祖国，重气节，倾资兴学，不图名利，自奉菲薄，一切以国家和民族的利益为根据、为依归。

就连临终前，他仍念念不忘集美学校，希望它一定要继续办下去，其二就是台湾回归，呼吁国人要为实现祖国的统一大业努力奋斗，"台湾必须回归祖国"。

另外还有一条：叶落归根，归葬集美。

陈嘉庚去世的消息传回厦大，厦大学子就像失去自己的父母，悲痛难以自抑。

在广大的师生心目中，陈嘉庚是永远的校主，他将一直带领厦大在新中国的历程中稳步前进。如今，这位校主却驾鹤仙去，让人不敢相信。

消息传来的时候，黄广潇和同学们正好在上课，大家不由自主痛哭流涕。尽管因入学较晚，和校主之间并没有太多直接的交集，但自己却是在校主的关怀之下成长起来的。走在厦大的每个角落，无处不见校主那亲切的身影。读了四年书，也反反复复听了四年与校主相关的故事。这里的每个人，都以一种崇敬的心态，一遍遍地向进入这座校园的后学们，讲述着校主是如何奋发图强，如何不要大厦宁要厦大，又如何一步步推进中国的民主进程……尽管厦大换了无数位校长，从一开始的邓萃英，到林文庆、萨本栋、汪德耀、再到王亚南，每个人都为厦大呕心沥血作出巨大贡献，但在无数的学子心目中校主只有一位，那就是陈嘉庚。

如今，先人已去，但校主精神永存。

在黄广潇眼里，每年都会有两个关于校主的重要日子值得纪念，一个就是 8 月 20 日。在 1961 年的这一天，他的灵柩回到集美。这个源自"八姓入闽"的后人，一辈子都在外漂泊，但最终还是将自己的灵魂托付给故乡。

另一个则是 4 月 6 日。这也是厦大最值得纪念的日子。1921 年 4 月 6 日，在集美学村的集美中学，厦门大学正式开启自己伟大的历程。也正是在这一天，《厦门大学校歌》开始回响在国家的上空。

有趣的是，1921 年的 4 月 6 日，是当年的清明节。很多人对厦大校主陈嘉庚把校庆安排在清明节表示不解。有人说，海外华侨都会在清明节回家扫墓，陈嘉庚可能因此认为校庆日放在清明节，一举多得。当然，厦大校庆日后来得到进一步的解读，有人认为，清明节是中国的感恩节。陈嘉庚选择清明时节作为厦大的建校日，是要让厦大学子懂得感恩。

那么，我们又该如何表达自己对校主和厦大的感恩情怀呢？这个念头一旦漫上脑海，就死死地钉在那里，不曾挪开。越临近毕业离校，黄广潇就越着急，再不准备就错过合适的机会了。

好在有这个想法的不止他一个人。系里也有这样的打算。那个时候，学校常在4月6日及国庆节，组织全校文艺、体育比赛。系里便组织各年级各班的一批文艺骨干来商量，要不要借这样的机会，做一个节目来向厦大献礼。作为班上的文娱委员，黄广潢也是这些骨干之一，他一听就觉得与自己的想法不谋而合。

该选取怎样的节目形式？黄广潢下意识觉得，在全校师生面前表演，肯定需要突出气势。那个时候的舞台条件不好，像反美大游行中所组织的活报剧，放在不太大的广场上还行，要是放在舞台上就很难起效果。不如我们就直接来个大合唱。

有同学也觉得这样挺好，不过又进一步建议，干脆来个男女四重唱。

问题是，形式定下来了，但唱什么，大家又莫衷一是。有同学说，有很多革命歌曲，我们可以拿来翻唱。但这立马被否定，因为我们不是参加平常的歌咏比赛，而主要是为了表达每个学子对陈嘉庚以及厦大的感情，所以内容一定得和厦大有关。

不过同学又说，我们可以旧曲填新词。这倒是有些可行，黄广潢想想，还是不太合适，我们既然要做一档好的节目，就一定得曲是自己的，词也是自己的，所有的都是自己的，这样才显得有诚意。对此，大家纷纷表示赞同，反正系里有不少填词作曲的人才，每个人提供点思路，总会有办法的。

随后的好多天，黄广潢都在激动中度过，就像练功到一定地步的高手，内力在身体里不断地翻腾。好多字眼被裹挟着，总想从喉管里喷涌而出。

正是这无数感情的碰撞，以及头脑的风暴，《厦大赞歌》最终出台。这是由生物系师生独立完成的，自己作曲自己填词的一出节目。词里面有这样几句："蔚蓝的天空是蓝岛风云的故乡，辽阔的海洋是海燕生长的地方。啊，亲爱的厦门大学，您是我又红又专的摇篮……"可以说，词由心生。根据当时的情况，歌词还加入"三面红旗"等内容，这在当时无疑是政治正确的，不过到后来，随着社会形势的变化，这些内容也被否定。不管怎样，这都不影响这档节目的激动人心。

为了配合演出，增强效果，舞台上还增添了一些灯光、布景等元素。这些元素大多出于陈宜瑜之手。前面说了，和黄广潢一样，他也来自莆田，从仙游一中考入厦大。

刚进厦大时，陈宜瑜方才十五六岁，只有一米五的个头，是少年成才的典型，所以当时很多同学都亲切地称他为"小鬼"。在很多家长的眼里，他无疑是"别人家的孩子"的典型，从小就天资聪慧，加上家里添了弟弟、妹妹，所以很小就被送进学校，最后一路读过来，成为当时最年少的大学生之一。

但在今天，陈宜瑜却不太提倡什么少年班，因为童心童趣完全被剥夺，连玩儿的游戏都跟不上大孩子的节奏。在中学时同学们都打篮球，他还在玩小皮球；他入少先队时，别人该入团了。即使成为大学生，他还整个儿像个小孩子，想家，想玩，一直读到大学三年级，他学习的积极性和自觉性终于"开窍"，开始关注学习成绩，积极主动上进。但不管如何，厦大的四年让他学到知识的同时，身心也健康成长，完成一个懵懂顽童向上进青年的蜕变。某种意义上，正是得益于此，他日后才有相应的学术成就，成为这个班级中在日后最为人注目的一位院士和名人。这也让他对厦大投入极大的感情。

因为是男女四重唱，所以需要很多同学参与节目的演出工作。让黄森坤至今仍旧感激的是，这个学校没有因为他家族的"历史"，而拒绝他参与抒发对厦大的感恩。这一幕和他担任班级上的学习委员一道，成为他在厦大最为珍贵的记忆。

同样，得益于大家的合力，《厦大赞歌》一炮打响，不仅夺得全校文艺比赛的第一名，更重要的是，引起全校师生的共振共鸣，一度在当时的校园流行。

站在舞台上，听着这一句句歌词，从每个人的嘴里飘出来，又流淌进每个人的心里，黄广潢的眼前像是走马灯似的，冒出在这座校园里看到的很多画面，以及遇见的很多人。它们共同滋养了自己的生命，让自己不仅成人而且成才。

对于他来说，这种恩情都天大地大，很多他都无以为报。唯有闻风继起，振我中华，才能对得起校主在办学上的不懈之举，以及诸位师友的关爱。

同样，对陈嘉庚来说，每个从厦大走出去的学子，都能为这个社会，为国家尽一份绵薄之力，就是对他最好的怀念。

第三章

缘定舟山

从厦门到沈家门

沈家门也叫"门",但在 1963 年黄广潢刚踏足此地的时候,这里比厦门可差得太远了。

厦门尚算是一个比较发达的海岛城市,而沈家门此时才供上自来水没多久。往来沈家门与对岸鲁家峙之间的交通工具,也刚刚实现"升级换代",由木质机帆船取代小舢板。

这块位于舟山本岛东南端、隶属于普陀县的地方,在很长一段时间内,只是一个小渔村。其海域宽阔,山岙众多,海涂广布,岩礁丛生,平地面积很少。先民为了生存,往往依山而居,凿井而聚。到北宋宣和五年(1123)时,沈家门也仅仅是"渔人樵客丛居十数家"而已。也正是在这一年,出身官宦世家、生于武汉黄鹤楼之中的北宋书画家徐兢因高丽睿宗王俣去世,又因对方请求"愿得能书者至国中",也就是希望书画能人到高丽,既可以吊唁,也可以加强交流,所以被选中,任国信使提辖官,随使高丽。启程前,他们特地前往同文馆学习出使高丽的注意事项,以及当地的风俗习惯。宋徽宗还专门安排人为这个使团建造两艘"神舟",用以"震慑夷狄"。三月十八日,一切就绪,宋朝使团由明州(今浙江宁波)起航,"神舟"驶经虎头山、招宝山、沈家门、梅岑……先达礼成港（今韩国仁川），六月抵达高丽国首都开京（今朝鲜开城）。徐兢沿途处处留心各地的山川形胜、风俗习惯等，日后写成《宣和奉使高丽图经》一书。

在这本书中，他这样描述途中所经过的沈家门：

二十五日丁丑辰刻，四山雾合，西风作，张篷委地曲折，随风之势，其行甚迟，舟人谓之拒风。巳刻雾散，出浮稀头、白峰、窄额门、石师颜，而后至沈家门，抛泊其间。山与蛟门相类，而四山环拥，对开两门，其势连亘，尚属昌国县。其上渔人、樵客丛居十数家。就其中以大姓名之。

这个大姓，便是沈姓。其最初系从吴兴迁来，沈姓为吴兴郡望。可见，沈家门之名是由沈姓与此间海域地貌叠加而成。

据传舟山海上有"十六门"之多，沈家门无疑是其中最大的一个。它的存在，让舟山多了一道门户。

在《宣和奉使高丽图经》中，曾提到一个县名，为"昌国"。

它实为舟山群岛的"前身"，北宋熙宁六年（1073）所建，意其"东控日本、北接登莱，南亘瓯闽，西通吴会，实海中之巨障，足以昌壮国势焉"。除"巨障"之外，此地"昌壮国势"还体现在，它自古以来便是渔业资源集中之地。

在中国最著名的渔场中，舟山渔场四分天下有其一，而且比起渤海湾渔场、北部湾渔场和南海渔场，它还是最大的那个。宋宝庆年间编修的《昌国志》中所列的海鲜产品有大黄鱼、小黄鱼、鳢、鲨、银鱼等十多种。

元大德二年（1298）编修的《昌国州图志》，物产志"海族"中载有鲈鱼、梅鱼、鲳鱼、黄鱼、小黄鱼、鳇鱼、鳙鱼、带鱼、鲫鱼、比目鱼、泥鱼、短鱼、华脐、乌鱼、鲻鱼、鲋鱼、邵洋鱼、乌贼等五十六种鱼、虾和贝类。而且鱼产量也很大，以每引四百斤计，当时年需用渔盐达八百引，按加工用盐量为 25% 计算，每年已可加工鱼货一百三十万斤。

南宋绍兴三十年（1160）出任昌国县令的王存之写的隆教寺碑文中有这样几句话：

网捕海物，残杀甚多，腥污之气，溢于市井，涎壳之积，厚于山丘。

虽寥寥数语，足见当时渔业的盛况。

为何有这样突出的表现？一方面，舟山的地理位置尤佳，其位于东海大陆架，正对杭州湾以及长江的入海口，不仅日照充分，而且江流也能带来大量浮游生物，与海水营养盐类相结合，促使其迅速生长繁殖；另一方面，日本暖流的延续洋流即台湾暖流，还有西太平洋暖流和沿岸寒流也在此交汇，不仅使洋流搅动，养分上浮，而且周边温度也不会有太大差异，不太冷也不会太热。再加上其地理位置适中，是多种经济鱼类洄游的必经之路。所以它能吸引各种鱼类在此附近汇合，并将其当成自身繁殖、生长、索饵、越冬的生活栖息地。

早在新石器时代，舟山便有先民在附近滩涂礁边采蚌拾贝，捉虾捕鱼。而宁波余姚的河姆渡人，也常常跑到舟山海域来捕捉深海生长的鲨鱼和鲸鱼，并有可能在舟山群岛落脚休息，连续捕获海洋鱼类。也正因此，到春秋战国，长江下游特别是吴越地区快速崛起，形成颇具地方特色的"饭稻羹鱼"吴越饮食文化。

也正因为渔人众多，从宋代开始，一个新的地名——舟山逐渐孕育。根据考证，舟山本是昌国县邑之南的一座小山，因独特的地域位置而作为舟船停泊之山，故有此名。有专家指这座小山即今定海城区海滨公园旁的东岳山。后来，舟山就渐渐地指称全岛，有史书开始称昌国为"舟山"。不过，昌国作为正式用名，依旧延续很长时间。而舟山群岛凭借得天独厚的地理优势，成为古代"海上丝绸之路"的门户，乃至两大干线的重要节站——由中国通往朝鲜半岛及日本列岛的东海航线，以及由中国通往东南亚及印度洋地区的南海航线，均把舟山作为重要的抛锚补给和海员休憩地。所以到了元代，此地更是被破格提升为昌国州。

也正是在元大德《昌国州图志》里，"沈家门渡"作为新地名开始出现在"志津渡目"之中。据该"志津渡目"载，州内有"舟山渡"、"竿缆渡"、"金塘渡"、"沈家门渡"、"册子渡"、"泗洲塘（堂）渡"。前三渡为南宋时所设，沈家门渡和册子渡、泗洲塘渡系新增设。

其中沈家门渡设立时间，应在元世祖忽必烈至元成宗铁穆尔时期，且以《昌国州图志》成书年份即大德元年（1297）为下限。

不过，这样的好日子到明朝已不复在，倭寇和海盗的兴起，让舟山备受其扰。更要命的是，这些盗寇还常常以其为跳板，进而攻击内陆，所以明朝开国皇帝朱元璋出于内忧外患，将其全面封禁。

明洪武二年（1369），昌国由州降为县，接着又在洪武十九年（1386），作为明朝"海禁"政策源头地之一，被朝廷"禁海徙民"——四十六个海岛的三万余居民迁入内地，多座海岛处于无政府管理的荒芜状态，以致舟山群岛人口剧减，渔场沉寂，经济凋零。这样，在洪武二十年（1387）六月，昌国县也一降再降为昌国乡，辖地归定海县。

此定海显然不是今日的舟山定海，而是隔海相望的宁波镇海。在叫镇海之前，它曾被称为望海，以及定海，尤以定海历时最久，有七百多年。

但舟山依旧不曾远离历史。在明代永乐、宣德年间，三宝太监郑和曾七下西洋，而首航便途径舟山。明永乐三年（1405）七月十二日，郑和的船队从江苏刘家港（今太仓）正式起航，出长江口入嵊泗洋面大戢洋，驶过西堠门航道入金塘洋面横水洋，尔后出双屿港南下福建、广东沿海出使西洋。返航途中，船队又经舟山群岛返回长江口。可以说，舟山见证了中国航海史上的一次壮举。

为了保护航线，以及防御倭寇，也正是在永乐七年，郑和第二次下西洋还朝时，沈家门从海边散落的小渔村，开始成港开港。据明《国朝典籍》记载："永乐七年朝廷建立沈家门水寨，驻水师防守。"这成为沈家门港开港的明文记载。

作为海上要塞，两浙水师在这里，设烽堠，立水寨，营灯列阵，"以寨为正兵，以游为奇兵，寨屯于游之内，游巡于寨之中"。沈家门一跃成为靖戍海疆的军港，其外常常硝烟弥漫，海水为赤，抗倭御敌，战绩累累。

抗倭名将戚继光更让后人作文讴歌，其战舰长阔、高大，"巍如山岳，浮动波上，锦帆首，屈服蛟螭……乘风下压倭船，如车碾螳螂"。在那个时期，被尊为"天朝"的泱泱大国，志气高昂，御倭寇于大洋之上。

随着西方列强的兴起，以及殖民活动的扩张，舟山更是成为海外商人关注和争夺的"自由港"。16世纪，葡萄牙、西班牙、荷兰等国商人，以及国内粤、闽、浙、徽等地商团，到舟山进行互市贸易。据史志记载，当时港口彻夜通明，港道壅阻，船舶无处停泊。1524至1548年，葡萄牙殖民者侵占六横附近的双屿港，并将其作为走私贸易的基地。几年间到此做生意的各国商人多达数万，每年仅贸易额就达到三百万葡元以上，可以说是世界上最早的"自由港"，比起如今国际公认最早的自由港——在1549年意大利热那亚湾设立的雷格亨港，还要早二十多年。

到明朝隆庆年间，政府更是调整政策，允许民间赴海外通商，史称"隆庆开关"。海禁的解除，又为舟山在中外贸易与交流上打开一个全新的局面。

好景不长。到了清朝，出于防汉制夷的政治考量，同时打击海外的反清复明势力防止乱从海上来，从顺治年间开始，再次实行海禁，甚至还一度实行残酷的"沿海迁界"——这也是造成当年莆田自清以来曾一度经济落后的原因。不过，收复台湾后，尤其是康熙从郑氏那里了解到对日贸易的众多好处后，在康熙二十四年（1685），正式废除《迁海令》，颁布《展海令》，允许人民出海经商。迁入大陆之岛民后裔重返家园，舟山的海上贸易又开始活跃起来，渔业农业渐兴。与此同时，移定海镇总兵于舟山，建舟山镇。

1687年，正是舟山镇总兵黄大来会同浙江巡抚赵士麟等向康熙提出在舟山群岛重设县治的建议，并为康熙接受，舟山又重回中国的行政版图。在对舟山群岛的命名上，康熙却大费周章，认为"山名为舟，则动而不静"，所以下诏改"舟山"为"定海山"，这样才能"海定而波宁"。他还亲自挥毫写下"定海山"三个大字，赠赐给地方官。于是，根据康熙的指示，清政府于二十七年(1688)批准在舟山群岛设立定海县。道光二十一年(1841)，又升定海县为直隶厅。

为了避免重名所带来的社会管理和社会交往的巨大不便，宁波人只好将"定海县"这个历史悠久、意蕴深远的地名拱手"让"给舟山，而将该县改名"镇海"。

正是得益于"展海令"，以及对舟山的重视，沈家门由"海防要塞"逐渐向渔港转化，传入"小对、小捕作业"，渔民增多，捕捞业得以开发。

作家蒋子龙在《渔风渔俗渔家乐》一文中描述道：

至乾隆年间，大对船、大捕船兴起，渔业大盛，渔港拓展。沈家门一派大港气象，桅樯如林，万商云集，市肆骈列，海物错杂，大街小巷，腥味盈天。

每当小黄鱼汛、大黄鱼汛、乌贼汛、鲻鱼汛、带鱼汛、海蜇汛等汛期到来，沈家门更是旌旗招展，号角长鸣；入夜后还万家灯火，繁华异常，有"小上海"之称。

《今日普陀》载有一文《沧海桑田沈家门》写道：

清康熙年间，随着海禁政策的放宽，沈家门渔港设施渐臻完备，中国最大的天然渔港逐渐显现。清朝中期便形成热闹的街市，曾有"市肆骈列，海物错杂，贩客麇至"的记载，素有"小上海"、"活水码头"之称。每逢渔汛，沿海十几个省、市的几十万渔民云集港内，桅樯林立，鱼山虾海，入夜，渔灯齐放，美不胜收，形成独特的海岛渔港景观。沈家门也成为东港沿海一带的渔业生产基地，并一跃跻身世界三大著名渔港。

当时的繁华景象，从晚清文学家刘慈孚的《沈家门》便可窥见："海山叠叠衬红霞，茅屋村村绕白沙。趁市船归潮有信，落帆风好水生花。荻芦烟软藏渔户，杨柳阴浓护酒家。贾利及时夸富有，只因鱼米胜桑麻。"

也难怪，从1700年开始，英国人就再三地向中国政府提出设立商馆、让给岛屿、开放舟山等地为通商口岸的要求，表现出对舟山群岛强烈的觊觎之心。尤其是马嘎尔尼出使中国时，就曾向乾隆提出过，允许宁波、定海等地通商，并求取舟山群岛附近一小岛作为英商居住及货物存放地，但被天朝上国一口拒绝。彼时，清朝国力尚盛，又自视甚高，不屑与外国人"为伍"，但谁曾料到，子孙不肖，不到两百年的风流便被雨打风吹去，别人在近代化转型中蒸蒸日上，我们却退而闭关锁国，终究抵不住外国的武力进犯。鸦片战争无疑是西方列强给中国的一个教训，痛彻入骨，自此，中国开始进入半殖民地半封建社会，连带着舟山也不保。两次定海战役，尽管有葛云飞、王锡朋、郑国鸿三总兵英勇殉国，定海还是在英国人的火枪面前，一丢再丢。当年英国人求不到，现在便以坚船利炮硬生生地将国门打开。

于是，便有中英《南京条约》，割让香港岛，以及开放广州、福州、厦门、宁波、上海五处为通商口岸，允许英人居住并设派领事等条款。尽管定海此时已是直隶厅，但它依旧被视作宁波府的一部分。

国家无力，海定波宁自然只是美好的空想。事实上，这里的岛民们并不感激来自皇权的恩赐，因为舟才是他们的生活所依和代步工具，世代"行舟楫之便，得渔盐之利"，内心依赖于舟，崇拜于舟，而要挽救国家于危亡，就要开拓进取，更要像舟。哪怕逆水行舟，也要奋力击棹行千里。所以，他们依旧情钟"舟山"之名。

幸运的是，这个国家也终不负舟山之意。

1911 年，辛亥革命爆发。翌年，清宣统三年九月，也是民国元年（1912）11 月，定海光复，改定海直隶厅为定海县，直至解放前夕的 1949 年 7 月。

这一阶段的沈家门，也因为封建专制被推翻，而更加有活力。鱼市兴，商业盛，财源便滚滚而来。很多人都把沈家门当成是淘金的乐园，发家致富大有人在。

1932 年，在邑人张晓耕的建议下，它从一个渔港，升格为定海县的第一个建制镇，以适应其经济繁荣的局面。第一任镇长，便是张晓耕。

日军的入侵，让舟山深受其害，在日占期间，烧毁房屋近四千间，烧毁船只三百余艘，抢掠粮食、牲畜、鱼货等财物更是不计其数。但日军深知沈家门港的地理、经济、军事等优势，出于其利益的需要，在控制沿海诸岛后，即下令划定沈家门为"特别区"，允许走私，这一来，使得沈家门畸形繁荣。1940 年 2 月 14 日上海《申报》评论沈家门"其繁盛不亚于战前之上海南市"。

有趣的是，当年的中原汉人"八姓入闽"，现在反过来，有很多福建人，以及浙南一带的商人，都纷纷北上，云集于此。当时在沈家门做生意有实力的商人，福建人也几乎占据半壁江山。除沈家、马家、刘家等邑人大户人家外，在沈家门发迹还有"八闽"显贵金家、郭家、丁家、贾家、王家。他们和一些温台、三北富商一起，曾一度撑起沈家门的半边繁荣。

据说他们有人之所以选择沈家门，一方面源于沈家门自身条件尚佳，另一方面，相比定海县城人才济济、竞争激烈，沈家门相对是商业开发的处女地。

缪家也是从外地搬迁过来的。刚来到这里的时候，沈家门好多地方仍是一片滩涂，他们就用草绳，像英国工业革命时期的跑马圈地一样，圈出自己想要的地皮，白手起家。

今天，在沈家门有一条街叫作"缪家塘"，据说就是以这里住的都是缪姓人而命名。

别人捕鱼，缪家到沈家门却是开冰厂、开酒厂。因为鱼被捕捞上来之后，难以存放，需要冷冻保鲜，否则易因气温的升高而变质。当时没有冷库，而鱼货需要冷冻用冰，冰厂便在地下深挖出储存空间，铺好厚厚的稻草等隔层，也开挖了排水沟，方便化冰水及时排出保持干燥。买来的冰码在铺满隔层的地下仓库，再铺好稻草等隔层，盖上许多大大的旧棉絮保持低温，最后在地下仓库上面搭一个大竹棚，这种"原始"冰厂就是冷库的雏形。

当然舟山当地还出现不少富商，比如陈满生、车梅堂等。今天，他们的名字在当地已经鲜为人知，但在某些史料或者追忆当中，他们的身影还是会偶尔闪现，比如这条：

1935 年，饥荒之年，渔业减产，渔栈无力贷款，渔民出海告贷乏门。镇商会与渔业合作社，合推张晓耕、陈满生、车梅堂随县长沈溥赴省请愿商借渔本。陈满生、车梅堂在张晓耕带领下，奔波于甬、杭、沪先后达三个月之久，终于取得沪杭七家银行三十万元贷款。

这些富商巨贾一旦发家，就纷纷在沈家门买地，建起充满渔镇独特民俗气息的深宅大屋。陈满生的豪宅便建在今天沈家门新街文军弄，为两层三进院落，而新街的北端，则有西洋式结构建筑郭家"翁洲小筑"；此外，还有菜市路"建源里"，同济路"小西湖"张宅，东横塘李宅、周宅，中大街徐家老宅，以及丁家大院、王家大院。

王家大院很好找，因为在今天已被辟为普陀博物馆，为"八闽"王姓商人在1942年所建，占地五百五十平方米，建筑面积为三百六十五平方米——在一篇《浅议沈家门的海洋文化特色》的小文中，曾对其有细致而又深情的描述：

在正午的阳光下，这幢被整修保护下来的老宅一下子鲜活起来，高墙花格瓦脊，门楣上有"四德新村"红石牌匾，进门是一重楼三合院，雕花围栏上有"龙凤呈祥"、"鹿（禄）鸣回春"等精致木雕图案，廊檐以缠枝莲纹和桃果等装饰，寓意多福、多子、多寿。最是垂莲柱上的倒挂滚珠狮子雀替，头昂檐外，呼之欲出，富有动感，观之赏心悦目，整座建筑工艺精美，显得玲珑华美。

丁家大院则是沈家门"蛳螺栈房"老板丁庆余的私宅。在提到丁庆余之前，得提一下沈家门当地特有的一种金融现象——放四六，在舟山话里谐音就是"放蛳螺"。每年到春汛开捕前，有些船主手头紧张，会找地方借钱，再用借来的资金购买生产、生活资料，等到捕获鱼之后，所得利润四六分账——也就是借方拿四、渔民拿六。某种意义上，这种"蛳螺栈房"相当于渔民的专门"银行"。而从事放蛳螺，需要资金和人脉以及信任，但一旦上路，财富就犹如滚雪球。丁庆余也因此得益甚多。

在发迹后，他用放蛳螺赚来的钱，在龙眼里建造五幢大屋。后来，他又看中宁波小港李家大宅，于是花费二十万银元，买下这幢李家正屋"状元屋"。

根据其子丁悦德的叙述，这座李家大宅来头可不简单。当年李家出过状元、封过大官，因此正屋建造规格相当之高——用上了清代最高级建筑材料、最考究设计、最独特装潢、最好师傅。"我父亲买下李家大宅后，把'状元屋'的每一块木制部件、砖瓦、石板等材料完整分拆、编号，按不同部件捆扎、打包。用二十艘绿眉毛号冰鲜船，日夜不停地运送到沈家门。然后依照原样把建筑零件拼起来，毫无误差地恢复'状元屋'的原貌，同样没使用一枚钉子，最终于1946年完工。

"造屋前，这里的地基本来是水稻田，填地基的黄泥，由陈家塘人一担一担挑来，凭筹码直接到粮店兑大米。地基用的块石、石条从朱家尖用冰鲜船装来。丁家大院造好后，的确相当气派，整个大院用材考究，装潢独特，设计优美。一字排开共七间房间，坐落在沈家门东河路新春弄23号。"

新街是沈家门最热闹的街道。丁香琴的伯父在奶奶的帮衬下在新街临街的位置置下一份家业——一共一二百平方米的两层小楼。

小楼并不大，下面三间直通的长条房，中间客厅、两边卧室，后面餐厅。楼上格局也相似，只不过楼下餐厅的顶上，是个露台。平时，丁家奶奶就和两个儿子住在一起。

小楼的后面是公共的院子，院子是孩子们玩耍的主要场地，让孩子们做跳房子、跳橡皮筋、导演话剧等各种游戏。近晚饭时间，妈妈们喊孩子们归巢吃饭的声音此起彼伏。晚上院子又是老人讲故事、各家夏日纳凉的场所。只是丁家自家有大露台，所以很少去院子里纳凉。

丁香琴妈妈的姑妈是陈满生的原配夫人，丁老师经常听爸爸妈妈说，陈满生这个人气量很大，心很善，尽做好事。夏天的时候，他会派人在交通要道边上烧水，给过路的旅客，以及挑菜往来买卖的农民解渴。入冬之后，他又会到处施粥，让那些乞讨的，或者做小鱼贩生意的，都能免费吃上一口热粥。如果有人去世，没有棺材入葬，他知道了还会施一口棺材……

解放前，丁香琴父亲也在他家打过工。每逢过年，妈妈便领着女儿和姐妹一起去他家拜年，他很客气，招待每人吃莲子羹，给孩子派压岁钱。

1950年5月17日，海岛解放，成立定海县人民政府。沈家门的资本家、地主逃的逃，藏的藏，陈满生解放初带了他的一个儿子、两个女儿也逃到台湾，后来他的子女都到了美国。据陈满生的侄子讲，他的儿子后来成了科学家，二女儿当了大学教授，还为中国留学生做好事，得到周总理的称赞。

一段历史就这样翻过篇章。舟山又一次迎来新生。

海研所的前生今世

黄广潇从没想到自己这辈子会和沈家门紧密相连。今天，从海洋生物专业毕业的学生的就业方向大致有高等院校、环境保护、卫生防疫、水产增养殖、渔业管理、海洋管理以及技术开发、生产贸易等单位及政府有关部门，但当时没有那么多条件，不过国家成立了不少水产研究所，也是有不少选择机会，比如说1958年10月创建的中国水产科学研究院东海水产研究所，以及同年创建的中国水产科学研究院长江水产研究所……它们都来头不小，而且都位于大城市，前者上海后者南京。此外还有南海海洋研究所、黄海水产研究所。

这些都不行的话，黄广潇还可以去更早一年创办的福建省水产研究所，它离家更近，有机会照顾家人。这些年来，因为求学，不仅没法承担自己作为长子的责任，反而还要家庭继续支撑，黄广潇一直心存愧疚，犹思回报。

但结果却让黄广潇整个班级都有些吃惊。他们中的大多数人不仅没能去成心仪的大所，甚至留在福建省的都几无一人。像赵建培、黄森坤更是被打发到离家很远的北方的沧州黄骅。很多人也许听说过沧州——那是因为在《水浒传》中，好汉们动不动就被刺配到此地，当然宋代沧州和现在沧州还是有所不同的——但是未必知道黄骅。赵建培抵达后方知，原来它是纪念1943年牺牲于此的冀鲁边区司令员、革命烈士黄骅而得名。其位于河北省东南部，东边也临海，不过已是渤海。而且，去往此地报道也让人备尝艰辛，他先是在济南，被一场大洪水，足足给困了十几天，最后才坐车到烟台，乘船去天津。在天津再由陆路抵黄骅。赵建培发现，这里的日子似乎比大学还不如，盐碱地，一天吃两顿窝头，再加点野菜，生活水平差得不得了。相比较起来，黄广潢被分配到沈家门，算是不错的关照。和他一起来这里的，还有张晓云。

除了这些毕业分配的，当年一起考进这个班的人中，还有部分同学继续留校再读一年，包括宋海棠一开始的同班同学也是他未来爱人的周婉霞，以及班长徐惠洲、陈台辉、陈宜瑜、李澄汉、林颂光、孟凡、张端王、倪锦辉……他们在第五年时再细分专业，并继续深入研究。这大概是国家在特殊时期培养专科人才的一种方式。不过，也因为此，在日后的学校档案中，他们几乎都被"纳入"到了六〇级本科生这一"群体"。后来宋海棠和周婉霞加入海研所，已晚黄广潢一年。

不管如何，在一切都需要听从国家分配的年代，去哪里并没有太多的个人自主权。与此同时，革命的教育，也让他们逐渐习惯"我是革命一块砖，哪里需要往哪搬"，"党叫干啥就干啥，绝不能挑肥拣瘦讲价钱"，对于在新中国的旗帜下成长的年轻人来说，这种大公无私早已成为革命青年追求自我进步的一个不可缺失的标准。黄广潢也愉快地接受这一国家的安排。

事实上，在他来到沈家门前，便已有很多青年学子，纷纷到达。

他们中间，有来自山东的于谨兰。当年她在山东海洋学院也就是日后的中国海洋大学，和黄广潢一样读的是海洋生物方面的专业。厦大生物学系曾在1959年之后，又在动物学、植物学之外，另辟海洋生物学专业，这让厦门大学和中国海洋大学成为当时全国仅有的开设海洋生物专业的两所高等院校。在这所大学里，她读满整整五年，毕业后老师本来要她去海南，但是她想海南离老家太远，能近点就近点，于是她来到了沈家门。和她同一届来这里的，大概还有两三个，其中有一位威海人，干几年之后就回去，她却一直留了下来。

还有黄广潢的福建老乡何贻珩。此前，她就读于上海水产大学，先是在该校读三年技校，接着又读四年大学，在军工路一待就是七年。最初，她学习并研究淡水养殖，不过实习的时候，却被划到了海水班。这让她有机会被分配到沈家门。对于这样的分配，何贻珩有种正中下怀的感觉。因为家庭贫困，从小就寄养在外公外婆家，所以上学期间，她出门逛街的次数，两只手数得过来。在她看来，沈家门虽是"小上海"，但比起上海，那里的生活消费倒便宜得多，适合她这种出身的人生存。

为此，何贻珩甚至将自己在大学时结识的丈夫顾庆庭也一并拉了过来。一开始，她在沈家门，丈夫在杭州的浙江省水产厅。单位为了照顾夫妻俩，她曾被调去杭州，在水产厅从事行政工作。在杭州待了一年，她又反悔，一是嫌杭州夏天热得要死冬天又冷得要命，二是行政工作不如科研让她喜欢。最后，她竟然又重回沈家门。这次还是丈夫作出牺牲，扔下省城的工作，跟她跑到这偏远的海岛。他们的小儿子顾蓓乔成长于沈家门，小不点的小儿子淡定地抱着小荔荔的照片，一直压在两家的桌面玻璃下。她清楚地记得，就在自己生下小儿子没多久，黄广潢他们就分配到这里来了。

除了他之外，何贻珩在这里还遇见不少校友，其中就包括年长黄广潢七岁的林增善，他是浙江慈溪人，1960年毕业于上海水产大学养殖生物系海水养殖专业。还有年长黄广潢一岁的沈云章，他和顾庆庭一样是上海人，1964年毕业于上海水产大学海水养殖专业。再往前的还有，江苏苏州的朱德林、浙江宁波的刘嗣淼……

当然来到这里的，更有舟山当地高校毕业的学生。1958 年，舟山水产学院于定海县城关镇北门外创办，是浙江海洋大学的前身。老家为浙江龙游的祝智璇，和浙江衢州的吴剑锋当年都入读于此，一个学捕捞，一个则学养殖。他们作为专业人才，自然要为学校所在地的发展尽一份力量，所以也都留了下来……

谁也没想到，在这块曾经商人云集的地方，会汇聚这么多年轻的学子。就像毛泽东在《为人民服务》中所写的那样："我们都是来自五湖四海，为了一个共同的革命目标，走到一起来了。"

对包括黄广潢在内的这些青年学子来说，他们的目标很一致也很纯粹，就是建设新的中国。但是让他们有机会走到一起，并学以致用实现目标的，则是当时还相当默默无闻、在今天的业内则颇有盛名的浙江省海洋水产研究所。

1953 年 8 月，由浙江省农林厅水产局在沈家门创办的沈家门水产技术指导站正式成立。它正是海研所的前身。

根据《浙江省海洋水产研究所志 1953—2003》可知，海研所是在这一年的 4 月 30 日，经省人民政府批准成立，站址设在沈家门镇新新里，行政属舟山地区领导，业务由省水产局管理，建站初期有工作人员九人。

成立海研所，初期的目的也许是单纯为了发展水产事业。尽管新中国还是一个传统的农业国家，但正如陈嘉庚早在 18 世纪末 19 世纪初就对中国庞大的山林和海洋饶有兴趣，新中国也没有放弃对海洋的关注以及对海洋经济的开发。社会甫一安定，国家就立马重接被数十年战火打断的、对海洋探索的进程。

作为沿海省份，浙江更是一马当先。它先后成立盐务管理局和水产局，并根据实际情况，对海洋渔业和盐业制定"先恢复，后发展"的指导原则。通过创新和实践"硬脚制"生产互助组等多种合作体制，推行渔船动力化和机帆船作业，拓展作业渔场等手段。当然，能否更好地发挥舟山渔场的作用，也决定着浙江海洋渔业能否在全国确立举足轻重的地位。

海研所遂应运而生。之所以被放在沈家门，也跟沈家门自身发展迅速有关，这让它对水产技术指导有着极度的渴求。

也正是在这一年，经政务院批准，定海县辖区析分为定海、普陀、岱山三县。同年，成立舟山专员公署，领导定海、普陀、岱山及江苏省划入浙江省的嵊泗县四县。日后，这些行政区域又多次被"重新组合"，但普陀依旧作为建制而被保留下来，并随着舟山设市而被撤县设区。得益于此，沈家门从当年昌国，或者定海的一个"边缘"城镇，一跃而成"核心区域"。今天的普陀，在世人眼里无疑有两个中心，地理中心应该属于距离沈家门四点七海里的普陀山，行政中心则在沈家门。

伴随着沈家门自身地位的提升，海研所也进入高速发展的时期。根据《浙江省海洋水产研究所志》给出的信息，1954 年，沈家门水产技术指导站改名为"舟山地区专员公署水产局水产技术指导站"。1955 年 3 月，为适应舟山渔场水产业的发展，舟山地区专员公署办字第 906 号文同意将该站扩大，改名为"浙江省舟山水产试验所"。

1956 年 4 月，根据浙江省人民委员会农林办公室农字第 172 号通知精神，省水产局和舟山专员公署分别下达渔秘字第 1960 号、署办字第 449 号通知，该所更名为"浙江省海洋水产试验所"，所址设在沈家门镇伏虎山东侧，也就是黄广潢入职之后的所址——沈家门同济路小西湖弄 25 号。

1959 年 3 月，为了使海洋水产研究工作更适应浙江省水产事业蓬勃发展的形势，使它更好地为海洋渔业生产服务，经省委农工部同意，浙江水产厅渔人〔59〕2009 号通知，将试验所升格为浙江省海洋水产研究所。1960 年 5 月，根据浙江省人民委员会人字第 258 号通知，研究所并入浙江农业科学院，改名为"浙江农业科学院水产研究所"，并与浙江农业大学水产学院（即舟山水产学院）合署办公。1962 年 2 月，省委〔62〕70 号文《关于调整部分高等学校和科学研究所领导关系的通知》，将该研究所划归省水产厅领导，并恢复原名"浙江省海洋水产研究所"至今。1963 年 4 月，浙江省科委、省水产厅联合通知，将温州专区水产研究所改为浙江省海洋水产研究所温州分所，科研业务由海研所负责管理。这一局面一直维持二十多年。1986 年 12 月，浙江省人民政府发文，将温州分所升格为浙江省海洋水产养殖研究所，归属省水产厅直接领导。

从一个技术指导站，变身为海洋水产研究所，变的不仅是一个名字，更是内涵的提升。它不再只是一个建议者、指导者，更是推动海洋事业全面发展的见证者、参与者。

这使得海研所自身很快壮大起来。创办初期，该所就有四个组，秘书组、调研组、渔捞组、养殖组，1959 年又增设加工组。

同年，在扩建为省海研所后，经省水产厅同意，将原试验所内部机构的各组改建成室，即办公室、海洋资源研究室、海洋捕捞研究室、海水养殖研究室，以及水产加工研究室。这也形成海研所日后最基本的中层架构。而每个室下面，也将分成若干组。

这些变化，说明了海研所急切地希望新人们的加入。沈家门这样一个并不算太大的地方，在当时大学人才匮乏的年代，竟然云集诸多大学生。尽管处于刚起步的状态，海研所却因此有更充足的底气，去逐渐开拓自己的业务。

在海研所的大事记中，其早期开展的工作有：1953 年进行渔船动力化调查；1954 年冬季，建成大捕型、围罾型和混合型三对机帆渔船，且投入带鱼汛试捕初获成功；1955 年 4 月，三对机帆船北上江苏吕泗洋试捕小黄鱼获成功；1956 年春夏汛，继续进行机帆船试捕，产量比同类型的非机动渔船增加六倍，试验获得成功，并迅速在全省大面积推广，船型和作业方式为国内首创，起到渔船动力化改造的示范作用，促进海洋捕捞业的快速发展；同年底，先后开展带鱼、大黄鱼等多种鱼类的标志放流……

它早期所从事的试验，或者说研究之中，还有重要的一项：海带南移。

海带，是人们饭桌上常见的食物，富含碘、甘露醇等药用成分，所以也是一种深受人们喜爱的保健和药用食品。同时，它还是一种重要的工业原料，可以提炼褐藻胶，可供应纺织。用专业术语介绍，海带属于褐藻门褐藻纲海带目海带科海带属，日本俗称"真昆布"。其属于太平洋西部的地方种类，为冷水性的海藻。

根据《浙江海藻产业发展与研究纵览》一书，中国历史上早有食用海带的记载，但没有自然生长的海带，原藻依靠进口。日本向中国出口海带有数百年的历史，出口量之大，居出口的水产品的第一位，在工业化前的日本国民经济中占重要地位。

中国最早记载自然生长海带已无从考证，据说在国外海带进口期间，海带孢子随之输入中国，《中国经济海藻志》记载国内海带自然生长限于辽东和山东两个半岛的肥沃海区，人工养殖的海带推广到长江以南，浙江、福建及粤东地区。

得益于中国对海带生物学观察研究的进步，在著名海洋生物学家、中国海藻学研究的奠基人之一曾呈奎等科技人员的研究推动下，人工养殖海带于1950年代取得成功。他们进行"海带孢子体生长与温度的关系的试验"后，发现在温度二十摄氏度时孢子体还可以生长，而且还可以在适当温度范围成熟，改变原来以为海带只生长在狭小的低温环境中的认识。在此基础上，人工夏苗培育成功。为了满足在北方营养贫瘠海区海带养殖生产的条件，他们进行海区陶罐施肥研究，同时，提出把海带扩大到水质肥沃的浙江、福建养殖。在曾呈奎等老一辈科学家的主持下，海带养殖南移课题及相关的科学问题于1956年下半年开始在浙江试验。养殖试验选定在嵊泗枸杞岛老鹰窝清水区，海研所参加合作，并且得到浙江省水产厅、舟山水产局等部门支持。

对于海研所来说，这无疑是丰富自己业务结构的一次必要尝试。那个时候，海研所在捕捞方面有传统优势，捕捞出来的鱼都吃不完，但养殖方面还存在着空白。海带南移如果成功，可以让海研所在未来很长一段的时间里，成为其养殖业务的专攻方向。

1957年5月16日、25日，海研所分别收获的海带达到平均长度262至246厘米，棵干质量99至112克，几乎与北方青岛一级品海带同等，一举获得试验成功。《海带在浙江近海生长试验初报》在1957年《科学通报》第5期发表。

报告除报道海带南移成功，还根据福建试验成功结果，推测浙江沿岸各地都有养殖商品海带的条件，指出浙江养殖海带应考虑使用夏苗和必须考虑合适的养育水层等问题，为今后浙江海带养殖增强了信心，指明了研究方向。

何贻珩就是从这个时候开始跟着进入海带养殖的。她记得自己在海研所实习的时候，有老师过来指导，这位老师后来成为自己一位同学的丈夫。

她还记得，当时是怎么学习养殖海带的。6月份开始在育苗室里采孢子，采集的孢子一开始附着在棕绳上。这是从北方介绍过来的做法。

北方的海带育苗普遍采用棕绳编制，将纺织好的棕绳编制成长1.2米、宽0.5米的长方形苗帘，经过燎毛（将苗帘上的棕丝绒毛用火烧掉）、煮帘（将棕绳里的酸性物质去除）、洗帘等工序将苗帘处理得干净平整，然后通过曝晒去除苗帘上的杂藻。在育苗前三到四天用处理好的海水浸泡苗帘，浸泡过程中进行遮光，防止其他杂藻的生长，为海带的孢子提供充足的"落脚"之地。等它们附着得相当牢固之后，再将这些苗帘移入已注入水的育苗池中，转入培育阶段。在这段时间，都需要调低温度。

就读于莆田第一中学十五岁的黄广潢

黄广潢在莆田第一中学就读时的学生操行评定表

（由报名处盖章考籍代印）

应届高中毕业生

（由报名处盖章合于
优先录取档案代印）

福建省一九五九年高等学校招生

申请报考书

考区 泉州（莆田）

考试类别 医农

报名号： 222105

姓名	黄广潢	性别	男	年龄	18	政治面目	团员
家庭出身	贫农	个人成份	学生	民族	汉	宗教信仰	/

现在户籍所在地	福建 省 莆田 县 城厢人民公社迎春大队人民公社 派出所
现在通讯地址	福建省莆田县城厢人民公社迎春大队

	顺序	学校	系科（专业）	考试成绩	
报第一张志愿考志愿表	1	北京大学	北京生物学已审查	科目	成绩
	2	复旦大学	该专业已额满生物系	总分	331
	3	厦门大学	动物专业	本国语甲	33
	4	厦门大学	植物生理	本国语乙	34
	5	厦门大学	植物专业	政治	93
	6	福建农学院	植物保护	数学	
	7	福建师范学院	生物系	物理	45
	8	福建农学院	农学	化学	66
	9	福建农学院	土壤农化	生物	70.7
志第二张志愿愿表	1	集美水产专科学校	水产养殖专业	历史	
	2	福州师专	生物专	地理	
	3	泉州师专	生物系	俄英	63.7
	4			加试数学	
	5			科目 体育	
	6				
	7				
	8				
	9				

考试俄语或英语，或者申请免试外国语的考生，均须在下面括弧内写明

（ 应做读 ）俄语

如果你未被录取以上学校专业而其他学校有缺额时你是否愿意服从分配？愿意到那些学校？那些专业？	服从分配

已报考单独招生的学校	/	系科（专业）	/	报名号	/	已否录取	/

招生委员会审查意见	机密专业	健康检查结果	不能报考 拾 拾壹 拾陆

尽管达到了北京大学的分数线，却因该生物专业已满额，
黄广潢被调剂到第三志愿——厦门大学生物系海洋生物专业

厦门大学

学生登记表

系　　别　生物系

专业、专门组　海洋生物

学　　号　597141

姓　　名　黄厚澄

厦门大学人事处制

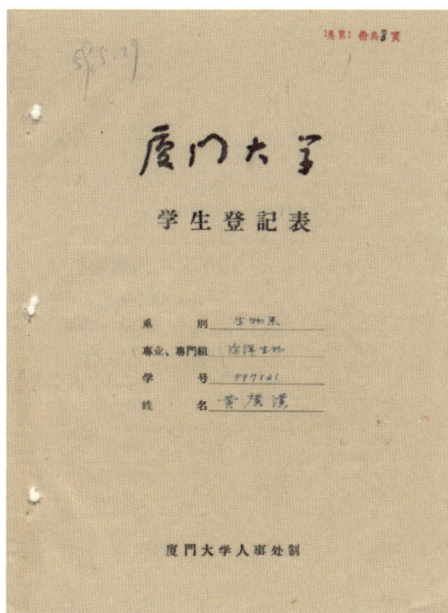

厦门大学学生登记表

厦门大学生物系大楼今貌

1960 年春，黄广潢与同学们在从厦门南普陀至厦门大学海滩中途的留影

1960 年春，黄广濂与同学宋海棠合影

1961 年 2 月，黄广潢与同学们的春节合影

1962 年 6 月 4 日校庆表演，后排左起第四个为黄广潢

毕业照中，站在最后一排右起第四个为黄广濩

1969 年春节，在黄家"双喜临门"当日，黄广潢为家人亲自拍摄的合影

1970年，丁香琴与六个月大的女儿黄荔

1985 年，黄广潢与同事顾庆庭、辛俭在西轩岛合照

1985年，黄广潢站在宣誓人中最前的位置进行入党宣誓

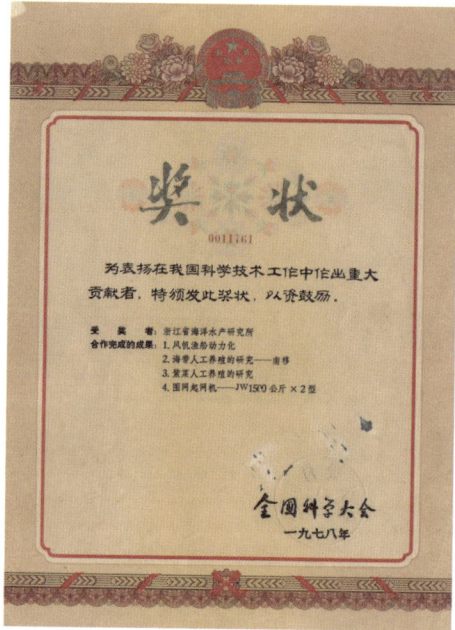

奖状

0011761

为表扬在我国科学技术工作中作出重大
贡献者，特颁发此奖状，以资鼓励。

受 奖 者：浙江省海洋水产研究所
合作完成的成果：1. 风帆流动力化
      2. 海带人工养殖的研究——南移
      3. 紫菜人工养殖的研究
      4. 围网起网机——JW1500公斤×2型

全国科学大会
一九七八年

紫菜人工养殖的研究完成人员名单中，黄广潢的名字赫然在列

外孙女郑美同笔下的"紫菜爸爸"黄广潢与他的女儿

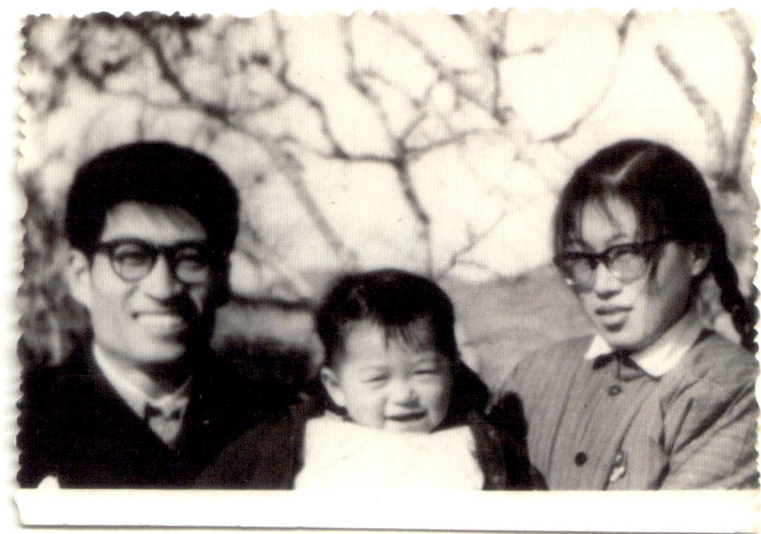

1971 年，在家中二楼露台拍下的全家福。
女儿黄荔时年一岁三个月

12 月，再将幼苗夹起来，养到海里，等来年 5 月开始收获。后来大家发现，用棕绳作苗帘不是一个好的方式，因为棕绳的附着面积不是太大，而且棕绳会有棕丝，孢子在棕丝上很容易掉落。于是改变做法，就地取材，选择江浙常见的竹块制苗帘，也就是将毛竹切片。这样一改动，海带的产量很快得到提升。同时，浙江省的海带育苗也就此过关。而且，因为舟山海域营养成分高，加上正对长江、杭州湾入海口，盐分比较低，养出来的海带反而比北方的好吃。

不过，光有一个海带项目，显然撑不起一个养殖室。1962 年，海研所“精兵简政”，差点撤销养殖室。不过，省内却不同意，认为养殖事业还是要继续发展。

大家又把视线投向紫菜。

初养紫菜

紫菜，黄广潢并不陌生。这个喜欢生长在浅海潮间带岩礁上的小精灵，是黄广潢的老家莆田在荔枝、子鱼之外的风味特产。明谢肇淛《五杂俎》记载：“昔人以闽荔枝、蛎房、子鱼、紫菜为四美。”

在莆田当地，还流传着关于紫菜的传说。很久以前有个年轻人，生活在海边的一个小渔村，从小与母亲相依为命，母亲日夜辛苦劳作，可是收入微薄，生活很是艰苦。有一日儿子在海边读书时看见一位老人落水，于是把他救回了家。在母子俩的悉心照顾下，老人终于醒过来。他们变卖家里的物什为老人请大夫买药，老人遂渐渐康复。看到这母子俩几乎家徒四壁，依然乐于助人，老人甚是感动，在病好时，突然化作白发仙翁升空而去，留下话说：“我念你一片善心，故留此法，造福百姓。”于是浅海岩礁上出现一片片的植物。年轻人对此日夜钻研，翻遍史书典籍，并与乡亲集思广益，经过几年的研究，终于发现这一植物可入馔，颜色有红紫、绿紫及黑紫的区别，但干燥后均呈紫色，遂取名"紫菜"。年轻人带动乡里人一起养殖紫菜，使乡里人致富，紫菜也销往各地，母亲看着儿子的努力和成就，十分欣慰。很多年以后，莆田沿海一带流传家中若有添丁的喜事，等孩子满月后，一定要用紫菜做的饭团分给乡里人。紫菜寓意紫袍加身，孩子顺利成长。

很多人小时候就吃过紫菜，但是未必知道这个小食品，具有很大的营养价值。在很多对紫菜的科普描述中，紫菜"营养丰富、味道鲜美，有特殊芳香味，粗蛋白占干品的百分之三十左右，含人体必需氨基酸和多种呈味氨基酸，且有防治冠心病的药用成份。食用价值高，经济效益好"，所以，它是中国食用最普遍的海藻之一，而且开发利用的历史悠久。

早在北魏时期，贾思勰在《齐民要术》中就提到"吴都海边诸山，悉生紫菜"。隋唐时代，孟诜在《食疗本草》中载紫菜"生南海中，正青色，附石，取而干之则紫色"。

据福建《平潭县志》记载，宋朝紫菜已成为贡品。明朝李时珍著的医药巨著《本草纲目》中提到："紫菜，闽越海边悉有之，大叶而薄，彼人揉成饼状，晒干货之，其色正紫。"他还叙述其主治"热气烦塞咽喉"，"凡瘿结、积块之疾，宜常食紫菜"。

日本人自古就食用海藻，现在也是世界上食用海藻最多的民族之一，自 20 世纪中叶，日本人认识到日本处于"食物过剩时代"，过剩的营养使很多疾病向年轻人甚至向儿童转移，同时出现所谓"表面健康现象"。他们重新评价认识海藻对人体的保健作用，已经取得明显效果，其中紫菜食用倍受欢迎，年消费量超过一百亿张。

和大多数植物一样，紫菜也有很多种类，在中国主要有条斑紫菜、坛紫菜，以及甘紫菜。相比较而言，条斑紫菜的个头稍小，长度通常不过三十厘米，叶片近似卵形，颜色为紫红色或者稍带绿色；坛紫菜个头稍大，可以长到四十厘米，叶片则是披针形的，藻体的颜色是暗绿色带紫色。不过压成干制品之后，差别就很难看出来。但是，坛紫菜一般呈圆饼状，常被国人用来做紫菜蛋花汤；条斑紫菜则是片状薄片，经过烘烤调味后的产品就是我们称为"海苔"的零食。

但不管是条斑紫菜还是坛紫菜，它们都是非常奇怪的生物，生长过程完全超出人的想象。过去人类种植大豆、玉米，都是播撒种子，等待开花结果，但紫菜的生长发育过程并非如此。

每到冬、春季，气温低于十五摄氏度的时候，紫菜便进入繁殖季，在其叶状体上进行有性生殖，由营养细胞分别转化成雌、雄性细胞。雌性细胞受精后经多次分裂形成果孢子，成熟后脱离藻体释放于海水中，并随着海水的流动，附着在具有石灰质的贝壳等基质上，萌发并钻入壳内生长成微黄色的絮，也就是所谓的"丝状体"。

在很长一段时间内，人们并不清楚紫菜的生长过程，于是将这种丝状体当成另外一种藻类植物，同时还安了一个名字——壳斑藻。从夏末秋初开始，这些壳斑藻形成许多膨大细胞分枝，即膨大藻丝。比较成熟的膨大藻丝有十几个乃至近百个的膨大细胞，呈不规则的分枝状，到晚秋以后，各膨大细胞将进行减数分裂，形成二至四个孢子，即壳孢子。从这种壳孢子里长出来的，才是有紫菜模样的成品。

不过，这些被释放出来的壳孢子，必须附着于礁石或悬浮物，且在低温环境下才能长成，因此，条斑紫菜的种植地集中在山东、辽宁、江苏海域；而坛紫菜相对能适应较高的水温，种植区域一开始主要是在福建。

某种意义上，整个紫菜的生长发育过程，要分为果孢子采苗之后的丝状体培育，以及壳孢子采苗之后的叶状体养殖两个阶段。

这使得紫菜成为这个世界上看似简单却很难养殖的藻类生物。

我国由于在很长时间里未能掌握紫菜的生长密码，所以紫菜生产一直处于相对落后的局面，完全得靠天吃饭，依赖自然的馈赠。

不过，在采集紫菜的过程中，福建平潭等地的渔民发现，用石灰水洒过的礁岩，紫菜生长得特别茂盛。他们便洒石灰水来养殖紫菜，并炸石扩大养殖面积。人们将这种养殖紫菜的礁岩，称为"菜坛"，相应地，将这种利用自然海区的礁岩养殖自然生长的紫菜的方式，称为"菜坛养殖"。而通过菜坛方式养殖出来的紫菜，自然便称为"坛紫菜"。也有另外一种说法，因为福建平潭和舟山一样，是个群岛城市，其主岛叫"海坛岛"，所以，发源于此的紫菜就叫"坛紫菜"。

不管如何，紫菜和小麦、大米一样，成为沿海渔民的生存物资，以及经济来源。但是在解放前，地主也会经常霸占菜坛进行剥削，藻农一年要用很高的租金租种菜坛，而且在风浪很大的岩礁上进行生产，经常发生人命事故，因此影响藻农生产的积极性，生产技术不能提高。解放后，菜坛收归藻农所有。通过合作化和人民公社化，菜坛逐步从个体经济走向集体经济，由生产队合理安排劳力，充分发挥藻农生产管理的积极性，生产技术不断提高。后来，这种养殖技术传到莆田县南日岛，形成福建省第二个菜坛养殖基地。此外，东山县、惠安县也有菜坛养殖，但数量较少。

据《莆田县志》记载，1958年，南日公社浮叶、东岱养菜专业队石坛紫菜养殖十二亩，放"卫星"称亩产一点六吨。60年代以前，全为菜坛养殖。

这种方式也在此之前传到舟山。1956年，在中国科学院海洋研究所专家的帮助下，舟山专署水产局张林生等带领渔民，首先在嵊泗列岛大盘试验成功，继而在舟山地区全面推广。1957年嵊泗县壁下渔业社试五十亩，获得亩产三十七点五千克的成绩。由于该技术效益好、群众易接受，在人工培育丝状体成功之前，一直得到长时间的生产应用。

海研所养殖室成立的紫菜组就曾总结过洒石灰水养殖紫菜的经验：

岱山县东剑渔业大队利用荒岛、闲礁岩，8年来坚持用人工洒石灰水养殖紫菜，获得显著成绩，1964年度（1965年收结束）6个养殖人员产干紫菜1300余斤，产值4300元，每人创造的净产量比机帆船还高一倍。坚持不断洒石灰水，不但提高紫菜产量，还能扩大紫菜生长面积。该队有个大鱼礁，面积约半亩，未洒石灰水前，只有一小块礁石上生有紫菜（约百分之一）。自洒石灰水后，8年来生产面积逐年扩大，至今全块岩礁上，处处都生有紫菜。

此外，为了更好地发展紫菜生产，人们在菜坛养殖之外，还有过几种创新手段。比如说插杆法，在潮间带海区插小竹采苗；比如说浮面法，也就是利用草绳、棕绳结网铺在洒石灰水采苗的岩礁上，等壳孢子附苗之后，用竹筒张网并兼做浮子，在海面漂浮养殖；又比如说浮帘法，直接用1厘米宽的竹片做成竹帘代替绳网采苗和养殖。

而在日本，一开始普遍应用的则是筏式采苗养殖紫菜技术，亦即在紫菜大量生长的海区设置筏式采苗器，先用竹条、棕绳、椰子绳、尼龙绳等编制成网帘或条帘，再用绳索固定到插在海底的竹竿上，最后组成一个筏架，筏架上可以挂有多层网帘。采苗后原地养殖，或移到更适宜养殖的海区养殖。

这种支柱式栽培不会随着潮水的涨落而浮沉，相比之下，中国在日后更习惯采用的是"半浮游筏式"，它同样是利用筏架挂网，但并不是被死死固定，而是利用浮缲、浮子、锚缆和桩等工具，让它既不至于被水流带走，也相对灵活，涨潮时，可以浮于水面，退潮后，它则干露在滩涂之上，由短支腿将它整个架起。因网帘有一定干出时间，所以杂藻不容易生长，对紫菜附苗、生长有利。

1959年，这种筏式人工养殖坛紫菜首先在福建省试验成功，接着，在原水产部黄海水产研究所等单位帮助和支持下，又在浙江试养成功。

日后，该种方式又得到了改良。在养殖筏架和基质的制作上，相继经历了大毛竹大筏架改为小毛竹小筏架，竹篾稻草制的浮梗、锚缆改用聚氯乙烯，竹帘附着基改为维尼纶帘。帘子有条帘和网帘两种。

不过，"半浮游筏式"尽管受到广泛欢迎，但也有缺憾，那就是和"支柱式栽培"一样受制于潮汐和水深。像江苏南通地区有大面积的滩涂，大潮时潮差达到七至八米，可采用"半浮动筏式"，潮差小、水浅的非滩涂地区，可采用"支柱式"，但这两种方式仅适用于水深十五米以内的海区。"全浮动筏式"则是在离岸较远、海水较深的海区采用的一种栽培方式，跟养殖海带相似，网帘可以一直浸在海水当中。其缺点是网帘不能干露，易生杂藻，影响出苗和成菜的质量。

相比较菜坛养殖，需要有大量合适的礁岩作为菜坛，不仅难找，而且开采菜坛容易造成环境污染，这些方式的出现，倒是为菜坛寻找到替代品。

但问题是，不管是采取哪种方式，解决的只是紫菜叶状体人工养殖以及采收加工技巧等方面的问题，而非丝状体人工培育这一问题。这一问题不解决，就像缺少核心的芯片技术，人工智能技术的应用发展再热闹，依然受人牵制。要想扩大紫菜生产、提升紫菜生产品质，只有向丝状体人工培育进军。

与此同时，还需要继续提升人工采果孢子、壳孢子技术，以及在各种附苗基的基础上不断改善叶状体养殖筏架，以帮助紫菜的叶状体更好生长并成熟，最后被收割，或者进入新一轮的生殖循环。

这些问题让人有些头疼，但对黄广潒这些后来者来说，它既是挑战，更是机遇。

1963年，黄广潒在海研所的同事谢土恩和湛彦等人在参与"海带养殖技术的改革"，以及"种海带在浙江自然海区度夏及提高出苗率的研究"等课题之后，开始接受省水产厅下达的又一个艰巨任务：条斑紫菜自然海区附苗试验。同时进行的还有另外一个课题：紫菜采壳斑藻的培育试验。张林生也参与其中。

从课题的名称上可以看到，尽管浙江很早就用洒石灰水的方式养殖坛紫菜，但是在发展初期，主要精力还是放在条斑紫菜上。比起坛紫菜，条斑紫菜藻体更为薄嫩，品质优良，味道鲜美，所以既可以内销，又可以出口。由于是初步介入对条斑紫菜的研究，所以在对它们的认识上还存在着欠缺，"壳斑藻"正是他们对丝状体的误读。

他们选择在两个地方进行试验，一处是在普陀虾峙的狗头颈，其为浑水区，另一处则是在朱家尖樟州港，其为半清水区。通过试验，他们观察不同附苗器的附苗量，以及附苗期中不同水层的附苗状况，初步摸索到条斑紫菜的附苗规律。

得承认的是，这还只是在紫菜人工养殖的门槛边缘打转，根本没有入门，需要有更多的力量加入其中，才能一步步地实现目标。

这一年，黄广澈却在"社教"中打发着宝贵的光阴。尽管他很想尽快地投身到中国的海洋水产事业当中，但是国家号召像他这样的热血青年下乡下厂，开展革命。

所谓"社教"，也就是"社会主义教育运动"，亦称"四清"。它始于1962年在北京召开的"七千人大会"。这次大会总结新中国成立以来特别是1958年以来的成绩和经验教训，共克时艰，同时从"反修防修"战略出发，决定在全国城乡发动一场普遍的社会主义教育运动，运动的内容，一开始是在农村中是"清工分，清账目，清仓库和清财物"，后期在城乡中表现为"清思想，清政治，清组织和清经济"。在城市中是"反贪污行贿，反投机倒把，反铺张浪费，反分散主义，反官僚主义"，它处因此又被称为"五反"。

对黄广澈来说，这又是一场必须要完成的政治教育课。和很多人一样，他需要下到各地，和当地的农民同吃同住同劳动。吃的是"派饭"，也就是轮流到社员各家各户吃饭。白天则访贫问苦，到农民家里了解情况，实际上就是搜集干部有关"四不清"的问题；晚上，就集中在一起开会，收集、交流了解到的情况。平时还要和农民一起下田。也正是这个原因，何贻珩直到 1965 年才有机会和这位小老乡见到第一面。

不得不说，这场运动又一次耽搁宝贵的科研时间，但也让他进一步接触民情，方便他以后从事养殖时和各地之间的交往。

但让他没想到的是，那段时期，正是江浙血吸虫病较为肆虐之时。血吸虫病是人畜共患的一种寄生虫病。它的幼虫常常寄住在钉螺之中，并随钉螺的运动四处繁衍。而在南方的水稻田或沟渠当中，这种钉螺亦曾随处可见。当人误食钉螺，或者下水如在湖区捕鱼、打湖草、抗洪等，赤脚行走在乡间的田埂上，以及喝不消毒的生水，就有感染血吸虫的可能。它们从皮肤侵入，随血液循环到达小肠和肝脏的血管，以吸血为生，并发育为成虫，其卵随人粪落入水后，经过一定时间后，再孵化寻找寄主，周而复始。

人类初次感染，常有皮疹、发热、咳嗽、胸痛、腹痛腹泻、肝脾肿大，也有黄疸、肾损害。有文称，儿童得此病，将影响发育，甚至成为侏儒；妇女得此病，多不生育；青壮年得此病，则影响劳动。此病到晚期，腹大如鼓，丧失劳动力以至死亡，造成许多农村人烟稀少，田园荒芜，还出现不少"寡妇村"、无人村。血吸虫病成为危害人民生产、生活、生育、生长、生命的一种严重疾病。

1950 年代，曾有人到杭州余杭地区调查，了解到当地的血吸虫病很厉害，当地群众急切期望国家能想办法帮他们治好这种从来没有办法治好的害人病。

在紫菜组的谢土恩曾因此"中招"。他记得老家宁波奉化很流行这种病，并把这种病称为"鼓胀病"，一旦感染，神仙难医。他的父亲就是这样去世的。而他自己小时候因为顽皮，经常去河沟边抓鱼，结果也被血吸虫趁机而入。他回想起当时曾经有一段时间发过高烧，大概就是身体在和血吸虫做斗争的结果。此后身体越来越难受，为此他前后治疗两次，甚至用上比砒霜还要毒的药物，才把血吸虫给压下去。但是心脏、肝脏、肾脏却因此留下后遗症，到年纪见长，慢慢就感觉出后遗症的影响。

这样的日子没持续多久，黄广潇便被调回海研所。但是，接下来具体要做些什么，还是让人踌躇。他是学生物出身，总不至于去捕捞室做捕捞，或者去加工室做加工，那么，养殖室倒是比较好的选择。

可是进养殖室，又能做些什么？那个时候，海研所的鱼类养殖还没有开题，大多还是以海带、紫菜养殖为代表的海藻养殖为主。相比而言，海带养殖已经相对成熟，只有紫菜养殖晚一点，也新一点，但是很有迅速发展的势头。身为年轻人，黄广潇自然更喜欢挑战，所以他对紫菜养殖更感兴趣。

尤其是他发现，浙江全省的海岸线长而曲折，可养紫菜的海面很多，紫菜自然资源也很丰富，这也意味着，在这里开展紫菜养殖大有可为。事实也证明他的判断，在1973年出版的《浙江紫菜养殖》曾给出这样的数据：“据粗略估计，按照现在的生产技术水平，只要利用可养面积的一半左右，所产紫菜的经济价值就相当于目前全省海洋捕捞的产值。”同时，人工养殖紫菜，可以充分发挥妇女和辅助劳动力的作用，又可广泛利用海带养殖和张网换下的旧物资，以及篾黄、芦竹、小竹、维尼纶、塑料等多种材料，“是目前浅海养殖业中一项产量高、收益好、技术简单的项目，渔业和农业社队都可经营”。

所以，一回到海研所，黄广潇就成为紫菜组的常客。他经常往紫菜组谢土恩他们那边跑，一边请教在海研所的工作事项，一边询问紫菜养殖方面的相关问题，表现出对紫菜养殖的浓厚兴趣。谢土恩一开始担心这个年轻人只有一时的热情，吃不了苦，最终会半途而废，所以便提醒他，做这个研究可不比坐办公室那样清闲，需要经常下海，风里来浪里去，黄广潢却坚定地回答："我们来这里做什么，就是为了付出，为了奉献的。"他又接着说："只要做好工作，一切困难都是'纸老虎'。"

这让紫菜组的同事很高兴，他们也以热情的姿态，欢迎这位年轻人。

今天，已经很少有人能理解当年从事海洋水产研究的辛苦。如果不是满怀报效祖国、献身海洋渔业事业的激情，很难在这个领域里做出成就。

那个时候，一切都还在起步阶段，没有太好的条件，要想获得一手的资料，就必须走出舒适的实验室，前赴海洋的第一线。而这第一线，也许适合养殖，但一般都是远离人群集中区域的偏远海岛，甚至根本就不太适合人类的生存。这些地方甚至尚未开通定期航班，就连船只往来都成问题。要想在那里长期地逗留，更需要毅力和忍耐。

何况，这些养殖的研究都是从头开始，没有捷径可走，需要一步步地证实或者证伪，才能得到最为准确的结果。紫菜养殖，要面临着两大阶段，每一阶段在某个细节上出点问题，都有可能导致前功尽弃，所以它既是一场与困难的斗争，也是与时间的赛跑。

何贻珩对此深有体会。在很长一段时间，她都对吃饭和住宿这两件"大事"很焦虑。但是从事养殖的地方，大多人烟稀少，不可能有什么好的住宿条件，平时只能搭个草棚凑合住着。晚上上厕所，需要走很远，才能找到一个合适的地方。男同志倒很方便，在海边就地解决。当然，有时也可以住在附近的老乡家，但卫生条件同样不好，一夜都要抓跳蚤，到了早上帮老乡拉风箱烧饭，也会被烟呛得不得了。

吃的就更不用说，基本上没有什么。何贻珩记得，当时大家经常会捡来当地人不要的小萝卜，浸一浸海水，用来下饭。还有海青菜，就是那种常生长在潮间带岩石上、石沼中，或泥沙滩的石砾上，有时也附生在大型海藻的藻体上的浒苔属绿藻门石莼科大型绿藻，可收割了腌一腌后食用。

当然，附近如果有渔业队，他们心肠要是好的话，也会丢下几条小鱼。到后来，所里过意不去，每次到养殖点时，便会吩咐带上一点咸蛋。

何贻珩还发现，身为女性去从事养殖有更多的不便。比如说在天涯海角的地方待久了，半夜里如果有一些人不太规矩地摸过来，那真是叫天天不应，叫海海不灵。

作为男性，同样也面临不少问题。浙江海洋大学海洋科学学院教授、硕士生导师常抗美，记得自己当年下海从事养殖工作，在舟山群岛北面嵊泗县的枸杞岛，给未婚妻写一封信，足足要二十八天才到。

若是一直在一个地方还算好的，怕就怕要下好几个点，今天在嵊泗，明天有可能去宁波，后天又要到苍南。地点变动不居，而且每个地方的生物条件又都不一样。不管怎样，反正不是在下海，就是在下海的路上。留在单位里的时间，少之又少。

除此之外，让人担心的，还有台风。台风一来，不仅信走得慢，连素菜都没得吃。只好吃些酱油汤，或者去挖螺。不过，台风也有台风的好处，岩石缝里偶有撞死的鱼。

顾蓓乔也记得，有年接连来了好几个台风，没有食物吃，于是有人就去打狗。他的父亲吃了之后，生一个大疮。因为狗肉性热，在大夏天吃更是容易上火。

放到今天，上面的每一项问题都能吓跑一些人，但在老一辈坚强的意志面前，所有的问题最终都不成问题。何贻珩依旧和丈夫一起，孜孜不倦地进行海带课题的研究，黄广澜也放下自己作为天之骄子的荣光，和谢士恩等一队人，围绕着紫菜东奔西跑。

1964 年，国家也开始在紫菜养殖上开始发力。为了解决中国紫菜生产的苗种来源主要依靠自然孢子，人工苗种培养与叶状体养殖技术的研究也远远不能适应大面积生产的需要这些难题，国家科委、水产部领导打响了一场"紫菜歼灭战"。

中国海洋生态学、水产学及湖沼学研究的先驱和奠基者朱树屏作为国家科委水产组副组长、"紫菜歼灭战"组长，组织领导十四个单位的科研人员在福建沿海现场开展坛紫菜人工育苗与养殖的攻关实验研究，前后历时四年。

　　这一年的9月，由上海水院、舟山水产学院、舟山水产局和普陀渔业办公室等单位组成舟山地区紫菜养殖试验工作组，开始加大对紫菜养殖试验的投入。工作组中的林增善，于1963年调入海研所，在完成"泥蚶苗种成活率和人工养殖技术的研究"之后，进入紫菜养殖行业，并凭借着过硬的专业能力，成为海研所在紫菜养殖上的领军人物。和他一起加入工作组的，有谢土恩、倪国壤、施维德，还有就是黄广潢。正是从这个试验项目开始，他的名字逐渐和紫菜养殖关联在一起。

　　尽管刚进入课题组，黄广潢从没有把自己当成一个可有可无的角色，他积极地配合林增善、谢土恩他们，去观察条斑紫菜在不同时期的生长状况，摸清条斑紫菜的生长规律。那个时候，试验点有三个地方，一个是虾峙，一个是桃花岛，一个是普陀山，听上去都是很有诗情画意的地方，但是抵达之后就会发现，完全不是那回事。

　　比如说虾峙这个地方。顾名思义，它就是岛形长得像只虾的岛屿。该岛位于沈家门的东南，居六横岛和桃花岛之间，再沿海路往东走，就到了宁波的北仑。今天，该岛是舟山著名的渔业镇，获有"鱿鱼之乡"称誉，其居民祖先多数是康熙年间从宁波、镇海、象山等地迁入的渔民。相比其他星罗棋布的岛屿，该岛因为离大陆很近，所以有中心城镇，里面配有油店、粮站，还有学校。但是，远离中心的海岸线，同样也是人烟稀少，而且狭窄、陡峭。当时他们蹲点的狗头颈，是一个小山坳，住着六七户人家。平时要买点东西，需要爬个五六十米到山顶，然后再沿着一条道儿走到镇上。前后下来，基本要搭进大半天。

　　即使要花很多时间，他们有时间也愿意走走。毕竟，几个大男人整天待在这样一个偏僻的地方，感觉就像是在孤岛，每天不是摇个小舢板，去检查紫菜在海里的生长状况，就是窝在自己的小棚里。晚上，没有电灯，只能点盏煤油灯照明，拿来看书太费眼睛，所以日子过得相当无聊。有空去趟镇上，倒成了"放风"。

然而，对紫菜养殖的热情，还是抵消了这种空虚。到 1965 年 5 月，差不多一年的时间，他们都花在这三个点上。功夫不负有心人，他们从中发现，条斑紫菜在 11 月有一个壳孢子放散高峰，无性繁殖期开始于 12 月上旬，1 月下旬至 3 月中旬为繁殖盛期。

室内试验也证明，1 厘米长的个体就能放散中性孢子，不同材料的附着基都能附着，其中以尼龙胶丝和棕绳为佳。附苗水层以表层附苗量最好，十五厘米水层次之，三十厘米层最低。后来，他们还把在虾峙附苗后的附苗器移到无自然苗的象山港养殖，取得了成功。在海研所的大事记中，关于 1965 年就有这样一条："9 月，本所在舟山虾峙进行条斑紫菜自然附苗试验，获得成功。"为此，海研所还特地召开现场会议，其时已为养殖研究室负责人的顾庆庭还做了试验经过和养殖技术等问题的发言。实验组的成果在 1965 年 4 月做鉴定，并编写《舟山地区条斑紫菜自然附苗人工养殖试验初步总结》。

需要承认，试验成功归成功，但还是停留在自然附苗之中，还未曾进入人工培育丝状体的阶段。不过，它也为人工培育丝状体摸清了壳孢子放散的时间规律，还为日后壳孢子采苗时间提供了参考。

在接下来的 1965 年下半年，黄广潢又参与海带南移的试验推广。因此机缘，何贻珩与黄广潢有了人生的第一次接触，并被他乐观、积极，还有不怕苦的精神所深深感染，留下一辈子的记忆。这一年，黄广潢又奔赴青岛，负责从青岛运输种海带，供浙江本省有关社队采集秋苗，结果运输成功，符合采秋苗要求。

不过，这只是黄广潢紫菜事业当中的一段插曲。在未来很长一段时间，他依旧要重归自己的紫菜养殖上。由于此前的努力，自1966年之后，他逐渐成为紫菜组在各个课题中相当重要的一员。与此同时，他变得日益繁忙，除了以上三个试验点，他还相继前往奉化育苗场、洪溪渔业队，进行丝状体培育的各种试验，以及人工采集果孢子。尤其是随着1964年的"紫菜歼灭战"稳步推进，他还赶往象山、奉化等十九个公社三十四个大队，推广紫菜歼灭战小组所取得的成果。

生活忙碌，辛苦却又充实，让他乐在其中。但是，它也有一个不好的"副作用"，那就是影响了他的一项人生大事：婚姻。

第四章

热爱生活

爱人的奶奶相中了他

在遇到黄广潢时，丁香琴已二十五岁。

这个年纪，在当时的女性中，已是老大不小。但丁香琴偏偏不着急，直到命运将她和黄广潢撮合在一起。

1950 年 5 月 17 日，舟山解放，丁香琴刚满虚岁八岁，入读沈家门第一小学，托共产党的福，适龄孩子都可以上学，所以班里同学年龄相差很大，在一个班里，有少先队员，也有共青团员。丁香琴的第一个书包是母亲亲手缝制的，母亲的女红非常精湛，绣花裁衣样样都好，用半旧的蓝布缝制的书包，上面不但绣字，还绣着几朵花，栩栩如生。

丁香琴读完小学初中，又考进舟山本地的师范院校，当时的师范院校类似于今天的中专。在师范院校期间公费读书，食宿全免。虽然读完没有机会再读大学，成为她终身的一个遗憾，不过读师范没有生活负担，又能很快毕业挣工资，而且能有机会走上教书育人的岗位，也让她感到欣慰。

丁香琴是在 1960 年师范毕业开始参加工作的。她被分配到舟山本岛的临城洞岙。今天的临城，位于定海和普陀两大城区之间，是舟山近年开发的新城区，又称新城，所以建设得比老城定海还要秀丽，市政府也设立在此。但是在 1960 年代，它只是一个水系颇为发达的农村，其应属海积平原，经世代人工海塘蓄淡捍卤，平原由老及新层层向海域外移扩展。临城周围地貌以丘陵山地为主，一般在海拔两百米左右。临城北部的黄梁尖山，海拔五百余米，为本岛最高峰。在新中国成立后，整个临城被划分为老契、长峙、洞岙以及荷花四个乡。相比而言，东起洞岙水库，西至深坑岭，为狭长地带的洞岙，名头要比老契、长峙和荷花三个乡都要响亮。一直到解放后的七八十年代，整个临城都是以洞岙乡来称谓的，而支撑这个洞岙乡经济的则是著名的洞岙杨梅，也就是我们常常听到的晚稻杨梅。

在这杨梅之乡，丁香琴一待就是十二年。这中间，她也相过几次亲，大概是因为自己内心的那点"固执"，所以一直都没有什么缘分。

后来，一位家里的福建熟人，给她介绍了黄广潢。

丁香琴还清楚记得，自己第一次见黄广潢时，他穿着一件蓝色的的确良短袖衬衫。在有着"新三年，旧三年，缝缝补补又三年"这一穿衣习惯的当时，黄广潢这样的装扮显得分外有心，甚至还有一些时尚。

丁家奶奶就很满意孙女找的这个对象。这位在商场上打拼了一辈子的老人，心里很清楚。毕竟黄广潢是大学毕业生，可以拿到五十七元的工资，这个工资水平在当时已经算是很高。更重要的是，在她看来，这位年轻人不仅干活老实，而且不喝酒、不抽烟，是生活很朴素的人。

不过，丁香琴更在乎的是堂兄丁世昌给出的意见。也就在她与黄广潢接触期间，丁世昌正好从上海回老家看望丁家奶奶，于是抽空和黄广潢谈谈。具体谈了些什么，她也不知道，但后来这位堂兄告诉她，这样的人是可以的。她相信这位浙大毕业生的眼光一定是不错的。所以，本没有打算那么快结婚，她还是很快就走进婚姻。

这也让黄广潢在二十八岁那年，终于解决了人生的重大问题。

黄广潢的婚礼简单而不失热闹。在吴剑锋的印象中，当年养殖室的二十多号人，全都去闹洞房。没有酒喝，不过每个人都分到了糖。

婚后黄广潢带着爱人回了一趟老家，算是"旅行结婚"。不管如何，媳妇总得见一下公婆。这也是丁香琴第一次到莆田。

尽管放眼看去山清水秀，但土地都不太肥沃，非常松散，在泥地行走，晴天都会在鞋上灰扑扑地蒙上一层黄灰，怪不得莆田种的番薯都不大。而且，那地方还多台风。去之前没多久，台风刚刚席卷过延寿，老家的房子基本上倒掉大半。最后只好自己再造，因为紧赶慢赶没时间，连柱子都是白的，还没刷上漆。

这些还是小事，关键和公婆等人之间的交流不太流畅，自己说舟山话他们说莆田话，简直就是你讲你的我讲我的，最后她只好装哑巴。不过，让她心里感到有些温暖的是，黄家上下对她都很尊重很客气，就连两个同父异母的弟弟，都亲切地喊她"大嫂"。

丈夫的姐姐黄金莺也带着三个女儿李金玉、李金兰、李金霞赶回娘家，来喝弟弟的喜酒。这个时候除了黄亚九之外，就算她这个做姐姐的最百感交集了。这些年来，她无微不至地呵护着弟弟，将一个年幼的毛孩子，不仅培育成才，还成立了自己的家庭。从这一天起，她再也不需要做弟弟背后的那个女人了，应该由他真正的爱人，来接棒打理一切。

这次在老家的婚礼，是和黄广越的婚礼同时进行的。对黄家来说，这是双喜临门。热爱摄影的黄广潢拿起相机，要为一家人留下特别的影像，父亲黄亚九和继母黄亚姐居中而坐，弟弟则和弟媳分站在两旁。在他们的后面，正中间站着的是大姐黄金莺，右手边则是弟弟黄广宪、黄广太，他们笑逐颜开。左手边是丁香琴，穿着深色的上衣，梳着长长的辫子，鼻梁上架着一副镜框厚重的眼镜，和其他人相比，更显出知识分子的影子来。

有些可惜的是，这张从李文忠手上得来的珍贵照片，并没有黄广潢的身影。因为当时的他躲在了镜头的背后，充当摄影师的角色。

这次到莆田，让丁香琴收获了满满的爱，归程也同样战果颇丰，带回来六袋桂圆，总共有二十多斤的样子，正好可以作为回礼送给娘家的亲戚朋友。

丁香琴在结婚后才知道，除了吃穿用度，黄广濑还每个月雷打不动地往老家汇去十块钱，家乡亲戚有事他也冲在前面。尽管这让自己手头变得紧张，他仍然十分高兴，自己终于能对父母和兄弟尽到一份自己的责任。他一直记得当年父亲支持自己继续攻读高中时对自己所说过的话："希望你好好读书，以后光宗耀祖，照顾家庭和弟弟们。"虽然他离某种意义上的"光宗耀祖"还有距离，但是照顾家庭和姐姐弟弟，已是理所当然。

对自己的姐姐，黄广濑很感恩。李文廉记得，他在莆田一中读书时，舅舅常给自己写信，关心他学习，教育他如何做人，而且每隔一段时间，就给他寄点零花钱。舅舅每次探亲回家乡，免不了来他家，给他一家人带来舟山群岛的土特产。

李金兰同样记得，舅舅每次从浙江回来，都带好多的营养品给她爸妈，还给她从杭州买了上等丝绸衣服，穿上去真的很凉快。她还记得自己曾和舅舅一起去山里的老外婆家，舅舅不仅帮老外婆挑水、劈柴，还给她送了一些钱，弄得老外婆最后抱着舅舅伤心哭泣，称赞舅舅是多么懂事的好孩子。这一幕幕的场景留在了姐姐、姐夫一家人的脑海里，既为这个舅舅感到了不起，也为他知恩图报感到欣慰。日后，大外甥李文清结婚，黄广濑又一气寄去六十元。

因为单位没有房子，黄广濑只能住在丈人家，一住便是十年。

黄广濑能找到丁香琴，是他个人的福气。一方面，这意味着自己漂泊的人生，就此有了着落。自从到海研所之后，他就喜欢这里，也想在这里做出事业，决定在这里一生一辈子。

另一方面，妻子对利益的淡泊，让黄广濑的人生没有陷入鸡毛蒜皮矛盾当中，从而也让整个家庭尽管物质不丰富，但非常和谐安宁。家和方有心情投入工作。这是黄广濑日后能在事业上有所成就的一个重要原因。

同时，不会为了各种利益得失而计较，时常保持平常心态，不悖自己"面子薄"的性格。

黄广潢还感谢丁家全家人。尽管一辈子都在战火或政治动乱中度过，但他的岳父母都是自身品性正直、对后辈尤好的老人。

岳母娘家条件不错，但嫁夫从夫，到丁家之后勤俭持家，每天早上4点半就起床，为一大家人操持。她不仅烧得一手好菜，而且裁缝清扫各样家务都精通。更重要的是，掌管全家的财政"大权"的她，不管遇到什么样的时代，都会精打细算，把家里料理得干干净净整整齐齐。在她一生，生有三女一子，虽然说不上为他们各自找到如何好的前途，但每个子女的长相个头，都非常得体挺拔。

岳父更是以一肩之力，挑起全家的重任，但他并没有被生活的重任所压垮。因为有点文化，特别会讲故事，夏天晚上在露台上纳凉，他就经常给大家讲古说书。无疑，这种乐观且遇事不慌的性格，也让黄广潢惺惺相惜。

在丁香琴的外甥杜松的眼里，自己的这位外公不仅对第三代个个都关心入微，而且为人豁达，广有人缘。自己每次去外公家，外公清瘦的面上常常带着慈祥的笑容，拉着杜松的小手到他的房间，先是把挂在八仙桌上的一只竹篮取下来，拿出里面装着的苹果或鸭梨，用他极为精湛的削水果手法，把削好后看上去还是完整的水果递到自己手中。

杜松印象很深的是，这个苹果只要在边上轻轻一拉，苹果皮就会一圈圈地往下落。外公会看着自己把苹果吃完，又指着橱柜中一格玻璃门里的四个清末食品瓷罐告诉他："罐子里有外公给你留的柿子饼、蜜饯、黑枣……你想吃的时候自己拿来吃。"或者摸摸他的头，嘘寒问暖一番，再从口袋里摸出五毛一块来，嘱咐他："不要让外婆看到，上街时买自己喜欢的吃食。"

因为小时候好动，杜松在六岁那年，曾骑着大人的自行车在大街上玩，一不小心，撞倒了一位与外公年龄相仿的老人。老人受了伤，腿上流血，用极恼火的眼神看着他："你是谁家的小孩，带我去见你父母。"周边围观的人越来越多，就在杜松不知所措又惊又急的时候，在大弄堂口摆摊的邻居老皮鞋匠替他救急，向老人说了杜松外公的名字，并说这就是他的外孙。听完之后，那老人惊讶一声："真的？原来是继明哥的外孙呀！"接着又走过来，脸色从愤怒转为慈祥，对着杜松说："孩子，刚才阿公没有吓到你吧，早知道你是继明的外孙，你把阿公撞死都没有关系。"听到这里，杜松心才稳住，转又想，大家都说外公的人缘好，今日终于领教了。

最终外公还是知道了原委，他把杜松拉到身边，摸着他的头，问他有没有被吓着，还告诫他："你年纪还小，以后不要做这么危险的事了。"

杜松的眼眶湿润润的，心里暖乎乎的，看着外公问："外公，为什么外面的人对我这么好？"外公又摸着他的头说："可能是外公平时看到别人有困难，会尽自己的能力去关心帮助别人的原因。"当时杜松听得一知半解，但随着自己的逐步成长，他终于明白外公的为人，也懂得做好人也一定会荫及子孙。

正是有着这样的岳父岳母，黄广潢在他们家可以一住就是十年，没有担忧。黄广潢对此长存感激。女儿从出生起就受到岳父岳母一家人的精心照顾，开始断奶前，女儿随丁香琴到农村生活，岳母也随住在农村帮助养孩子，当时农村条件不好，丁香琴和妈妈、女儿三人吃的米菜鱼肉等还是岳父和小舅子每礼拜从沈家门乘公共汽车，再步行十多里路送来的。女儿从十一个月断奶后一直养在岳父岳母家，直到1972年丁香琴调回沈家门为止，这时女儿已经虚岁4岁了。在这三年多的时间里，岳父岳母不仅要照顾外甥女的生活起居，还因为孩子年幼体弱多病，半夜经常发烧抱着去医院打针，这在黄荔幼小的记忆里是家常便饭。

这家里日常小事，黄广潢一般不太喜欢插嘴；但是遇到一些大事，他都会发表自己的看法。毕竟是从厦大毕业的知识分子，他只要提意见，大多有理有节，也赢得这个家庭对他的器重，不仅当他是姑爷，更是重要的一份子。

当然这中间也有些问题，他跟丁香琴虽然结了婚，但在很长的一段时间内都是两地分居。等到丁香琴从临城调到沈家门，已经是1972年。为了节省路费，这期间最多星期六、星期天回家，有时候两星期回家一次。或许还不巧，她回来时碰上丈夫出差在外，如此很长时间，夫妻才会见上一面。

即使回到沈家门，丁香琴的心思也不在花前月下，而是专心致志提升自己的教学水平，努力教好自己的每个学生，反而对自己的身体甚至孩子管得很少。她与黄广潢之间的关系可以套用一句俗话，平平淡淡才是真。

平淡中也有幸福，他们之间爱情的结晶——女儿黄荔在第二年便呱呱落地。

坚实而柔软的防火墙

毋庸置疑，福建既是"家贫子读书"之地，也颇有重男轻女之风。

长久以来在农耕社会的传统思想意识下，男性是家庭的生产力，是宗族体系的代表。而福建耕地稀少，依海为生，历朝课税繁重，人口增长与生产力有限性之间存在着十分大的矛盾，故对男性这种较为强壮的劳动力十分看重，大家都不免觉得女儿毕竟是别家的人，家里如果没有个男丁，是很难立得住的。又由于受到闽越遗风的影响，福建在古代流行厚嫁，女儿出嫁须陪上一定的妆奁，若家中多女，恐将为此而破产。尽管福建有着像八姓入闽，以及下南洋谋生这样的社会流动，让自身保持有相对的多元和开放，但始终没有经历过大规模的工业化运动，没有形成数量巨大的产业工人阶层，无法冲击和瓦解传统的以农业文化和宗族文化为主的社会结构，这也导致了这块地方即使繁荣发达，还是很难抹去重男轻女的观念。

甚至越发达，越让他们担心，以后财富会落在外姓女婿之手，所以对生儿子更加重视。久积所成之习气，并不是靠一朝一夕之功可以改变的。

这也导致福建女子和江浙女子在性格上有很大的差异，江浙一带的女孩因为家里相对宠爱，所以长大后相对自信开朗，勇于和男人一较高下，所以这边的女性企业家也比较多。相反，从小生活在"儿权"阴影下的福建女孩，一般性格温和顺从，做事轻声细语，当然也相对缺乏开拓精神。

某种意义上，这也是黄广潢的姐妹的写照，她们很容易在社会和家庭的压力面前，为家族或家庭牺牲自己，早早出嫁。不过，她们温和的性格和宽大的胸怀，也让人感念有加。不得不说，生活在这样的家庭和大环境当中，黄广潢对女性既有怜悯，又有一种特别的情愫。

很难说在生了女儿之后，黄广潢不想再要一个孩子。但是丁香琴却不想再折腾了，一开始是因为两地分居，后来则是因为一心扑在教学上，影响到了身体，对生二胎就更没兴趣了。

让丁香琴心生感激的是，黄广潢却从来没有在这方面给她施加过压力。相反，对自己的女儿，他给予了全心全意的爱，并且由于黄广潢细致、独立、会照顾人的个性，超越一般父亲对女儿的爱护。

对这个女儿，黄广潢满心的喜欢。他想起当年父亲给他取名时，希望他奋发努力、不辱家门，所以叫"广潢"，他希望女儿长大后也不忘自己的老家，不忘根本。他记得自己老家满城红荔，连自家庭院都栽种了不少，不仅在敌机的轰炸下保护了母亲，也间接保护了自己，而且滋润了他缺食少穿的童年。所以，他准备给自己的女儿取名为"荔"，希望她能像荔枝那样圆润凝脂、晶莹剔透，而人生也能甜甜蜜蜜。

当然，这里面也藏着一位远方游子，对莆田老家那种深深的爱。

到今天，黄荔都记得父亲对自己爱若珍宝。他虽然出生在福建，但没有福建常有的重男轻女的习气，相反，他有福建人对子女特有的那种关爱心态。她曾在日常生活或工作中遇到过不少福建人，他们都有这样的一句口头禅，给她留下深刻印象：我自己那么辛苦，就是不想让自己的孩子还要受苦吃苦。父亲也同样如此。

那个时候，全国人民都靠工资收入生活，消费很多是凭票的。生活水平的高低主要看工资收入和家庭人口。尽管家里经济条件说不上有多好，但小家庭工资高人口少，作为双职工的独生女，黄荔从小到大没有因为钱的问题而发过愁，所以养成她大手大脚大小姐的脾气。与此同时，黄荔也随时随地感受到父亲给予的爱。从她记事开始，早晨经常抱着爸爸不让他上班要求陪自己玩，幼儿园接送最多的也是爸爸，第一次不肯上学坐在自行车上哭了一路，以后又不肯回家在幼儿园里和爸爸躲猫猫。搬进新家后只要不出差，爸爸就给自己做饭，爸爸做的早餐颇有福建特色，咸稀饭，里面拌有熟鸡蛋、小肉丝、紫菜，加一小勺猪油酱油，一把小葱，一碟海蜇，色彩缤纷，色香味俱全。有次煮生日面是米粉，上面整整齐齐码着摊鸡蛋饼切丝、面拖鳗鱼、虾、现炸的脆紫菜，还有卧在米粉里的鸡蛋宝藏，漂漂亮亮一大碗。晚上必给黄荔准备夜宵，经常出门买她最喜欢的小馄饨。为了能哄女儿多吃饭菜，爸爸做的饭菜在妈妈舟山传统一把盐一把水全靠食材新鲜的水准上更添艺术的美感，比"人是铁饭是钢"的老话更加让黄荔能多吃几口。"努力加餐饭"是爸爸鼓励女儿多吃饭菜的口头禅，不仅要多吃，还不能偏食，为了纠正女儿不爱吃芹菜的习惯，还鲜有的大发脾气。他又教女儿吃饭要注意细嚼慢咽，保证饭菜第一道的消化，减轻肠胃的负担。如今看来平常无奇的小知识，却在当年很少见。黄广潢会做衣服，还给女儿做夹克、裙子等。只有别家的孩子能享受到的物质，他都尽量让自己的女儿不缺失。此外，黄广潢在学习中引领女儿，平时弄花草养鱼虫培性情，晚上数星星认识天文星座，八年如一日练毛笔字磨炼耐性，天生的骄傲感养成黄荔对自己的高标准严要求。

在整个大家庭中，从小在外公外婆家长大，外公外婆都特别喜欢她这个长外孙女儿，这也让她在整个童年得到的爱特别饱满。外公肚子里装满了故事，每天晚上喜欢在院子里讲故事，《三国演义》诸葛亮神机妙算、岳飞精忠报国、《西游记》孙悟空大闹天宫，等等，这些从小就印在了黄荔的小脑瓜里。外公有一阵子每天会给黄荔买一个散发香气的国光苹果，还时不时背着外婆给她一点零花钱，至今她记得外公将钱放在凳子上转身拿手指点的样子。从小抱黄荔最多的是外婆，她也爱黏在外婆怀里，摸外婆的脖子和耳垂，耳洞里已经没有了耳环。经常听外婆讲她自己小时候调皮捣蛋，和哥哥弟弟到大酒缸偷偷喝酒醉在地上睡着的故事，屋子里很多大酒缸，每个大酒缸外面都有一个竹子做的勺子，孩子个子矮，如何搬来凳子，站在凳子上推开酒缸的大盖子舀酒出来喝，听听就有趣。外婆还有很多拿手菜，比如杜松长大成为特级厨师还念叨的葱烤河鲫鱼，比如黄荔睡前夜宵雷打不动的肉饼子炖蛋。外婆还做得一手好女红，会翻棉袄。七岁那年春节，外婆刚给黄荔做好过年穿的棉袄棉裤，还没来得及做罩衫罩裤，她就穿着出去和小朋友蹦水沟玩，自以为弹跳力十足的黄荔失足跳进了水沟，身上衣裤又湿又冷，回家外婆不但没有责备，还煮姜水给她洗澡。

这些生活经历甚至让黄荔在多年以后很奇怪地发现，自己的词汇体系中居然没有"穷"字，对于困难，自己使用的，顶多就是"寒门"、"清贫"、"清寒"、"辛苦"、"困难"等字眼。从小的环境满含善意，有很强的信任能力。也总认为只要努力，没有什么不可能。但是对付出努力，着眼长远，又认为是天经地义。大胆付出，不问收获的个性，反而使很多事情水到渠成，甚至有更多超出预期的好的结果。

在何贻珩看来，黄广潢不仅"像养熊猫一样养着女儿"，而且也擅于和女儿交心。有一次她和黄广潢以及另外一位同事去宁波出差，那位同事得到的回报最多，回到舟山大家就怂恿同事买西瓜，结果打开一看，籽都是白的，而且酸酸的，一点甜味也没有。同事就说，扔掉吧。她就说不要扔，毕竟是吃营养不是吃味道。黄广潢也说对。这说明黄广潢开放，包容，不是老摆父亲的资格，或者架子，而是平等地和女儿交流。

在这方面，丁香琴自认做得没有黄广潢好。黄荔小时候有一次出麻疹，她跟校长请假，说可能要早一点下班。校长自然同意，甚至还和副校长一起，到家里去探望黄荔。结果到家一看，黄广潢一边在做缝纫，一边在陪女儿呢，再问丁香琴呢，居然还没回家。后来两位校长再折转回校，发现她还在教室里辅导学生的功课。没办法，那个时候，她对学生的心甚至比对女儿还要重。但黄广潢也没说她什么，一声不吭地承担起抚养女儿的责任。

黄广潢付出的这种无私的爱，连黄荔的表弟杜松也曾一并感受过。他比黄荔只小一岁，在七岁之前，都是跟随父母生活。不过，家庭条件也不好。爷爷很早被拉壮丁去了台湾，奶奶早故，父亲也没多高的收入。至于母亲，是插队知青，后来回流到舟山，又被分配在外岛登步岛上。母亲每天下田挣工分，也没有办法照顾杜松。连自家当年置办年货的费用，都是靠外公外婆家亲人们的接济，外公会给十元，大姨五元，二姨十元，舅舅五元……也正是在过年时去外婆家，外公、二姨和小黄爸爸看他面黄肌瘦，很是心疼，嘱咐他以后就在外婆家住。外婆家的两层楼，随着丁家老奶奶的去世，以及大外公的离开，经过重新安排，外公、外婆和大姨住在一楼，二姨和姨父，以及表姐住在二楼，另外还有一间屋子是舅舅的，但他下乡定海大毛，就暂时归杜松住。

刚过去的时候，日子过得十分惬意。外婆做的饭菜很丰盛，每天还有零食，任杜松吃喝和玩乐。用外婆的话说，是"老鼠跳进白米缸"。但好景不长，他很快就明白自己原来上了圈套。他是个缺钙、缺爱、顽皮的孩子，放在父母身边，农村生活条件差；放在外公外婆家，两位老人年纪大，又管不了他。为了防止杜松学坏，黄广潢便和丁香琴商量，让杜松跟着表姐黄荔一起上学，黄荔读一年级，他可以陪同做旁听生，这样既能管住他，又能学到知识。因怕赶不上一年级的学习进程，还让他预习让人一看就想打瞌睡的拼音字母。在黄广潢的教育下，女儿很小就懂得刷牙，还定期带她检查牙齿。杜松来了，黄广潢也很注重口腔卫生，专门给他买了一套洗漱用品，教会了他刷牙。

那时的杜松非常顽劣，每天东奔西跑，上蹿下跳，脚上的鞋带系成麻花一样，总是要松开。黄广潢在大学学过一个本领，会打水手结，他便教会杜松许多系鞋带的方法。杜松学会后，鞋带再也没有散开过，至今还在按小黄爸爸的方法系。另外，黄广潢还传授了很多其他的生活常识。

这一下，杜松这个"本来没人管教的放山羊"，硬是给圈养起来，渐渐地，生活开始规律起来。

有天晚上，黄广潢拿了件大衣给杜松，让他试试。原来黄广潢将外公的一件呢制大衣，改成杜松合适穿的尺寸。穿上去不仅暖和，而且衣服袖口还别出心裁地订了两条红线，在那个年代显得相当时尚。每次穿起这件大衣，杜松都会听到很多人用羡慕的口吻说，穿得像是"国民党将军"似的。

好事成双，收到大衣的隔天，表姐黄荔又大方地将黄广潢出差时带回来的一组积木拼图玩具送给杜松，喜得他心花怒放，这是第一件属于自己的玩具。身上穿着呢制大衣，手上拿着拼图玩具，心中好不得意，邻居小孩乃至大人们都带着嫉妒的眼神看着自己，让一个一直被别人看不起的小萝卜头，内心充盈着满满的自信和浓浓的优越感："看吧，我们家也有富亲，别看不起我！原来我也是可以被关注和被羡慕嫉妒的。"这些事成为童年记忆中永不磨灭的美好的片段。

论亲疏，黄广潢只是杜松的姨父，关系稍远，但在和黄广潢一起生活的数年内，杜松却被视如己出，吃穿用度，黄荔有的，他都不缺。一家人吃鱼，表姐细心挑剔爱吃鱼头，杜松粗心被分在盘里的都是鱼肉，黄广潢往往嚼的是鱼骨头，还对他们说，鱼骨头其实很好吃。一家人吃鸡更有意思，由于尊老传统，外公外婆不动筷其他人不能先动筷，鸡腿是外公吃的，其他部位按照长幼次序，表姐爱吃鸡头是不成文的规矩，黄广潢还经常把自己的份儿让给女儿和外甥。

黄广潢对杜松既有慈父一样的关爱，让他感受到家庭的温暖，同时，又是让他懂得如何为人处事，以及无私奉献的启蒙老师。

这些都深刻地影响着他。尽管黄广潢只是姨父，但不管是在心里还是在口头上，这么多年来，他一直把他叫作"小黄爸爸"。

相比之下，他对二姨丁香琴却心存畏惧，因为二姨在各方面对他都很严厉，在学习方面尤其如此。他只是一个旁听生，二姨仍当成正式生来要求，除了预习、复习课程内容，晚上还要做作业，练习毛笔字。杜松一拿上毛笔就要犯困，二姨坐在他旁边，看到他打瞌睡，就用织毛线的针扎一下，一扎马上清醒，杜松只能硬着头皮继续写，心想："这过得可真是失去往日自由的悲惨日子啊！"幸好救星小黄爸爸会帮杜松说话，总说："让他睡吧，学习要慢慢来，要有个过程慢慢适应。"姨父和二姨在教育观点上不尽相同，但是杜松发现，他从来就没有听到过两人有吵架的声音。

黄广潢对伺弄花草很感兴趣。追根溯源，他本身就对这些植物感兴趣，报考大学时就有一个志愿是园林专业，只是最后改为生物专业。也或许是受他老师何大仁的影响，知道每个人都要认真做好自己的专业，但也有几种其他的爱好。伺弄花草这一爱好，可以调节心情，陶冶情操。

当然，所有的兴趣爱好都必须建立在一定的物质基础之上。黄广潢之所以能伺弄花草，还在于岳父家二层小楼有舟山人称作"晒台"的露台。露台上种满各式各样的花草，真是花花绿绿的好一片世界。在这个世界里，有观赏辣椒和西红柿，种出来可以丰富一家人的餐桌，更有月季、海棠、夜来香，最多的是各色菊花，让这个家几乎从春到冬，都有花开。

在所有花之中，黄广潢最喜欢的无疑是菊花。菊花隽美多姿，然不以娇艳姿色取媚，却以素雅坚贞取胜。同时，它在秋风中盛开，在寒风中屹立不凋。当年农民起义军首领黄巢曾有首《不第后赋菊》："待到秋来九月八，我花开后百花杀。冲天香阵透长安，满城尽带黄金甲。"又有首《题菊花》："飒飒西风满院栽，蕊寒香冷蝶难来。他年我若为青帝，报与桃花一处开。"不畏霜寒的菊花，禀性顽强，生机盎然。

每次种菊养菊抚菊，黄广滉都觉得看的不仅是美景，而且是心境。

但对黄广滉来说，最有成就感的还是种植昙花。众所周知昙花好看，开时芳香四溢，洁白夺目，十分雅观，但是它并不易种，而且昙花多数趁着夜晚盛开，当人们还沉睡于梦乡时，它已转瞬凋萎，如佛家所言"昙花一现"。昙花之所以在晚上开放，是因为昙花原产美洲热带的墨西哥沙漠，只有到晚上气温较低和蒸发量较少时，才可以保证有足够的水分绽放。所以，要想种植好昙花，就必须要用排水好、疏松、肥沃的微酸性沙质土壤，同时保持土壤的湿润和较高的空气湿度，但要防止水涝。另外，昙花还喜肥，尤其是腐熟的有机肥。为了伺候好手头上的昙花，黄广滉会特意收集一些鱼骨虾壳，把它们和茶叶渣混在一起作为肥料，另外，每天用洗米水浇一次花。经黄广滉的悉心照料，他种的昙花果真开放了。在夜色的保护之下，那洁白的花瓣一层层地绽放，像雪白丝绒一般展现在自己的眼前。与此同时，一股独特的清香也逐渐散发出去，竟有不眠的蝶儿，扑扇着翅膀凑过来。黄广滉顿时觉得，自己付出所有的辛苦都很值得。他又想，独乐乐不如众乐乐，便将昙花从楼上抱到一楼的院子里，到处叫街坊邻居一起过来欣赏。一时间，前来参观的人络绎不绝，"黄广滉种的昙花开了"竟成了大新闻。

幼小的黄荔挤在人群之中，贪婪地呼吸着昙花的芬芳，发自肺腑地为父亲感到骄傲。她问父亲，为什么这么多人喜欢昙花？

黄广滉很郑重地告诉她："这昙花啊，不管在什么环境之下，都是要坚持开花的。而且它开它的花，也不管有没有人发现、欣赏。更重要的是，这么美丽的花儿原来是转瞬即逝的，时光宝贵，唯有珍惜。"

得益于黄广滉的努力，往后的每个夏夜，家人都喜欢在晒台上纳凉赏月，习习凉风吹过，阵阵花香袭人，令人不由自主地吟咏出这样一句诗来：花美似人临月镜，月明如水照花香。所谓的幸福生活，有时想想，也莫过于此。

花草之外，黄广潢还会饲养一些小动物，比如金鱼，而且养得一样好，不像有些人养着养着，鱼少了一条又一条。他养的金鱼不仅健康，也会生养。等生完鱼卵，他就赶紧把大鱼捞走，唯恐大鱼吃自己的鱼卵。孵出的小鱼，很多会拿去送人。

即使经过很多年，黄荔还一直怀念这样一段岁月。在她眼里，尽管整个社会物质生活匮乏，但父亲却神奇地保留了自己作为生物专业人士热爱生活的水准。正如孔子称赞弟子颜回："一箪食，一瓢饮，在陋巷，人不堪其忧，回也不改其乐。贤哉回也！"黄广潢也会在极其简单的环境中，营造出美的世界，为自己，也为子女在纷繁复杂的外界与心灵之间，打造一堵坚实而又柔软的防火墙。

可以说，正是这种对生活的热情，对真善美的内心感知，让黄广潢在人生的风浪中，一直保持着清醒，以及有温度的灵魂，而没有被这个社会某个角落里透出的黑暗所笼罩、所吞噬。某种意义上，这也是他能挺过那段极其困难的特殊时期的原因之所在。

第五章

术业专攻

风雨中坚持自我

　　如果要说这辈子黄广潢对女儿有什么愧疚，那么，排在第一位的，想必是女儿出生的时候，他并没有陪在丁香琴母女的身边。

　　那个时候，正是沈家门在特殊十年中闹得很凶的一段时间。"保皇派"和造反派两队人马以新街为核心地段，斗来斗去。双方都架着大喇叭，不是喊口号，就是打嘴仗，吵得人夜不能寐。另外，他们还以弹弓作为武器，用石头作为子弹，互相发射，很多时候瞄不准，导致误伤他人。结果，夹在中间的丁家，平白遭此池鱼之殃，房子都快给毁了。

　　平时性格大大咧咧的丁香琴，自从怀上孩子后，反觉得自己胆子变得特别小，一看到身边发生这种情况，就有些睡不着。最后还是托黄广潢的同学帮忙，在沈家门找到一处相对安全的地方，在那里躲到待产。等快生产的时候，联系医院，院方回答说，等产妇开始痛再来医院，不要提前入院。可以看出，那个时候就连医院也不够安全，形势很紧张。最后，黄荔还是在部队海军码头中医院出生的。

　　在"文革"开始之后，舟山这个曾经云集过众多势力的渔业重镇，曾一度"积极"追随。

　　先是冒出斗当权派（也被称为"走资派"）的造反派，接着造反派发生内讧，分成两大派，一派叫"暴动联合会"，简称"暴联会"，另一派则是由舟山水产学院学生组织的，大概是9月15日成立的"九·一五战斗团"，后来队伍扩大到社会，叫"红色暴动"。

这两派的较量，很快由文斗过渡到武斗，大小战斗在地面、海上或山头展开。斗争的频繁和激烈甚至惊动了中南海，中央指示说，两派都是革命群众，要"大联合"。于是两派都成立"革命造反联合总指挥部"，但终究没有联合，只是"红色暴动"一派改叫"舟联总"，主要在定海和沈家门城关内活动，自称为正宗造反派；"暴联会"一派改叫"舟总指"，以广阔的渔农村为根据地，造反派称之为"老保"。

所谓的"老保"，也是"文革"中出现的特定称谓，它其实是"保皇派"的简称，指支持、保护所谓"资产阶级司令部"，或支持、保护当地的党政组织、本单位领导"走资派"、对"文革"有保留意见，与造反派持不同政见的人和组织。加个"老"字，更突出一股歧视和敌对的态度。

概略而言，"文革"中所有群众组织虽然都打着"造反"的旗号，实际上却是水火不容的两拨人。一拨人造的是建国以来历次政治运动打击的敌对分子的反，斗争矛头向下；一拨人造的是"党内走资本主义道路的当权派"的反，斗争矛头向上。前者实际上谈不上"造反"，所以被骂成"保皇派"、"保爹保妈派"、"保守势力"等，后者才是真正的"犯上作乱"，所以自诩"响当当硬邦邦的造反派"。

但那个时候，大家都在这两杆大旗下鼓噪呐喊，互不相让。舟山的情形也愈演愈烈，1967年2月17日，"九一五"组织了一次声势浩大的上万人的游行，叫"二一七游行"。这种热血劲和豪迈之气，一时吸引了诸多不谙世事的青年加入其中，恨不得将那些"老保"打翻在地，并踏上一只脚，叫他们永不翻身。

在这种斗来斗去的形势下，丁香琴当时只碰上"石头子弹"实属幸运，再往后，就是越来越多的真的枪炮，甚至是机关枪。根据资料，第一次大规模武斗是在定海郊区东湾发生的，两派动用机枪和手榴弹，死伤几十人。那次之后，各种武器亮相。造反派武器主要来自舟山海洋渔业公司。他们的另一处重要据点，也是最重要的前沿阵地，被誉为最坚强的红色堡垒——定海农机厂，也开始制造土武器。"保皇派"被逐出城关，也不示弱，以农村为根据地，打开各乡镇民兵武器库，得到的枪支和手榴弹加起来比造反派还多。他们发动农民，以农村包围城市。1969年夏天，他们几乎攻克城关，后来因故停止。但在此期间，客轮全面停航，城关人纷纷逃离定海，大批渔船载着定海人去宁波避难，乘不上船的逃往乡下。

就连黄广潢当初养过紫菜的虾峙，哪怕只是一个小岛，也不能独身其外。1969年秋天，曾有一船尸体被运来定海，说是虾峙岛武斗被打死的。这些尸体一字摊在定海的码头上。有人暗地里数了数，共有十七具。

除了人倒霉，许多文物也随之遭殃。1966年6月1日，《人民日报》发表社论《横扫一切牛鬼蛇神》，提出"破除几千年来一切剥削阶级所造成的毒害人民的旧思想、旧文化、旧风俗、旧习惯"，8月八届十一中全会通过的《关于无产阶级文化大革命的决定》，进一步肯定了"破四旧"。当时在定海和昌弄佐廷小学内有座三忠祠，原来供奉着鸦片战争中与英国侵略军浴血奋战、壮烈牺牲的葛云飞、王锡朋、郑国鸿三总兵，在"封、资、修"三清理中，被当作菩萨砸掉。等三个将军再有祠堂时，已是三十年后的事，但是他们连同祠堂都被迁出学校，请到了叫作竹山门的山脊上，也就是今天的晓峰岭南岗墩。

和舟山水产学院一样，其他学校在"文革"中也"不甘落后"，冒出一些组织。舟山中学有"三二一一"和"人民战争"两支对立战斗队，民办的东海中学有"飞虎团"，舟山卫生学校有"炮打司令部战斗团"……这些战斗队在战斗力上没有"九·一五战斗团"那么厉害，但是它们走向社会后，在大破"四旧"上却让人侧目。

佛教名山、旅游胜地的普陀山难逃其厄，被这些"革命小将"一顿打砸抢，一时间各寺、院、庵一万七千余尊大小佛像被毁，普济、法雨、慧济三寺藏经阁收藏的三万余卷经籍被焚，历代摩崖石刻大部分被涂凿，多宝塔浮雕佛像被铲。普陀山东南沿海有一片紫竹林，一支支美丽神圣的紫竹，被一伙人毫不留情地砍光了。

还有一处著名的文物——御书楼，也在"文革"中被毁。当年康熙御赐"定海山"匾，昭示展复定海的决心。为使百姓安心复垦，定海便兴建御书楼，将匾额供奉其中，并宣讲康熙颁布的《圣谕广训》。在这之后，御书楼或因飓风，或遭兵火，屡毁屡建，楼虽饱经磨难，却不曾"倒下"，但最终还是抵挡不住革命的热情。直至 1984 年，舟山地区行政公署将原孔庙奎光阁改作御书楼。

在群情汹涌、革命浪潮的连击之下，离新街并不遥远，走同济路只需要过两三个路口就可以到达，位于"小西湖"上的"小船"——海研所，自然也风雨飘摇。

《浙江省海洋水产研究所志 1953—2003》第二章《组织架构》第一节"党组织"提到，"文革"开始以后，海研所党组织长期处于瘫痪状态。直至 1971 年 5 月，经舟山地区革委会政工组、组织办公室批准成立中共省海研所党的核心小组后，组织活动稍趋正常。

而该书第三节"中层机构"则提到，1966 年下半年，海研所受到严重干扰，中层机构瘫痪，许多中层业务负责人受到冲击，他们的任职名存实亡。1968 年 4 月，海研所成立革命委员会时，又撤销原室一级机构，下设一个办公室，内分政工、科研生产两个组，直到 1973 年 5 月，业务才回归正轨——撤销原所革委会下属的办公室两个组，重新设置行政办公室、捕捞研究所、资源研究室、养殖研究室、船队五个中层科室。

在这瘫痪或者说受到严重干扰的背后，是海研所内部矛盾以及派系斗争的爆发。和整个舟山地区的形势一样，这里有造反的，当然也有"老保"。相对来说,海研所是个知识分子的集中地,大多数人比较理性,但是,其下属捕捞队的很多船员大多不像祝智璇那样有高学历、有文化,他们处于最基层,容易被煽动,在革命上特别热情,也相对激进。要命的是,当年的船队都配枪,是带武装的。祝智璇记得,枪有不少是苏式的小步枪,"文革"之后,基本上都被造反派占据。

在何贻珩的印象中,海研所最早被批斗的对象,是单位出纳。他其实是一位老党员,而且在历次运动中都比较积极,听领导的话,但问题是,他负责掌管的钱财曾经失窃。事实上,它就是所里从事捕捞的一位船员偷的。但那个时候,很多人都怀疑是他监守自盗。"文革"一来,出纳再次遭殃。幸运的是,案子最终还是给破了。重获清白之后,出纳就义愤地表态,我不加入你们的造反派,要加入就加入"老保"。

何贻珩也是所里为数不多的"少数派"——"老保"。一方面,这是因为她对那些动不动就动刀动枪、喊打喊杀的造反派有一些反感,另一方面,也是因为当时她的爱人顾庆庭已经是养殖室的副主任,在所里,理所当然的地被造反派认为是走资派。不过,幸运的是,顾庆庭妈妈是老工人,属于工人阶级,他的出身相对较好,所以没有多少人敢动他。让人啼笑皆非的是,穷苦出身的何贻珩,反倒因为外婆陪嫁的四亩地,一直租给侄子等人耕种——因为家里没有劳动力,家庭成分被划为"小土地出租"。在"文革"中,她便因此吃了不少苦头。

一开始,造反派要求她揭发所里的领导,包括她的丈夫,在何贻珩看来,过去的那些领导大多都是"清官",顶多在生活作风或者工作作风上差一点,还用不着上纲上线批判。但是造反派不听,反而觉得她是在包庇。此前,她曾受助于水产厅的厅长,没有对方的帮助,她很难从沈家门去到杭州又从杭州重新回沈家门,加上在杭期间,厅长又看她写字齐整,所以总让她抄文件,也老让她下去作调研,这些造反派不知从哪里得知厅长喜欢她,就更指名道姓地说她是"保皇派",要斗争她。

那个时候，何贻珩只能和丈夫一起躲在家里，不太敢出门。因为一出门，造反派就会威胁要打断她的腿。有一次她在回去的路上，碰上一位军代表，跟他说了两句话，回来就让造反派刮了一百多个耳光。但她也不孤单，当时十四五个"老保"中，最起码有一半以上挨过揍。其中有一位丈夫是公安局局长的，被叫到造反派的办公室，打得更厉害，用钢丝锁敲。后来她就爬墙跑出去，逃到普陀中学，这里是整个普陀"老保"集中的地方。

　　当时那个出纳也跟着躲进"老保"集中的普陀中学。今天想起来，何贻珩有些替出纳同事感到可惜，他完全可以不这么做，这样摆明着是要和造反派对着干。但是出纳说他早就看不惯造反派。问题在于，他忽略了造反派打击异己的力度。何贻珩至今还清晰地记得，出事的那天下午三四点钟，出纳穿上皮鞋说要回家，因为当天是他的四十岁生日，他要回家过生日。何贻珩听后大惊失色，说他是神经病，回去一定会被造反派发现的。出纳却认为没有什么，坚持要回。最后大家只好放他回家。回家后，他因为老婆的劝说，嫌弃普陀中学生活太艰苦，便没有再回来。何贻珩有两个同事想去叫他，走到半路，看到造反派的据点，没有敢过去，就折返了。就在当天半夜，造反派大概是听到音信，有将近二十多人，拿着武器赶往他家，把他给捅了。造反派行凶后，家人赶紧送他去医院。据说路上他痛得把担架的杆子抓得很响，最终还是医治无效，送去没多久就去世了。后来医院检查，他身上东一刀、西一刀，足足有五十多处伤。

　　这件事，坚定了何贻珩再次出逃的决心。后来她坐着部队的船，逃到上海，很长一段时间，她都不在沈家门。

　　相比而言，张晓云要幸运一些。当然这种幸运还是要打双引号的，她吃的苦也一样不少。和在学校一样，她又吃了自己会唱歌的亏。毕业刚分配到沈家门时，她也曾登台演出，美声一唱，立马红透沈家门的半边天。结果人红是非多，张晓云莫名其妙地就在"文革"中被人盯上了。那时她正和自己在厦大的同学，也就是后来的丈夫，谈异地的恋爱，经常通信，前前后后有一百多封。"文革"刚开始时，他曾经在信中提到自己对"文革"的疑惑，并说"我们这些老百姓最好躲得远一点，不要靠近它"。因为信件都放在老家，张晓云父亲是"大权威"，红卫兵来抄家，自然发现了这封信。

张晓云的丈夫因此成了现行反革命，值得庆幸的是，他当时身在北京，还在军队的一个研究所，多少受到点保护。但张晓云的日子，在接下来不再好过。红卫兵顺藤摸瓜，派人到海研所来调查她的情况，在诸多的往来信件中，又找到这么几句，说的是她和一帮同学去蒋介石的老家奉化游玩，她感叹，这里的风景真好，可以让人忘记一切烦恼。这下烦恼不仅没有忘掉，又陡增无数。红卫兵说她是在想念蒋介石，再联系到她"一贯以来"的小资产阶级情调，这种想念更是被坐实被放大，任人有百口亦难辩。

在沈家门的普陀中学，召开了万人大会，大家一起来批斗张晓云。大学里尚可以通过病休来逃避斗争，这次张晓云不仅在劫难逃，而且面临的情况还更严重。相比起来，当年同学之间的斗争，显得像是一段小摩擦。因为顶着反革命的帽子，在批斗会后，她不能随便出门，外出必须请假。有一天张晓云请假出去买东西，碰到某位领导，那领导在马路上当场就给了她一巴掌，并责问她是怎么跑出来的。这一巴掌不仅扇在她的脸上，更打在她的心上，使她到今天还能感受到那份疼痛和耻辱。

后来的一整年，张晓云和丈夫没再通过一封信，不是三天两头被抓去批斗，或者陪斗，就是被发配去养猪。现在很难想象，一个唱美声的，长相还挺娇美的上海姑娘，整天要和猪混在一起。她每天忙着将食堂里吃剩的食物收集起来，再加猪草烧烧煮煮，然后喂猪。另外，她还要参加其他劳动，将那些臭得不得了的猪血、牛血和羊血，一桶一桶地混在一起，然后浸染在渔网上，这样的渔网浸染之后，耐水侵蚀，而留在网上的血腥味又是捕鱼的诱饵。她的丈夫记得自己去沈家门探亲，和她一起挑过猪食，外人看到心里不免嘀咕，这一对大学生算是彻底完蛋喽。

好在后来张晓云怀孕了，所里便把她调到资料室工作，但是也特别要求，她不能看现在普罗大众都可以看到的《参考消息》。那时候的《参考消息》是"内部参考"，怎么可能给反革命分子看呢。

正因为孩子的到来，丈夫也开始活动，强烈要求将她调到自己的身边。今天回想起来，尽管她遭遇过很多让人不堪回首的往事，但是相比之下，她算是幸运的。她和丈夫属于军婚，海研所和丈夫的单位都没有制造太大的麻烦，就让他们夫妻团聚了。当然，也没有那么一帆风顺，他们并不是在北京"会合"的，而是在合肥。但不管如何，在当时的情况下还能夫妻团圆，够让他们开心的了。

更幸运的是，他们还因此躲过了所里的那场"大混战"。

在海研所的正北方，隔着一条东海中路，数百米远的地方便有岭陀山。

今天，有岭陀隧道穿山而过，连接东海中路和再往北的兴普大道。

与此同时，沿着沈家门游泳池路一直往上，攀上岭陀山，便见一股泉水落入鹤龄泉。再往上几步，便是鹤龄泉公园。鹤龄泉公园于2004年建成，但鹤龄泉却见证了沈家门公益事业的发展。

因地处渔港和丘陵，在未通自来水之前，沈家门的饮水主要依靠几处水井和降水。每逢干旱，饮水便十分紧张。1924年，刘鹤龄的儿子刘云茂仰承先志，募捐兴建泗湾神功池。当时沈家门三千多户居民的饮水全部来源于此。后来，随着沈家门渔业兴隆，人口数量激增，神功池已无法满足需求。后来，刘鹤龄孙子刘寄亭、刘汉亭通过募资，开引岭陀山的溪水，并将其汇集起来解决居民饮水问题。1935年5月，鹤龄泉建成，又在水库四周建设道路、凉亭、钟楼，并进行绿化，成为沈家门一景点。

不过，在"文革"期间，岭陀山却成为"老保"的一个临时据点。那个时候，"老保"们被造反派给逼急了，逃的逃，逃不掉就奋力反击。没有武器，他们就打附近部队的主意，从它们的仓库里去抢。由于部队大多对"老保"抱以支持的态度，所以库门基本上形同虚设，任由"老保"去拿。"老保"掌握武器之后，就冲到岭陀山，居高临下对造反派进行压制。海研所成立的革命委员会便决定，撤离沈家门到宁波。

祝智璇也跟着回宁波。一方面，他就当回家，另一方面，他也不敢不走。毕竟舟山枪林弹雨，怎么待都觉得不安全。再说，如果不跟着走，有可能会被造反派当成异己，日后说不准又会被清算。说起来，尽管他下放在船队工作，吴剑锋在食品加工厂，但是他们都算不上铁杆的造反派，按照他们自己的说法，就是一逍遥派。尽管当时都是年轻人，有热血，有冲劲，但是理性还是告诉他们，当时的形势有些过头。所以，他们表面上是造反的，比如开大会，他们会参加，别人写大字报，他们可以帮忙贴，但是真正让他们造反，比如说上台打人伤人，他们也是不干的。总之是两边看，两边都不得罪。

于谨兰同样如此。她有些庆幸自己参加"社教"工作没有坚持多长时间就跑回舟山。因为下去属于领导，是要被打倒的，等回所里，自己就变成一普通员工，即使到1973年之后，她成为养殖室领导，也是跟在顾庆庭之后的第二负责人。所以，没有多少人愿意跟她为难。当然，为了保护自己，在所里造反流行的那段时间内，她也和其他人一起成立一支"革命造反队"，而且当个头儿，名义上是"造反"，却和真正的造反队相差几万里。因为既看不惯造反队激进的样子，也不太了解所里的那些老人，他们之间有矛盾，到底谁对谁错，这支"革命造反队"也不清楚，所以干脆中立。

和祝智璇不一样，于谨兰在"大混战"之后并没有离开沈家门，因为当时刚刚生下她的大儿子。于谨兰记得黄广潢也没走，同样是因为生孩子，不方便离开。她的大儿子和黄荔同岁，日后两人还是中学的同学。

黄广潢和于谨兰一样，都是在这个"革命造反队"里，但是表现得很不活跃。开会的时候让讲就讲，但从不讲什么过激的话，不让讲也基本上保持沉默。在很长一段时间内，她只知道这个小伙子任劳任怨，做任何事情都很认真，掌握革委会的造反派交给他的活儿，只要不是政治运动，他都会去认真对待。

祝智璇对此也有同感。因为都是刚分配过来没多久的年轻人，所以大家相对谈得来。不过那个时候，还是福建人跟福建人接触得多，江浙的则常和江浙的交往。但在他看来，黄广潇同其他福建人有点不一样，他待人比较平和，和谁都谈得拢。

何贻珩却不敢主动联系黄广潇。尽管"文革"前两人有过几次接触，但在"文革"中，她顾忌到自己的"老保"身份，怕接触他会给他造成不良影响，也让她落下"腐蚀革命青年"的把柄，所以刻意与他保持着一定的距离，即使路上相见，也不敢乱打招呼。只有一次，她曾私下里探过他的口气，基本上没有什么太偏激的，观点跟她差不多。

不得不说，经历过反右运动之后，黄广潇越发地对这种"与人斗其乐无穷"的革命运动提不起兴趣，而且拉开了更大的距离。如果说以前他只是本能地觉得，这样的运动肯定在哪里出现了偏差，到现在他更是坚定地认为，不搞好自己的专业，不发展经济，光靠运动是没法让人吃饱饭的。再说，斗来斗去都是斗自己人，平日里他们都是在为社会主义作贡献，怎么一转眼就成为"敌我"？对此，黄广潇解释不了，也不想掺和。所以他采取的策略，和反右时如出一辙，不主动、不激进，同时更不恃强凌弱、处处树敌，成了不折不扣的逍遥派。他只希望有时间能做好自己手头上的事情。他也经常教育自己的女儿，要吃专业饭。

某种意义上，他之所以在 1960 年代后期，以及 1970 年代的大部分时间频繁出差，去海岛蹲点，是他刻意的选择。它既可以让他远离风暴的中心，避免陷入运动的麻烦当中，同时也能提升自己的专业能力。

尽管这在推崇"知识越多越反动"，甚至连黄广潇的校友陈景润也被

树为"不问政治，只研究数学，是典型的白专道路"的当时，有些反其道
而行之，但也正因此，他和其他的有志青年一起，没有白白地浪费人生最
为宝贵的十年光阴，相反还在乱糟糟的环境中，作出属于自己的贡献，并
成就自己。

与此同时，浙江省的紫菜养殖事业也因此而不曾停步，甚至迎来突
飞猛进的发展。

一心只向坛紫菜

在特殊十年的初期，海研所已开始为解决紫菜人工育苗技术做准备。
借用海研所本所的海带育苗室，谢土恩等人取不同品种紫菜的果孢子部分
作干燥刺激，进行果孢子采苗试验，发现用牡蛎壳和贻贝壳作附着基的放
散率为 81.3%，青蛤壳为 73.6%，以海水比重 1.021 的放散效果最佳，圆
紫菜的放散时间比甘紫菜长。上述试验为人工采苗摸索出宝贵的经验。

到 1966 年，海研所开展半人工和全人工采苗试验，想看看两种方式
的效果各自如何。所谓半人工采苗，就是把培育成熟的丝状体贝壳装进种
子箱内，和附苗帘同时下海，利用自然降温、风浪等条件，促使壳孢子陆
续放散，并固着在附苗帘上，进行养殖。

而全人工采苗，即在室内依靠人工方法，使丝状体集中放散出大量
壳孢子，并附着在帘子上，达到附苗要求后就可以下海养殖。相比较半人
工采苗，全人工采苗可以充分利用壳孢子，减少丝状体贝壳用量，省去"种
子"箱，简化采苗期海区管理，减少敌害生物的危害，是紫菜采苗的发展
方向。

这两种试验都取得一定成绩后，他们将在室内人工采到的紫菜苗放
入海水中养殖，其效果也达到生产要求。

不过，由于条斑紫菜相对娇嫩，收上来如果遇上天气不好，放一个

晚上便会全部发红烂掉（直到后来从日本引进烘干机才不成问题）。加上国家组织开展的"紫菜歼灭战"，主要是在福建沿海以坛紫菜养殖为主进行攻关，这也让浙江在紫菜研究工作上开始战略转移，从条斑紫菜转向坛紫菜。1966 年，省水产厅向海研所下达"坛紫菜人工育苗和养殖技术的研究"这一课题。

这个课题的负责人自然是林增善。接下来的便是谢土恩、倪国壤、施维德、淮彦，其后便是黄广潢。而在黄广潢之后，还有荣淑仪、戴健寿、薄治礼、沈根媛、徐君卓、朱振林、方根藤，以及林月莺。可以看出，这个时期的紫菜组"兵强马壮"。当然，也是事出有因，大概是"文革"的冲击导致海研所其他工作都无法展开，所以有相当一部分人从其他领域陆续转入紫菜组。紫菜组倒是"因祸得福"。

从这段时期开始，黄广潢和同事一起全力向坛紫菜养殖研究冲刺，尽管这中间经历结婚和生子，也没有因此放慢他的步伐。

为了更好地开展这一研究，他甚至还在林增善的带领下，和另外一位同事回了一趟自己的老家福建，周转于连江、晋江、泉州、莆田学习坛紫菜养殖实验。回来后，大家一起再向省厅建议，大力开展坛紫菜养殖试验研究。

自此，坛紫菜养殖成为浙江紫菜养殖未来很长一段时间的主流。

根据《浙江海藻产业发展与研究纵览》可知，当时由于坛紫菜人工育苗和养殖技术的研究周期长，受自然条件制约，研究经费有限，成果要求紧迫，课题组实行研究与推广相结合，提高与普及同步，充分发挥和利用生产单位的现成设施，边生产边研究。

他们决定选择与奉化海带育苗厂、洪溪渔业大队海带场合作，进行坛紫菜半人工、全人工育苗试验。选择的原因，在于从事人工培育，自然需要育苗室和海水育苗池。而奉化海带育苗厂位于象山港湖头渡海区，是一个大型海带育苗厂，可以将该厂水泥池，盖稻草屋顶，再利用海带供水系统，改建成简易坛紫菜育苗室。

当然，在建设育苗室之后，还需要有贝壳。当年该厂收集有贝壳1.5万片，它们将为采集到的紫菜果孢子提供"安乐窝"。

具备这些外在条件，课题组又在厂内用木槽分组进行坛紫菜丝状体培育不同光照、不同施肥量、不同换水量对丝状体生长发育关系的对比试验，进行成熟期光照时间长短与丝状体成熟放散关系试验……

这些试验对育苗室的建设有着至关重要的意义。育苗室应该具备丝状体生长发育所必需的均匀的阳光、新鲜的海水和比较稳定的环境，所以其建造一般包括采光设施、育苗池、供水系统三部分。

每一部分都必须有严格的要求。光照不好或者不均，丝状体得不到很好的发育，但是直射又容易造成损失。

育苗池需要坚实牢固，不漏水，不可用石灰、蛎灰等材料建筑，因这些材料不耐水浸，又会引起育苗水迅速"返碱"，而使苗种死亡。当然，它需要有相应的空间，面积可根据本单位所需要的丝状体贝壳总量推算。

至于供水系统，则包括抽水机房、沉淀池、过滤设备和输水管道等。通过抽水机房，将新鲜海水抽到沉淀池内，杂质由设在池底的排污水孔排出，干净海水由出水孔再输送到育苗池。出水孔一般开在离池底20厘米高的池壁上，而沉淀池的池底则超出育苗池池面。如果有条件，还可以在沉淀池和育苗池之间，装一只过滤木桶或过滤水泥池，里面从下到上放置一定数量的卵石、棕片、细沙，以进一步过滤海水。

也正是得益于前期的摸索，谢土恩与洞头县海带养殖场合作，于1968年建成全省第一座规范化的紫菜育苗室。

不过，这次的试验主要是为了解决壳孢子集中放散和附着的关键性技术。这是紫菜养殖中至为关键的一步，只有壳孢子大量放散并附着，它们才会大面积繁殖成我们所认识的样子。这期间，黄广潇曾尝试用成熟的丝状体贝壳倒扣在采苗帘(附着基)上，用土法全人工采苗。这种土法采苗，主要利用昼夜温差和潜水泵流水刺激来进行。得事先在采苗池里安装有水泵，利用水泵从采苗池中抽水引起水体流动，而水泵抽出的水又返回采苗池中冲压，使整个采苗池的水体处在流动中，同时还得安排多人在采苗池内对附苗帘不停地翻动，通过人工方式加速搅动整个池的水流。这样可以使铺在采苗帘的丝状体贝壳放散壳孢子，并直接附在采苗帘上。这种放散方法"简单粗暴"，放散效果显然不错，放散率也很高，但问题是，劳动强度大，劳动效率低。而且人工不够，很难完成。

为此，黄广潢等人又想出一种方式，不用多人对附苗帘不停地翻动，而是用棍耙划水作浪，也可以促放壳孢子。

当然，还可以采取直接降温，也就是利用冰块或制冷设备，降低采苗水温 5 至 10 摄氏度，第二天能放散一定数量的壳孢子，第三天达到放散高峰，第四天放散量明显减少或停止放散。不过在当时，很多地方并没有这样的条件，推广起来也比较困难。

后来大家又想，我们是不是可以寻找到更合适的方式？可是，什么才是更合适的呢？苦思冥想当中，大家把视线投向身边的大海，不禁灵感闪现。

既然紫菜本来就是在海内繁殖并生长，大海的潮流给予壳孢子放散的最好流水刺激，我们何不再借用大海的力量？只不过我们需要借用的是夜里的大海，相比白天，它的温度要低，更适合壳孢子的放散。正是通过这种集思广益，并反复试验，紫菜组最终形成被称为"夜潮刺激"的手段。

所谓"夜潮刺激"，即在采苗前一天下午 5 时后，把采苗的丝状体贝壳装入麻袋、箩筐或塑料网袋中，挂在大海里刺激，刺激时不能使贝壳干露，第二天早上 6 点前取回。大海刺激一次，大量放散一次；重复刺激，会重复放散。多次的试验结果表明，此举效果颇佳。所以它成为了日后全国通用的办法。当然在日后的实践中也出现不少问题，比如说取得太迟，孢子在海中放散；工作量大；需要运载下海的工具费用高；工艺过程受坏天气、海况的制约；等等。但是在当时的情况下，这种方式可谓创新，也是一种巨大的进步。

解决壳孢子放散、附着的关键问题后，课题组开始大批量地进行人工采苗。他们先是采取海区半人工采苗养殖，在捣臼湾海区放竹帘 10 只，接着以不同方式进行全人工采苗多批，共采坛紫菜竹帘 29 只，条斑紫菜竹帘 26 只，两类方式采苗共获得有养殖价值的竹帘 0.67 亩，集中移至双山海区养殖。与此同时，由省水产厅统一安排，派员去福建三沙海带育苗厂运回坛紫菜丝状体贝壳 2 万片，加上海研所自行培育的丝状体贝壳 0.4 万片，分配给宁波所属宁海、象山、奉化、镇海各社队进行人工采苗试验。

派到三沙去的人员中，就包括黄广潢。他和同伴一起全心全力，将这些丝状体贝壳当成宝贝给运回浙江。除此之外，他还负责将这些丝状体贝壳分发到各地，因此去过奉化的洪溪，以及鄞县的球山。

得承认的是，由于是在试验阶段，所以这些丝状体贝壳成熟率相对较低，最终导致紫菜养殖出来的产量也不太高。但这为浙江省紫菜全人工培育打下坚实的基础。

1968 年开始，紫菜组选择在温州洞头集中力量协作攻关。地处浙南沿海，今天已是温州四大主城区之一的洞头，在很早之前便是渔区，以张网、大捕捞作业为主。在建国之后受海洋资源枯竭、人口增长等压力，洞头急需寻找生产新出路，所以也看上了紫菜。为了表示扶持，省水产厅拨专款，由海研所负责筹建和技术指导，在洞头建成规范化的紫菜育苗室。但是水产厅也有要求，得在短期内在洞头试验推广坛紫菜养殖技术，达到生产规模。

压力之下，谁都不敢懈怠。大家开始"全流程"进行紫菜养殖试验。3 月中旬到 4 月中旬，进行果孢子采苗，开始培育贝壳丝状体。

所谓果孢子采苗，一般是在清明前后，于岩礁或养殖帘上选取优良种菜。种菜要藻体健壮，具有光泽，没有硅藻附着，叶片边缘有明显紫红色斑点，以便在显微镜检查下，可见成熟的果孢子囊群。选好之后，用清洁海水洗去杂藻和浮泥，挤干，摊在竹帘上阴干刺激，经常翻动，经过大概24个小时，使种菜重量减轻约一半，即可用来采苗。遇特殊原因不能马上采苗，可以在4月初，用纱布把洗净、晾干的种菜包好，放在竹箩内，送冷冻厂速冻，在零下10至15摄氏度的低温下保存，推迟到5月初采苗。在准备就绪之后，立即着手放散果孢子。当时认为比较理想的采苗方法，是将洗净、挤干的种菜，按每斤加入30斤新鲜、澄清的海水的比例，放在水缸里不断搅拌，使果孢子持续放出，约经过4至8小时，捞出种菜挤干，用纱布过滤海水，所得就是孢子水，再将孢子水均匀地喷洒到育苗池内，使贝壳采到孢子。这些贝壳或呈鱼鳞状排放于育苗池内，使凹面向上，采果孢子后直接进行培养，是为平面培育；或在壳顶打孔，然后按平养采果孢子的方法进行采苗，待果孢子萌发后，再用胶丝绳将其绑串进行吊挂培养，是为吊挂培育。

大半个流程下来，大家得出这样的教训和经验：一是种菜由该场技工陈增法从本岛岩礁上冒雨采集，其中有不少圆紫菜，经认真挑选，冷冻备用。因数量不足，采用种菜重复利用，观察到只要保存完好，重复利用18次，仍可获得健康果孢子；

二是育苗池浸泡时间不足，沉淀池供水不充分，育苗池水 pH 值8.8以上，影响果孢子萌发，采用部分平面培育，部分吊挂培育，勤换水等措施，共培育出丝状体1.01万片；

三是平面培育的丝状体全面爆发"黄斑病"。由于在这年的7月上旬，气温上升，丝状体晚间需要通风降温，结果晚上大风带入泥沙，沉积在壳面上，第二天厂方安排工人擦洗，缺发防病经验，未抖去壳面沙粒，擦洗用力过猛，使壳面受伤，诱发此病，进而使平面培育贝壳严重发病。后经采用淡水、低密度海水和各种浓度的高锰酸钾溶液浸泡，最终得以控制。塞翁失马焉知非福，此次事故不仅提供了大量实物照片，还积累了治疗贝壳丝状体病害的经验。

这次的秋季采苗同样是在 9 月到 10 月之间进行。不同于紫菜组在奉化单枪匹马，这次有很多单位协同合作。国营洞头海带养殖场承担试验养殖面积 2 亩，合作进行不同附苗材料、不同种子箱等试验项目；北沙公社试养 4 亩（包括甲米礁、东沙、双垅农业队海带队）；洞头公社试养 1.5 亩（包括垅头、寮顶海带队）；半屏公社试养 1.5 亩（包括半屏公社、半屏四大队）。结果也比较喜人，不仅完成试验任务，而且都取得一定产量。

该项协作攻关写有工作简报三份，里面提到所取得的成果共有：坛紫菜生产性育苗达到生产要求，克服高 pH 值、黄斑病等困难，坛紫菜半人工采苗养殖在洞头县本岛全面铺开，培养一批养殖技工。

到 1969 年，紫菜组趁热打铁，分南北两组开展工作。南点依旧以国营洞头海带养殖场紫菜育苗室为依托，海研所温州分所也开始派员参加课题组。同时，省水产厅邀请黄海水产研究所专家共同组成协作组，对室内育苗、全人工采苗和海区试验全面研究、指导。海研所参与的人员分别是：林增善、沈根媛、施维德、徐君卓、薄治礼，以及方根藤等人。

北点则继续以奉化海带育苗厂为基点，结合奉化洪溪田前海带队、舟山地区大岙大队开展育苗养殖技术辅导和试验工作。除黄广澜之外，海研所参与的人员分别还有：谢土恩、倪国壤、湛彦，以及戴健寿等人。

大家分头行动。这样既可以提高试验的频次，又可以通过不同组别的试验，来比较或者相互印证，还可以确认先前的试验成果，更可以继续完善养殖中的每个步骤和细节。最终殊途同归。

在沈家门之外，奉化应该是黄广澜最为熟悉不过的地方。今天，位于象山港北岸的奉化莼湖，既是"浙江省网箱养殖第一镇"，也是中国最大原生态海苔基地。这无疑使它成为奉化所力主打造的"一体两翼"发展中极富潜力的"一翼"。某种意义上,它的荣光,有一部分要归功于像黄广潢等前辈在这里的留守和拓展。

被划归为北点之后,黄广潢和同事继续进行紫菜半人工、人工采苗试验,完善土法全人工育苗,并化繁为简,推出群众性简易育苗技术。在他看来,土法全人工育苗和夜潮刺激各有利弊:夜潮刺激虽然好,但群众未必有条件实施;土法全人工育苗虽然劳动力成本高,但这对人多力量大的群众来说,又是小事一桩。所以,得具体情况具体分析,推出更适合群众的育苗方式。当然,有条件的话,可以将这两种方式结合到一起来。

由于武斗的大规模爆发,海研所一线科研人员大多撤往宁波,但是黄广潢等人依旧坚持在科研的第一线。这也让浙江省紫菜养殖的步伐,没有因激烈的社会形势而被打断。这一年的 12 月 23 日到 27 日,浙江省紫菜养殖全省现场会议在洞头北岙镇召开,参与技术攻关的各级行政及全体协助组人员共一百余人参加。

会议代表参观洞头海带养殖场紫菜育苗室、半屏公社紫菜育苗室、半屏公社小北岙海区半人工采苗养殖帘和洞头公社全人工育苗养殖的维尼纶养殖帘。

协作组介绍坛紫菜育苗养殖各环节与技术要点。省水产厅生产指挥组负责人号召全省争取养殖紫菜 13333.33 公顷(20 万亩),产紫菜 3 万吨(一个至今未实现的宏伟计划),产值达到当时海洋捕捞水平,承诺筹建育苗室的资金、水泥、钢材和毛竹等物质尽量满足要求,并要求协作组继续在洞头工作一年,同时要做好温州、台州、宁波、舟山四地区紫菜育苗养殖的技术辅导和提高工作。

会议还分发由海研所紫菜组及协作组编写的《坛紫菜人工育苗养殖技术》讲义和《简易育苗室设计草图》,极大地鼓舞到会代表养殖坛紫菜的积极性,掀起浙江坛紫菜人工育苗和养殖高潮。

1970 年，洞头坛紫菜协作组继续依托海带养殖场和半屏公社开展试验和推广，但工作内容及服务地域略有扩大。其他地区同样快马加鞭。

　　海研所在这一年的紫菜采苗工作汇报中记载：

　　1969 年 12 月在洞头召开紫菜现场会后各地、县都相继召开现场会议与学习班，贯彻省会议精神，对 1970 年的紫菜采苗工作起到积极的促进作用，通过发动群众学习实践运动，全省育苗数量从去年的 22 万片增加到 139.69 万片，增加六倍多。温州地区从去年的 14.8 万片增加到 97.14 万片；宁波地区从去年的 5.16 万片增加到 30.48 万片；台州地区去年基本是个空白点，今年也自力更生培育 7.17 万片，舟山地区去年仅有普陀虾峙大岙育苗 3000 片，今年，也培育 9 万片。全省所育的贝壳，除极个别因新池"反碱"未见苗外，一般肉眼都能见到丝状体，生长均匀，良好。

　　这一年，黄广澜又一次去往宁波的咸祥镇，在球山蹲点，负责上面的技术辅导工作，同时组织各个社队在奉化育苗厂举办学习班，培训骨干，并交流经验。更重要的是，他开始参与并负责在宁波、舟山地区建设育苗室，前前后后共建成 18 个。无疑，这为宁波、舟山的丝状体贝壳的数量提升作出巨大贡献。

　　在不断地试验当中，黄广澜和湛彦发现，果孢子的采苗密度偏高或者偏低都会影响果孢子的萌发。这些观察和另一组汇总之后，得出经验：平面采苗，以种菜用量计算，每一市斤洗净、挤干的种菜，可采 3 至 5 平方米面积的贝壳（相当于同等的池面积），约 1000 片左右。以显微镜计数，采苗月份早的，每平方厘米贝壳应投入果孢子 1000 个，5 月份采苗的，每平方厘米贝壳应投入 2500 个果孢子为宜；此外，采苗后还要勤换水，如水质发生变化，两三天后就要换水，但不得洗刷。

　　值得注意的是，采苗后如光照、水温合适，一般 3 天后，在强光下利用贝壳表面反光，可在低倍显微镜下见到紫红色丝状体，10 天左右，肉眼可看到红色小点。如 20 天以后，仍看不到红色小点，应分析失败原因，及时重采；如出苗过稀，也应及时补采，补采密度视出苗状况而定。一旦肉眼见苗，就可以转入紫菜养殖的第三步：丝状体培育阶段。

而到丝状体培育阶段，尽管此前掌握不少经验，但黄广潇等人还是有新发现，那就是不仅贝壳本身的大小、好坏，还有它吊挂的层数，都会影响果孢子采苗，以及采苗后的丝状体培育的质量。贝壳大小如果不均匀，容易造成左右倾斜、上下遮光等现象。另外，吊挂层数多，或者吊挂行距密，同样使得丝状体贝壳在受光上"贫富差距悬殊"，最后就导致丝状体贝壳相互之间，甚至自身上下的颜色都会出现差异。

为了解决这个问题，黄广潇和湛彦等人经相互探讨，并多次调整后发现：一方面可以根据实际情况调整吊挂层数，像平面育苗，每平方米可育直径 5 厘米左右的贝壳 300 至 400 片，吊挂育苗，每平方米水池约可育 700 至 800 片（6 层吊挂）；另一方面就是大家都辛苦一点，为这些贝壳多掉头。不过也得注意这些丝状体贝壳在掉头后第二天，常得俗称"泥红病"的赤变病，病斑橘红色，有腥臭味。

当然，整个育苗室的光照条件不可能一致，靠门窗位置的光照强，角落里的光照弱，所以也要不时调动位置，以保证所有的丝状体贝壳都能生长均匀。因为如此用心，球山育苗最为成功，成为宁波地区样板。

此后，黄广潇又投入到紫菜叶状体繁殖的研究。在这一方面，中国早就有先进经验可以传承，比如用"支柱式"或者"半浮游筏式"、"全浮动筏式"来进行养殖。相比而言，大家更倾向于用筏式。在筏架上面，设置苗帘。苗帘一般像海带养殖那样，多就地取材，使用毛竹条。毛竹质地坚韧，表面粗糙，吸水性强，附苗面积大，幼苗不仅生长快而且不易脱苗，所以使用这种材料有一定的好处，但是帘子笨重，全人工采苗操作不方便，而且敌害生物同样容易附着，所以在球山蹲点时，黄广潇曾尝试用维尼纶网帘、芦竹代替毛竹片采苗并养成试验，结果一举成功。不过维尼纶网帘每亩成本比毛竹帘略高，而芦竹质地相对较脆，使用年限短，抗风浪性差，适宜风浪较小地区养殖。

到叶状体养殖这一步，虽然不像丝状体培育时那样麻烦，但同样要"挑肥拣瘦"。比如说，选择什么样的海区便十分关键。

紫菜附苗和生长都需要一定的风浪，但过大的风浪会打坏帘架。相反，半封闭形的小港湾，吞内风浪小，潮流不畅，影响紫菜附苗、生长，不宜大面积养殖。底质对紫菜生长没有明显影响，但与附苗帘架的设置、管理，紫菜的收割，却有较密切的关系：一般以沙泥底、沙底和硬泥涂为最好；软泥底或平坦的碎石底比较差；凹凸不平的碎石底操作不便，影响附苗帘架安全。同时，养殖海区的海水以不太混浊为宜，高度混浊的海水沉积物多，容易覆盖附苗帘，影响附苗、出苗密度和紫菜产品质量。另外，紫菜对海水比重适应范围虽广，但不宜在低于 1.015 的低比重海区进行试养。

黄广潢做过这方面的试验。他曾负责在浙江省杭州湾以北的海宁、平湖两地低比重海区进行养成试验，苗帘则由球山供应，结果证明也可以生产，但产量比较低，当时还不能达到生产要求。

此外，选择海区，还要注意防止柴油、机油、污水等的污染和船只对帘架的碰撞。

在所有的采苗和下海养殖工作完成之后，便进入养成期的管理阶段。这要求所有参与管理的人员，在白天退潮后，必须下海巡视，大风、大雨等恶劣天气，就更要这样做，其中包括检查苗帘、检查固定装置、调整相邻帘架的行距，并做好防风、防泥工作。因为风浪过大，容易有拔桩、毁架等危险。污泥沉积多，又会影响紫菜的质量。

不得不说，正是有了像黄广潢这些人的努力，在较短的时间内，紫菜养殖研究才得以在浙江省实现突破性的进展，也让紫菜继海带之后，成为又一个全人工栽培成功品种。不过，这依旧不能让人满足。为了完成国家农业发展纲要（1963—1972）紫菜发展规划目标，同时推动浙江省坛紫菜育苗室数量、育苗量、养殖面积和产量迅速提升，黄广澜依旧不能停下自己的脚步，还得努力往前奔跑。

向科研产业化继续进军

如果留心看一下黄广澜的人生履历表就会发现，从 1970 年到 1978 年，大概是黄广澜等人在人生中跟文字打交道最多的年份。

这是因为在这样一个轰轰烈烈的群众性养殖热潮来临时，浙江省水产局、省科学技术委员会又下达这样一个课题："坛紫菜人工养殖技术研究推广"。

课题依旧由林增善打头负责，接着便是谢土恩、淮彦以及黄广澜，其后还有荣淑仪、倪国壤、戴健寿、施维德。

推广方式除了手把手的技术辅导之外，还有就是编写普及材料。这也让紫菜组的各个专家不仅要掌握紫菜栽培的技术，还要成为写作小能手。

一开始，黄广澜不仅参加编写《紫菜春季采苗》、《紫菜苗种培育》，还参与编写《紫菜收割与加工及育苗室的建造》等普及材料。这些材料在打印之后，都及时地分发到宁波、舟山有关社队。

《浙江科技报》、《农村科技报》这样覆盖面广的报纸，也成为紫菜栽培技术推广的主阵地。谢土恩曾在《浙江科技报》上发表对坛紫菜丝状体进行培育管理的报道，强调要抓住调节光照，降低水温，适时换水、洗刷，合理施肥和注意病害防治等几个技术环节。

到 1973 年，海研所更是有一本"大作"《浙江紫菜养殖》面世。它由浙江人民出版社出版，尽管只有薄薄的六十三页，首印也只有四千来册，却是浙江紫菜养殖史上一个重要的历史文献。黄广澜不仅参与选题的讨论，而且还参与审稿。

因为在球山育苗室对采苗密度、吊挂层数进行过认真研究和探讨，也产生了相当好的结果，所以1974年8月，黄广潢又和同事一起执笔，以此为例写作《紫菜育苗体会》，主要介绍种菜选择、采苗密度、光线、施肥、黑暗缩光供热措施等技术措施。另外，他又写作《普陀县双塘公社陈家大队紫菜养殖连续三年丰收实验总结》等，无不倾囊以授。

某种意义上，这些文章以及科普报道，总结了紫菜养殖的经验，更对同时期指导紫菜生产发挥重要作用，让紫菜养殖得到更好的推广。

但谁也不能高兴太早，因为，一个"拦路虎"又悄然出现在面前。

1972年到1973年，浙江紫菜养殖户们人心惶惶，不知所措。因为他们遇到前无古人的大事——养殖的紫菜出现大面积烂菜。

比起浒苔、藤壶争夺"地盘"而挤占紫菜的附着基所造成的危害，这次大面积烂菜显然造成的损失更严重，而且这一烂不是一年，而是连续两年。大家刚刚起兴，却被迎头一棒，都有点懵。

事实上，这是第一次，但不是唯一的一次。1980年，1989年和1991年，都爆发了这样的事故。

为了调查清楚1972年至1973年的紫菜大面积烂菜的原因，省水产局组织杭州大学生物系、舟山水产学院，以及海研所等诸位技术人员对舟山地区和宁波奉化、鄞县等地的烂菜原因进行普查。

作为生物学系海洋生物专业毕业的学生，以及科研一线人员，黄广潢自然而然地参与到此类调查中。在做培育丝状体贝壳试验时，他就经常遇到贝壳得黄斑病或者赤变病，知道这养殖紫菜就跟生养一个人一样，在娘胎里会有问题，出娘胎后照样会有问题。下海的紫菜照样不会让人省心。比如说海水缺氮会引起绿变病。还有一种丝状细菌症，是由一种毛霉亮发菌着生在紫菜叶体表面而引起的，当其大量附生时，藻体便失去光泽，影响加工产品的质量。最普遍也最要命的当然属于由腐霉寄生引起的赤腐病，该病发病较为常见，也是造成紫菜品质低下和歉收的主要原因。

通过大量的走访和观察，大家发现，1973 年烂菜有两种类型：一种是洞烂，症状和条斑紫菜的"赤腐病"相似；另一种是"全株烂"，但洞烂不是"全株烂"的前期症状，不影响正常生产。

造成这些烂菜的原因，应该不止一种，而是综合的。最后的研究结果显示：一、海况条件不良，加速紫菜病烂。二、微生物引起烂菜问题有待研究。三、目前因海水污染引起烂菜的可能性不存在。四、种菜退化问题，还有待进一步实验，但不是引起烂菜的原因。五、1972 年和 1973 年烂菜，有很多相同的地方，但干露时间不足和海况条件异常是 1972 年烂菜的主要原因。

怎么应对这里面很可能出现的原因？黄广瀛参与编写的《人工养殖坛紫菜叶状体病烂原因初步调查及预防意见》，既对上述结果进行全方位的描述，也给出很多预防意见，比如说提高正确测量养殖潮位，合理养殖密度，加强管理，以及及时收割。

正是在这些观察和后期处理的结果的基础上，至 1989 年，浙江省基本上摸清紫菜烂菜的原因。其中主要是，人工采苗时间从原来安排在白露与秋分之间，提前到立秋和处暑之间，时间过早带来采苗期水温过高（30摄氏度以上），使壳孢子和紫菜幼苗难以适应高温和长日照的生态环境，导致生理失调，抵抗力降低。另外就是，网帘使用时间过长、附苗密、网目小，放养密度大和部分年份 10 月中下旬至 11 月初的气温过高等。

这种对紫菜病烂问题的探讨和研究，一直持续至今。比如说为了充分探讨养殖环境对紫菜健康栽培的影响，研究者们开始将研究重点放大到与藻类密切接触的藻际微生物区系上。像从事食品科学与工程、生物化学与分子生物学等领域研究的苏秀榕等人就利用梯度稀释法，从浙江象山、朱家尖等海域所采集的几种海藻中分离出海洋细菌 50 株，并研究其胞外代谢产物活性。研究者杨锐等人则通过比较条斑紫菜外生细菌区系多样性分析得出：条斑紫菜藻体外生细菌组成与生活环境相关，但不同于周围海水细菌群落。不同来源（地点）、不同生理状况（健康与病烂）和不同生长阶段（叶状体和丝状体）的条斑紫菜外生菌种群组成差异较大……虽然这些研究没能从根本上解决紫菜环境微生物对其病害的直接作用，但也为综合研究紫菜病害提供了新思路。

省水产局也对海水养殖病害防治做了大量有益的工作，包括建立海水养殖病害防治网络组织，定期编写相关技术和科学普及常识宣传等。

当时的黄广潢，正和同事一起另辟蹊径，寻找一种将紫菜大面积烂菜造成的损失降低到最小的方式。

这就是冷藏网换网生产技术。

所谓冷藏网换网生产，其实也就是给紫菜生产寻找"替补力量"。

一开始，可以用多层网帘同时在壳孢子采苗之后进行浮筏式暂养，等坛紫菜叶状体生长到2至4厘米时，留下一部分网帘在海中继续栽培，另一部分网帘则从海上收回，并脱水冷藏。等日后再随时将这些冷藏网从冷库里取出，替换掉原先出问题或者老化的网帘，进行第二茬坛紫菜的栽培生产。

这样做的好处是，一旦发生病害，或者遇到海区高温天气，紫菜养殖者不会束手无措，只能听天由命。当然，它还有一种好处，那就是保证能在较长时间内都能收获幼嫩的紫菜。此前，刚推广不久的坛紫菜养殖，显然是一次采苗（秋季壳孢子采苗）一次养成。但紫菜这小藻类，不仅难以伺候，而且在收剪4至5次后，叶状体即变宽、变厚，质地粗糙、无光泽，味不鲜，产品质量变劣。

今天，我们把第一次收割的紫菜，叫"头水紫菜"，随后依次是二水、三水、四水紫菜。尽管头水紫菜的产量低，但营养价值最高，是紫菜中的极品，食用口感最佳。

不得不说，冷藏网换网生产可以让紫菜养殖达到高产、稳产、降低成本的目的，又可以延长生长期进行有计划生产。因此，这一技术试验也得到重视和积极开展。

自 1973 年开始，海研所就进行多项试验，比如于 1973 至 1974 年生产年度同普陀南岙大队协作，用该地产出的紫菜幼苗网帘经晾干，脱水包装进舟山食品厂冷冻，后在适当时机取出再养，试验证明产量产值均达到生产要求。

黄广潇和湛彦一起参与这项试验，并主笔创作《坛紫菜冷藏网换网生产的初步研究》，阐述换网技术措施，以及生产效果比较。随后，他又负责筹建冷藏网换网生产实验用的冷库。为此，他赶到宁波的冷冻厂、冷库，以及舟山食品厂、舟山海洋渔业公司等，分别学习冷冻有关知识，并主持该冷库的设计、施工和安装。

得益于此，海研所也有便利再次进行浮筏养殖坛紫菜网帘出苗和冷藏苗幼苗持续冷藏时间的试验，结果表明：采用一次性壳孢子采苗后，进行六层网帘叠挂半浮筏式暂养，出苗密度可达平均每厘米帘绳 363 至 1542 株，幼苗大小可达平均长度 0.21 至 5.56 厘米，完全达到生产上的要求；叠挂出苗的坛紫菜苗帘，在零下 6 摄氏度到零下 15 摄氏度下持续冷藏 1 年后，一次性苗帘出库浮筏养殖，在两个半月中就能获得亩产 68 至 95 千克干品；持续冷藏两年的苗帘，出库放养后仅能复生 3 至 7 日，没有生产意义。

海研所又总结坛紫菜冷藏网换网生产技术，在需要器材上，认为：一、坛紫菜冷藏网换网生产所用的菜帘是维尼纶网帘；二、挂置菜帘的筏架为现行的半浮筏式筏架或类似海带养殖筏架；三、包装袋子为聚乙烯薄膜袋、普通市售麻袋或者是纸板箱，以及包扎用的绳索等；四、能制冷达零下 15 摄氏度到零下 20 摄氏度的冷库。

在生产技术措施上，认为：一、及时进行秋季壳孢子采好苗；二、采用重叠网帘培育叶状体幼苗法，在 1 个筏架上至多重叠 6 片网帘，以重叠 3 至 4 帘为宜；三、当重叠育苗的最下帘普遍肉眼见苗，至上帘幼苗长达 1 至 2 厘米即可收帘冷藏；四、收帘冷藏前幼苗需经脱水处理，处理方法阴干或日晒均可。指标以肉眼见幼苗藻体表面有光泽并有盐分析出拉扯有弹性即可；五、经脱水处理后，装袋时要扎紧袋口以免因库中临时解冻时受水气影响。尽量注意不使库温回升。

对于坛紫菜冷藏网换网生产的优点，则认为：一、技术要求低，苗帘下海后，养殖管理方法与一般生产网帘相同，凡有冷库的地方均可进行；二、经冷藏后原苗帘上的浒苔等杂藻全部死亡脱落，既减轻管理上的负担又提高产品质量；三、在海况条件不良年份可弥补烂菜损失，维持正常生产，在正常年份，可在一定海区范围内进行一次采苗撤换老化菜帘，分批养成。既能节约养殖筏架，又可延长生长期进行有计划生产。结合深水养殖扩大养殖面积增加紫菜产量，更能达到高产优质之目的。

得益于研究者集体的努力和奉献，浙江省的紫菜养殖不仅得到全面的推广，而且有效地控制产量和质量。

这不禁让人感叹，像黄广漩这样一批知识分子，并不是本本主义，他们不仅是实验室里的高手，而且还努力推动试验成果的产业化，将试验成果从实验室里推向外界的应用，并大规模地落地。在这过程中，他们不管是研究，还是解决问题，都是亲力亲为，奋战在第一线。马克思虽然说过，生产力中包括科学，但是若没有这种全心全意"科研要为产业"服务的精神，科技也很难转化成生产力。

也正是在这种精神的召唤下，黄广漩成功完成又一项重要工程。

在紫菜养殖当中，养殖为主。但不能忽略的是，它的生产，从紫菜丝状体的培养到下海养殖，从紫菜成熟收割到运输保鲜，再进行紫菜的处理、加工成半成品紫菜饼，最后精加工投放市场，构成一个完整的产业链。

这里的每个环节,和紫菜的养殖一样,都是必不可少,也是需要认真对待的。

不仅要考虑养，还要考虑在成熟后，如何收割或者提升收割技术，并最终通过加工送到消费者的嘴中。

说到底，所有的努力都是为了日后的应用，如果实用型科技没有实现产业化，科技对社会发展的作用则无从体现。

事实上，在紫菜收割上，黄广潢早早便有相关研究。在浙江人民出版社出版的《浙江紫菜养殖》一书中，他除了讨论、审稿之外，还曾执笔“收割与加工”部分的写作。

“坛紫菜是藻体较大的一种紫菜，生长期间短，长得快，产量高，采苗后经 40—50 天，藻体长到 20—30 厘米时，就可以第一次收割，在整个养殖期内大约可收十二次。”他写道采收有剪收和采摘两种。

其中剪收法是这样的：当紫菜长到符合收剪规格时，用剪刀剪取藻体的大部分，留下一定长度，让其继续生长。头一两次收割时，藻体薄嫩细长，应适当留长些，约 10 厘米左右，让其有较大的表面积吸收营养，迅速生长。以后每次收割留下 7 厘米左右，约一支香烟长就可以。留得太长，影响本次收割的产量；留得太短，生长缓慢，又影响下次收割。一般说，藻体适当留长些，长得快。

采摘法则很“简单粗暴”，就是将紫菜整株拔起。不过这个方法只适用于最后一次收割，或者由于采苗过密引起紫菜腐烂，需要适当减去一部分紫菜的时候。

这部分还提到收割时应注意的问题。在紫菜大面积养殖后，收割是一件工作量很大的经常性工作，要妥善安排，要勤收、抢收、及时收。一、藻体只要符合收割规格，即可收割，不受时间限制。特别是春节前，紫菜生长快，质量好，可收即收，否则藻体太长，易被风浪打断流失，影响产量。二、随时注意天气预报，根据天气变化进行收割。天气晴好，及时收割，多收；阴雨天气，适当少收；大风前后，突击抢收。三、收割工作，还要根据养殖潮位和潮汐情况，区分先后缓急，低潮位的帘子安排在大潮汐时收割，高潮位的可在小潮汐时收割。此外，还可在涨潮时用舢板收割。四、收割上来的紫菜尽量做到当天加工。若遇阴雨天，不能及时加工，可以将收回的紫菜用海水洗净，装入麻袋，把水压干，然后摊放在通风干燥的水泥地上，一般可保持4至5天不坏，待天晴时突击加工。

不管怎样，这种人工采收十分辛苦不说，而且有可能造成浪费。更重要的是，这种采摘方式因为需要大量人工，不太适合大规模的紫菜养殖。

在参与调查并解决紫菜病害，并推动坛紫菜冷藏网换网生产技术的同时，黄广漱还将心思放在如何提升紫菜收割效率之上。

如何提升紫菜收割效率？机械当然是最好的方式。它既可以将人从繁重的体力劳动中解脱出来，又可以提升工作效率。此前，浙江省放弃条斑紫菜而转战坛紫菜，既是响应"紫菜歼灭战"，也是因为机械加工受限。如今，当紫菜大面积地养殖之后，就不能不考虑机械了。

这就对黄广漱提出了新的要求，他开始发挥厦门大学生物系学生学习面广的特色，开始研究机械自动化。除了需要自行研发做好设计，还需要找到厂家帮忙"落地"。好在为养海带和紫菜在宁波蹲点多时，和当地交往比较多，有人便向他推荐了镇海的一家名叫"巨汽"的农机厂。这家农机厂是在建国之后为推进农业机械化而建立的，除了农机制造之外，还有维修、配件等门类，对试制紫菜采摘机很感兴趣。黄广漱在学习、设计，和动手实操方面的能力体现得淋漓尽致。最终采摘机在双方的努力下试制成功。尽管已经无从见识这台紫菜采摘机的面目，但根据《浙江海藻产业发展与研究纵览》的介绍，在浙江使用的紫菜采摘机，主要由一个滚筒切刀构成，由船承载开进紫菜网帘下面，在动力的驱动下，旋转滚筒切刀，将网帘上垂下的紫菜切断，切断后的紫菜就落在采摘机所配备的收集箱内。旋转式滚筒长度根据网帘的宽度制造。采摘紫菜的长度或留存紫菜的长度通过调节控制旋转式滚筒与网帘的距离及滚筒旋转速度实现。采摘机可直接放置在玻璃钢船上，或置于依据网帘的大小而定制的方船上。机械采摘的鲜紫菜直接进入清洁的活动式收集箱，减少泥沙污染，可保持紫菜的洁净，保证加工紫菜的质量。

应该说，当时试制的紫菜采摘机还处于一种不太成熟的状态，但它的效率足够让人振奋，可以割菜每小时 500 市斤，一下子就将工效提高 7 至 10 倍。为此，1975 年，黄广潢又编写《机械收割坛紫菜简报》，并印发往全省有关社队。

随着采摘机问世，浙江北部的鄞州、象山，中部的温岭，南部的苍南、洞头都选择用它来采摘紫菜。相对来说，全浮筏式养殖模式养殖紫菜采收必须用紫菜采摘机。当然，它也适用于支柱式栽培紫菜的采收。这种方式具有不受潮汐、底质的限制，效率高、劳动强度小等优点，所以逐渐取代手工采摘。

接下来的加工同样至关重要，质量的好坏，直接影响产值的高低。要做好这一关，保证丰产又丰收，一方面需要选好加工场地，另一方面也要选好加工工具。加工方法大体分为洗菜、切菜、制饼、晒饼，以及包装和保存等几步。

在黄广潢看来，尽管当时尚未标准化也无配套，但机械加工是发展方向。比如切菜机已被广泛使用，此外还有脱水机等，都分为手摇、脚摇、电动或三者通用。

当时的菜饼分为外销菜饼和内销菜饼。前者要求直径 20 厘米，形状完美，色泽光亮，菜色紫褐，没有空洞，无灰沙杂质，1 斤有 110 张左右。制作方法是用细篾菜帘，放在淡水桶里，用直径 20 厘米的铁环放在帘上，拿住帘子，使铁环内保持一定水量，再取一定量切碎紫菜，放入环内，抖动菜帘，使紫菜均匀分布，如此一帘制三饼，把帘平稳拿起，滤去水分，送到晒场。如用芦苇菜帘制饼，就是把紫菜按 1 斤鲜菜加水 19 斤的比例，制成菜浆，再用 20×10.7×5 立方厘米的木勺，舀起菜浆，均匀地倒在 22×20 平方厘米的木框中，滤去水分，送到晒场。内销菜饼按各地习惯而定，一般用直径 40 厘米的竹筛，放在淡水桶（槽）内，拿取一定量的切碎紫菜，直接放入制饼。有些地区用晒番薯干帘代替竹筛制成大菜饼，方法更加简便。

从此，长在海内的紫菜，不断地走上我们的餐桌，成为味道鲜美的食品。尽管它已经变得看不大出原先的面貌，但一口吃下去，不仅鲜掉舌头，还能让每个人都感念海的味道。

黄广潇却没有因此躺在功劳簿上。他工作依旧勉力而又毫不停息。1976 年 3 到 4 月份，他参加由舟山地区文教局主持的舟山中等技术学校教材编写组，参与编写舟山地区中等学校教材，并执笔海水养殖《紫菜养殖》部分。

1976 年 5 月起，黄广潇又开始兼管综合育苗室的工艺流程设计及筹备工作，但不同于他早期负责修建的那些育苗室主要是为了紫菜养殖，这次的综合育苗室还包括对虾和贻贝。这无疑是和海研所的业务拓展有关。一方面，海研所在海带、紫菜养殖上的突破，让其有精力开始向海水养殖浪潮的下一波潮头挺进，另一方面，海带、紫菜等藻类植物的养殖成功，既为养殖这些小动物提供饲料，同时也提供经验，所以，在海研所的大事记中，早在 1972 年，"本所和温岭鱼种场从山东运回中国对虾苗 13 万尾，经试养获得成功"。而到 1973 年，"本所首次从旅大移植紫贻贝苗在嵊泗县试养，当年获得成功"。"10 月，本所首次完成中国对虾'养成-越冬-育苗-养成'人工生产全过程"。

不得不说，这个专业是海洋生物的知识分子，却在自身发展的过程中，一步步触类旁通，拓宽自己的知识面和"门道"。这既和他的聪慧有关，也和他多年来对学习的兴趣有关，他并不故步自封，喜欢钻研。同时也源于他"面子"薄，加上"文革"让人际关系变得恶劣，他更推崇"自己动手，丰衣足食"，任何事情都尽量不依赖别人。所以，他不仅学会和文字打交道，在"文革"期间社会陷入疯狂和无政府状态时，还开始自学建筑，像工科学生那样，画起了图纸。女儿黄荔经常看到父亲拿着一大卷图纸在家里进进出出。

更让人惊讶的是，黄广潢所做的土建图纸可以交由舟山渔港工程处用于施工，完全不像是当年在大学里修的墙。

他根据海带育苗课题的低温要求，进行相关氨机制冷的设计，让海带在夏苗培育时，通过液体氨挥发变成气体氨时的吸热原理，来降低海水的温度。另外，还设计淋击式冷却塔的工艺流程和土建图纸，从而搭建起海带育苗制冷系统等配套工程。

他又根据各课题要求，布置设计动力照明管道系统。为了保证育苗室的用电，他一并设计变电室的土建图纸，并采购电工材料，组织安装。

1978 年 4 月底，海研所综合育苗室全面完工交付。综合育苗室不仅如期建成，而且完全能进行育苗试验，丝毫看不出出自一位"门外汉"之手，实在出人意表。

无疑，正是这座综合育苗室的建设，让黄广潢积累更多的经验，从而得以牵头成立浙江省海洋水产研究所水产工程设计室，后来发展成浙江省水产工程设计所。

作为海洋产业大省，浙江需要有这样一所设计所，来指导和规范水产工程的设计。它的存在，让浙江省水产工程设计方案一下子找到了个很好的把关者。很多水产工程在做设计时，总要跑到海研所登门拜访学习，心里才会踏实。设计室的业务里，除了审核浙江各地报批的水产工程的方案，也接设计业务，当年这两块业务就黄广潢和同事张国盛两号人，帮助海研所接到了不少来自浙江省以及全国沿海省份的水产工程设计业务，因此实现了更多的创收。

到 1976 年"文革"正式结束的时候，黄广潢的专业广度已经横跨海洋生物和海洋水产工程两个领域，没有浪费十年宝贵的时光。他循着实践的需要，按照专业的路径，一步一步，扎扎实实地走在学一行爱一行专一行的路上。随着改革开放的春风，黄广潇和他的同事们获得了国家对知识分子的认可，在政策宽松的浙江省，开始获得经济上的收入。

某种意义上，海研所之所以在改革开放之后能大踏步地飞速发展，和黄广潇这些知识分子、研究者在特殊时期的坚持与任劳任怨有关。尽管这些贡献在很长时间都被忽视，但正如正义，虽然会迟到，却一定不会缺席，它们的价值也一定会逐渐凸显出来。

正是在这 1978 年，一股春风拂面而来。

科技春天终究来临

事实上，早在 1977 年，知识分子就感觉到，这个世界开始对他们变得友善。

这一年，在"文革"中多次受到错误的批判和斗争，曾一度失去一切职务的邓小平，在 7 月举行的中共十届三中全会上，恢复自己原任的党政军领导职务。这也是他的第三次复出。正是在这次全会上，邓小平讲话指出，要完整地准确地理解毛泽东思想；群众路线和实事求是是毛泽东倡导的作风中最根本的。

"再次复出对于邓小平来说，并非仅是官复原职的问题，而是拥有为党和人民工作的机会。此时他所考虑的，不是自己的荣辱得失，而是如何着手在各个领域、各个部门、各个行业进行拨乱反正。"知名党史专家罗平汉在文章中写道。

如果说在 1975 年初，面对"文革"后期的混乱局面，重新主持中央党政军日常工作的邓小平所强调的是，全党要讲大局，把国民经济搞上去，并提出全面整顿的任务，那么，这次复出他又会一开始将视线具体锁定在哪里呢？答案是科教领域。

在这上面他思考了很深很久。一方面，当时要打破禁区，改革创新，科技教育无疑是最好的突破口。另一方面，中国要想实现现代化，关键是科学技术要能上去。发展科学技术，不抓教育不行。靠空讲不能实现现代化，必须有知识，有人才。同发达国家相比，我们的科学技术和教育整整落后二十年。抓科技必须同时抓教育。办教育要两条腿走路，既注意普及，又注意提高。要经过严格考试，把最优秀的人集中在重点中学和大学。一定要在党内造成一种空气：尊重知识、尊重人才。要反对不尊重知识分子的错误思想。不论脑力劳动、体力劳动，都是劳动。从事脑力劳动的人也是劳动者。

为此，邓小平还将中国科学院负责人方毅和李昌找来，谈了自己对科教工作的一些想法。他说，抓科研就要抓教育。抓教育，关键在中学，中学又以小学教育为基础。中小学现在接不上茬，十年没有好好上课，数理化不行，外文也不懂。多数中学教师水平不高。因此，要抓好重点小学、重点中学。要加强教师的配备。要重新审定大中小学的教材。过去没有吸收外国先进的科技和知识。抓科研要注意选接班人。

为了鼓舞科教界，推动科教力量的发展，打开科教工作的新局面，邓小平不仅着手筹备全国科学大会，并于6月6日成立由方毅、李昌、武衡、张爱萍等十六人组成全国科学大会筹备工作领导小组，还在复出后亲自提议而且亲自主持科学和教育工作座谈会，也就是全国科教工作座谈会。这是他在复出之后主持的第一个重要会议。为了能听到真话，他还提出，座谈会要找一些敢说话、有见解，不是行政人员，在自然科学方面有才学，与"四人帮"没有牵连的人参加。

按照邓小平的意见，中科院和教育部分别在各自系统找到吴文俊、童第周、严东生、王大珩、周培源、苏步青、吴健中、查全性、潘际銮等三十三位研究员、教授代表，其中年龄最大的是八十二岁的小麦育种专家金善宝，最小的是三十一岁的中国科技大学教师温元凯。他们怀着激动而又兴奋的心情，从全国各地赶到北京。除了三十三位代表之外，还有中科院负责人方毅、李昌、武衡、童大林，教育部负责人刘西尧、李琦、李琦涛，以及国务院政治研究室负责人胡乔木、于光远、邓力群等人参加。

会场上，大家很随意，不分尊卑，围坐一圈，畅所欲言。他们欣喜地发现，五天会议，邓小平一次不落出席全部议程，而且鼓励大家有什么好意见都讲出来。发言可长可短，可以讲一次二次，八次十次，可以随时插话，把座谈会开得生动活泼。

复旦大学的苏步青首先发言，着重谈科技队伍的建设问题。他对科技在党中央的正确领导下取得进步有信心，同时也提到困难，那就是队伍的建设出现断层，缺少二十五至三十五岁的人，毕竟从事基础理论要靠青年人。二三十岁沉浸不进去，不能取得成果，年纪大了就更不行。为了解决科研人员的来源，苏步青认为，只要选拔优秀的青年，采取得力措施培养，有三四年工夫就上去了。中国科技大学的温元凯、中国医学科学院的黄家驷、武汉大学的查全性等提出，可以把 1963、1964 和 1965 年在高等院校学过几年基础课的人，挑选一部分政治思想好、年龄较轻、学习成绩较好的再加以培养。这比现在从头培养起要快得多，可以部分地改变最近这几年科研队伍缺少接班人的严重状况。

吉林大学的唐敖庆的发言则谈到中国科研工作与美国在科学实验的手段、专业科研队伍的数量和业务质量、基础理论和比较远期的应用性科学研究上的三大差距，也提到大学教育质量的问题。这引起与会者的共鸣，大家都认为已到非解决不可的地步。中科院上海硅酸盐所的严东生、有机化学所的汪猷和生物物理所的邹承鲁等认为，现在高等院校专业分得太细，再加什么"典型产品教学"，学生学的知识面太窄，零零碎碎，不成系统，到科研单位工作很困难。清华大学的何东昌说，"四人帮"疯狂破坏基础课教学。1972 年还算是这些年来情况较好的一年，基础课主要是中学课程，全年只有一百多学时，也就是三四个星期学的大学课程；1974 年，连中学的水平也达不到，现在还有 20% 的人在学初等数学。工程物理系三年级学的只是普通物理，有的学生连中学学的牛顿定律也不知道……

这样的座谈会一开就是数天，大家七嘴八舌倾泻自己内心的不解、疑惑，以及积攒多年的愤慨，但让他们更为兴奋的是，自己大胆建议献策，如提高教学质量，尊重知识、尊重人才，恢复知识分子名誉，保证六分之五的时间从事科研，改变用非所学等，均得到邓小平的当场拍板。会议期间，邓小平还亲自过问童第周，通知让他参加会议，并说"让他扫地是糟蹋圣人"。8 月 8 日上午，邓小平作了《关于科学和教育工作的几点意见》的讲话，亦即著名的"八八讲话"，对十七年估计、调动积极性、体制、教育制度、后勤工作及学风等六个问题做重要指示，肯定新中国成立后科教战线"主导方面是红线"，我国知识分子绝大多数是自觉自愿地为社会主义服务的。这对战斗在科学、教育战线上的广大干部、知识分子和工人，是巨大的鼓舞。至今，让许多与会者感到最温暖的，仍津津乐道的还是小平同志的那句话："毛泽东同志说，'老九不能走'，说明知识分子是香的不是臭的。"

更有意外收获的是，因文革中断多年的高考制度，也因武汉大学的查全性等人的强烈呼吁，在这次座谈会上，得到邓小平的认可而恢复。这年 11 月 28 日至 12 月 25 日，全国各省、市、自治区相继举行高考。

这次座谈会，让邓小平对中国科教工作的现状和存在的问题有了一次全面深入的了解，从而使他形成完成科教工作拨乱反正、开创新局面的基本思路。也因此，成为半年之后召开的全国科学大会思想的滥觞。中国科教工作的春天，中国知识分子的春天，从此开始了自己的序曲。

到第二年的 3 月，春意更浓。

在海研所的档案资料里，一直躺着这样一张奖状。如果不是因为想更深入地了解自己的父亲，黄荔不会在 2018 年发现它。这也让她第一次知道，爸爸和他的同事们还获过这样的一份殊荣。此前，她从来没有听爸爸说起过。

奖状的编号为 0011761，颁奖词为：为表扬在我国科学技术工作中作出重大贡献者，特颁发此奖状，以资鼓励。落款则是全国科学大会，时间则为 1978 年。

奖状的受奖人不是个人，而是集体，为浙江省海洋水产研究所。所奖励的成果则有四项，一是风帆渔船动力化，二是海带人工养殖的研究——南移；三是紫菜人工养殖的研究；四则是围网起网机——UW1500 公斤 ×2 型。

但不可否认的是，集体也是由个人所组成的。集体的荣誉，也应该由参与其中的每个人所分享。在这四项成果中，第一项的研究时间在 1954 至 1956 年，主要完成人员为周鸣岐、李庆坛、边元慈、周春萍、陈加惠等人，第四项的研究时间则在 1972 至 1976 年，主要完成人员为郑宜伦、李毓彭、叶燮明、骆惠。

在第三项的主要完成人员名单中，黄广潢的大名赫然在列，依次为林增善、谢土恩、倪国壤、施维德、淮彦、黄广潢、荣淑仪、戴健寿、薄治礼、沈根媛、徐君卓、朱振林、方根藤，以及林月莺等人。某种意义上，他和同事们一起接受这一荣誉的"加冕"。同样，因为在海带南移上的贡献，顾庆庭和他的爱人何贻珩也因此成为获奖者之一。

全国科学大会是在这一年的 3 月 18 日在北京隆重召开的。在这九个月的筹备中，领导小组抓了不少工作，比如起草会议的主要文件；编印《简报》；审定一百多份典型材料；评选先进集体八百一十四个，先进科学技术工作者一千一百五十八人，优秀成果七千多项；筹办民口和国防口两个科研成果展览会；还安排接待、保卫、组织等会务方面的工作。

《科技日报》曾对当年这一大会有过"惊回眸"，并描述过这一期间发生过的故事：1977 年 9 月 5 日至 9 月 15 日，全国科学大会预备会议在北京前门饭店召开，会议印发叶剑英副主席的诗《攻关》："攻城不怕坚，攻书莫畏难。科学有险阻，苦战能过关。"大会召开两天前，聂荣臻元帅赋诗《攀高峰争朝夕》祝贺，大会召开后，叶剑英元帅抑制不住内心的激动之情，也挥毫写下新词《祝科学大会——调寄忆秦娥》。

之后的 9 月 18 日，中共中央发出《关于召开全国科学大会的通知》。9 月 21 日，中科院在北京首都体育馆召开万人大会传达《通知》和全国科学大会预备会议的精神。9 月 23 日，《通知》在电台、报纸全文广播和刊登公布，直接同全国人民见面。这份长达 12 页的《通知》明确指出，"要抓紧落实党的知识分子政策"，"应当恢复技术职称，建立考核制度"，"保证科学研究人员每周至少必须有六分之五的业务工作时间"。

这次会议注定要写入中国的科技史，甚至是中国的当代史。3 月 18 日这一天，会场内红旗飘扬，主席台上悬挂着郭沫若为大会题写的"全国科学大会"的横幅。五千余名代表相继来到会场。在主席台就座的除了各部委、解放军各总部和国防科委的负责人、大会领导小组成员、各代表团团长之外，还有科学家：马大猷、王大珩、王淦昌、叶笃正、朱光亚、华罗庚、严济慈、苏步青、吴征镒、汪德昭、张光斗、陈景润、茅以升、林巧稚、侯祥麟、钱三强、钱学森、高士其、黄昆、童第周……

这些已入古稀或耄耋之年的老朋友，相隔多年之后，劫后余生，会上重逢，恍如隔世，百感交集，不觉老泪纵横，激动不已。他们有诉不完的苦，说不完的话。他们时而声泪俱下，时而又开怀大笑。其中，吴征镒、吴征铠、吴征鉴一家出三个院士，"文革"期间分散各地，这次会上，度尽劫波，得以相见，重见天日。许多科学家彼此握着手，顿生大难不死喜相逢的感慨，"哽咽不能语，唯有泪千行"。

出席大会的有包括台湾省在内的三十个省市自治区，中直和国家机关，以及解放军和国防工业部门，共三十二个代表团。参加这次空前盛会的代表中，有八百二十名先进集体代表和一千一百八十九名先进个人。他们当中有来自科研机构、高等院校、工厂、农村、部队、医院的科技人员三千四百七十八人，占代表总数的 62.3%。其中，副研究员、副教授、副总工程师以上的有九百七十八人，包括中科院学部委员一百一十七人，各学会理事长五十四人。三十五岁以下的青年有一百五十九人，约占 2.9%，三十六岁至五十五岁的中年三千七百三十二人，占 66.8%；五十六岁以上的老年一千六百九十五人，占 30.3%。其中，年纪最轻的只有二十二岁，八十岁以上的有三十一人，年纪最大的九十岁，为中国地质学界的老前辈何杰，早年创建北京大学地质系，后来又在九所大学连续任教几十年，曾和著名的地质学家李四光一起，培养出许多地质科学工作者的何杰教授……

在出席大会的人员当中，还有海研所的一位代表。当时，省水产局通知各处要选送优秀成果到中央，大家都很积极地配合，并报送材料，但谁也不知道能不能拿奖。结果却让人很是惊喜，而且优秀成果一拿就是四个。这证明这些年来大家埋头苦干最终没有白费，代表了当年中国海洋水产事业的最高水平。国家没有忘记他们，人民也没有忘记他们。

春风拂面，掠过心房。他们听着邓小平操着那口熟悉的四川口音，作了重要讲话。正是在这次会议上，邓小平明确指出：科学技术是生产力，这是马克思主义历来的观点。四个现代化，关键是科学技术的现代化。知识分子的绝大多数已经是无产阶级自己的一部分。他们与体力劳动者的区别，只是社会分工的不同。从事体力劳动的，从事脑力劳动的，都是社会主义社会的劳动者。

这些在当时遭受争议的提法，在今天无疑已成为共识。政治理论上的拨乱反正，为落实知识分子政策，确立科教兴国的发展战略，打破坚冰，开辟航道。与此同时，全社会也形成尊重科学、尊重知识分子的良好氛围。

还要提的，是黄广潢的校友陈景润。他可谓是百感交集，当年被当成是"白专"的典型，地位一下子天上人间。全中国几乎没几个人看得懂的玄奥理论，竟然成为新闻媒体和全民追捧的对象。虽然个人不食人间烟火，但在未婚女青年中像今天的明星一样拨动心弦。

这让人感到，我们民族历史上最灿烂的科学的春天，真的来了。

今天回过头再看，海研所之所以在全国科学大会上收获颇丰，也证明他们当年的研究，是有价值的，而且被国家认可。尽管有些研究在今天看，不算先进，但在当时的背景之下，却是一种飞跃。

比如风帆渔船动力化，可以改变以往单靠风帆的落后作业方式，极大地提高产量，进而促进渔业生产。它是根据浙江省对网作业的特点和具体条件而进行的机、帆两用渔船的设计和试验。其中，渔船以大捕渔船为母型，排水量由 20 吨左右增至 45 至 57 吨；同时改进渔船线型，增设龙骨、假甲板和甲板舱室；改软帆为硬帆，装配 40 至 60 马力高速柴油机和推进系统，可以机帆两用。与之相配套，渔具渔法也得到改革。

由于动力化，侦察与追踪鱼群机动迅速，转移渔场方便，得到作业时间增加，捕捞范围得以扩大。同时，也为后来的机帆船大型化、多样化作业，捕捞上、中、底层鱼类向外海发展开辟道路。另外，它提高了劳动生产率，单位产量比风帆渔船成倍增加，并改善了渔民的劳动和生活条件。

至于紫菜人工养殖的研究，国家看重的则是，它不仅以"夜潮刺激"法解决坛紫菜壳孢子适时集中放散的关键技术，而且结合浙江实际，成功采用"水泵回吸冲击促放壳孢子附苗法"辅以"棍耙划水作浪促放壳孢子附苗法"的秋季壳孢子采苗法，为浙江省紫菜人工育苗技术奠定基础。

同时，它还开展人工育苗和养殖技术研究，陆续解决土法全人工育苗技术、群众性的简易育苗技术及人工育苗技术，解决人工筏式养殖技术，掌握和摸索出一套坛紫菜苗种培育的建室、育苗、管理等工艺技术，以及养成管理的工艺流程。

当然，国家还看重这样一条，也是黄广潢曾付出很多的，那就是组建浙江省紫菜养殖群众性科学实验活动情报交流网，开展群众性科学实验活动，普及坛紫菜人工育苗和养殖技术。使浙江全省紫菜养殖得到迅速发展，建立上百座紫菜育苗室，养殖面积突破万亩，产量达一千吨，跃居全国第二位。

尽管当年没有发表过有影响力的论文，但以毕业学校、专业，所参与的科研成果形成规模产值和最后获奖的水准，足以证明黄广潢当年的选择是对的，所付出的努力是值得的，而他本人的价值，也被证明是巨大的。

然而，今天的黄广潢，却很少为人所知，一方面因为他所从事的研究，离大众比较遥远。大家喜欢吃海苔、吃紫菜蛋花汤，却未必想要知道它们是怎么来的。

但另外一方面，也与他的个性有关。在很长一段时间内，他的家人都不知道他曾经获得过这样的全国殊荣。在家里，他从来就没有炫耀过，更关键的是，在单位上，他也从来没有因此拿来摆功论好过。何贻珩便记得，大家在得奖之后，并没有大肆渲染。大家都觉得得奖反映的是多年艰辛努力的成果，那都是过去的成绩，未来还要继续去拼搏。而且当年知识分子都比较朴素，对荣誉看得不算很重，国家刚刚恢复知识分子的正常地位，有些诚惶诚恐，更加没有太多居功的想法。

如果有什么好处，那就是得奖的人，能拿到百分之百的退休金。何贻珩和顾庆庭都因此受益，除此之外，便没有其他的奖励。可惜的是，黄广潢却连退休的那一天都没等到。

但不管如何，黄广潢在海研所的劲头更足了。

第六章

幕后功臣

很多同事有了自己的新房

不知从什么时候开始，黄广潢给于谨兰的印象，从"文革"中的低调者，变成啥专业都可以露一手的"万金油"。这个在"文革"早期成立革命造反队，到 1973 年 5 月之后，又与顾庆庭一起负责养殖研究室的山东女人，很惊异地看着研究室的这位同事，一步步蜕变成让大家既好奇，又很敬佩的样子。她没想到，黄广潢不仅在紫菜养殖研究上和大家配合得好，做出了很多重要成果，而且有很强的动手能力，比如说试制紫菜采摘机，比如说筹建综合育苗室，当然也包括他干起基建，为所里建设许多房子。

最早的房子应该是 1972 年的"十八间"。那个时候，像于谨兰、祝智璇、吴剑锋等差不多一百来位单身学子加入海研所，在异地他乡寻找生命的归宿。但有报国热情，也总得有一个落脚点。没有房子住，到处蹭同事、亲戚的，或者租住他处，总不是个事。

而且，上个世纪六七十年代时兴的是福利分房，一个单位接受一个人才，就意味着要接受他的一切，包括他的衣食住行。海研所如果不为这些学生解决问题，肯定会受到很多议论。所以，自 1970 年初"抓革命、促生产"，所里气氛开始由紧张恢复正常之后，也逐渐考虑这些青年人的基本生活问题。"十八间"便提到了修建的议事日程。

谁也不知道黄广潢是怎么加入进来的。大概是因为受武斗的影响，所里的力量一时有所削弱，又或者是紫菜养殖被划分北片南片，他和所里的距离相对接近。所以当所里有需要的时候，谁都相信这个踏实、勤奋的年轻人，一定会伸出自己的双手。

对黄广潢来说，这算不上是自己"全新"的领域，毕竟在大学里也砌过歪歪扭扭的墙，而且那个时代，不是商品房时代，没有专门的开发商，都是单位自己建设，房子不会像现在这样重设计，相反主要重功能，只要结实耐住就好。所以相对而言，得房率高、安全牢靠，是最高标准。黄广潢通过自己的关系，找到普陀当地一家建筑公司，设计建造这十八间房子。因此叫作"十八间"。

于谨兰、吴剑锋等人很快便住了进来。此外还有顾庆庭、何贻珩这样的双职工。在"文革"武斗最激烈时被父母送到上海奶奶家的顾蓓乔，也被接回来读书。从三年级开始，他就在沈家门上学。

房子不大，只有二十来平方米的样子，却分成三间屋，两个房间加一间厨房，基本上能满足青年学子的诉求。即使对顾庆庭、何贻珩而言，也是够满意的。

更重要的是，房子造得十分坚固，绝不是"豆腐渣工程"。大家仔细一看，原来就连砖头与砖头之间，都是用的三合一砂浆，也就是沙子、水泥和石灰都是按照比例砌起来的。

现在想想，这"十八间"虽然跟黄广潢没太大的直接关系，但在这期间，他有事没事就过来督促，好像是工程监理似的，为工程的顺利进行起到另一种帮助。这固然很辛苦，但对他而言，也是一件好事情。正是在与建筑公司打交道的过程中，他一边看一边学，慢慢地，摸索出一点门道。

这无疑为他日后顺利"转型"提供了极大的方便。

走过特殊十年并拨乱反正的海研所，喜事和大事也越来越多。

比如在1979年，根据省科委考评意见，经省人民政府同意，授予吴家骅、郁尧山为副研究员，这是该所科研人员首次获得高级技术职称。随后，郁尧山又被聘为中国科学技术委员会水产专业组组员。是年，经省职改办批准，刘嗣淼、蒋志豪、朱德坤、朱德林、黄兆京、郑宜伦、胡杰等人为助理研究员，这是该所首批晋升中级技术职称的科技人员。养殖室也有人位列其中，那就是林增善和顾庆庭。

同样让养殖室高兴的事情还有不少，一个就是在这年的3月，被省委评为先进集体，另一个就是，林增善等人出席浙江省科学大会，他和吴家骅一起被省委、省政府授予浙江省科学技术先进工作者的称号。

这和在全国科学大会上获得莫大的荣誉一样，慰藉了众多在艰难环境中默默前行的人。不过，对紫菜组来说，接下来未必都是"好日子"。因为在大家的奋斗之下，很多课题都得到比较圆满的解决，已经不需要大家再在这里投入更多的精力，而海研所也得向其他的领域进军。所以当初"兵强马壮"的紫菜组，开始慢慢解散，很多同事都转去其他方向，开始人生的新篇章。

比如说，1979年，海研所与黄海水产所、嵊泗水产局协作，试图在嵊山海域试养巨藻。这种藻体体长一般为15至40米，最大可达60至70米，株重达300公斤左右，是世界上最大，生长最快的多年生冷水性藻类。整个试验工作由顾庆庭负责，黄海所刘绪炎指导。

多年后，海研所还开展"羊栖菜人工育苗可行性研究"。羊栖菜是北太平洋北部特有的温暖性海藻，生长于流急、浪大、透明度高的干潮线下的岩石下，经济价值较高，除食用、药用外，还可做工业原料。

以上还属于藻类，但对海研所来说，像皱纹盘鲍、贻贝、海湾扇贝、缢蛏、泥蚶、文蛤等贝类养殖，像日本对虾、中国对虾、南美白对虾、刀额新对虾等甲壳类养殖，以及像鲻鱼、石斑鱼、尼罗罗非鱼、河豚等鱼类养殖，是时兴的，也是让人更希望攻克的"堡垒"。

像黄广潢的同学宋海棠在加入海研所之后，便相继参加或主持"扩大夏秋汛鲐鲹渔场的研究"、"东海区和浙江省大陆架渔业自然资源调查和区划"、"浙江近海三疣梭子蟹合理利用研究"等课题。他的爱人，同时是黄广潢同学的周婉霞，也主要从事海洋渔业资源和海水鱼类人工繁殖和增殖等水产科研工作。

其他同事，像于谨兰、吴剑锋、顾庆庭等人，也在 1978 年开始转向"紫贻贝秋季工厂化育苗"等研究工作。像 1982 年进海研所的王伟定，一进来便跟着于谨兰、金海卫他们开展贻贝养殖。这一年，由于谨兰负责，顾庆庭、金海卫、马苏群、王伟定、周剑等人参加的"紫贻贝工厂化育苗技术改进及推广工作"，在两年后获得浙江省水产局技术改进三等奖。

至于何贻珩，早在 1968 年便与南麂养殖场合作，进行马氏珍珠贝的移养试验，日后更是参与亲虾越冬和中国对虾工厂化全人工育苗技术等方面的研究。

1977 年，常抗美从厦门水产学院（前身即为上海水产学院）毕业，和三位同学一起被分配到海研所养殖室时，养殖室已经分成三个组，一个藻类组，一个贻贝组，一个就是对虾组。不过，藻类开始慢慢地被边缘化，相反的，贝类养殖和对虾养殖效益更好。除了主任、副主任都领头研究贝类养殖，甚至连当时的省水产厅厅长都亲自挂帅攻关。

黄广潢也面临着人生的又一个重要选择。对他来说，继续沿着自己的专业走下去，并拓宽研究的门类，是必然的从业路径，也是未来能获得更大成就的保证。就像一位作家，散文写得好，获得无数的奖，接下来他可以继续写散文，还可以写小说，写剧本，但绝对不会丢下自己的钢笔，去捡起画笔。黄广潢很想证明自己这辈子在专业上能达到怎样一种高度。然而，所里却找上门来，问他愿不愿意帮所里承担基建工程。

尽管前期已经建造几栋宿舍楼，但明显的僧多粥少。正好经过全体员工的努力，到 1980 年代，所里开始有点积累，再加上国家也允许单位自行建造宿舍、办公楼和研发大楼——以前舟山和厦门一样都属于海防前线，为了准备打仗，不允许重大工程建设，所以不能建造高楼大厦，现在国家放开以后，所里抓紧要在空地上建设。为此，所里还从外面借调一位结构工程师，但势单力薄，需要有人配合开展规划设计。

这让黄广潢有些矛盾，以前建造房子是帮忙，现在却要以此为主，就有些不同。毕竟在很多人眼里，建房子是建不出奖项建不出职称的，而且也跟自己的志向有些违背，但是所里不找自己又找谁呢？自家就住在沈家门，和海研所距离很近，方便照看，再说自己也有这方面的能力，于情于理，都不能逃开责任。

更重要的是，他虽然有地方住，但毕竟不是自己的家，住了这十来年，不说丈人家怎么看，自己也是有些不安的。何况，那些还没有地方住的同事，是不是更不方便。设身处地为他人着想，自己也应该挑起这个担子。

没用多久，他就痛快地答应所里的安排。自此，"文革"期间自学的建筑和前期帮忙的摸索，到这个时候开始真正地派上了用场。

1979 年前后，海研所开始在大门附近，原先是排水的河道上，先着手修建二十套房子。黄广潢便全身心地投入到房子的设计上。

那个时候，顾蓓乔就很喜欢到这位小黄叔叔的办公室去看他画图纸。黄广潢一直把顾蓓乔视若亲侄子，经常会给他塞颗糖塞块饼干什么的。要知道，这些零食现在常见，但在当时却是稀有食品。两人的关系也就特别地亲。而且，小黄叔叔在自己面前从不摆长辈的架子，说话很和蔼，也很平易近人，经常会跟自己说一些事，顾蓓乔对黄家情况多少是有些了解的。

知道顾蓓乔也喜欢建筑，小黄叔叔就给他说，这个地方该怎么设计，那块承重墙又该怎么放。为了在规定好的面积里，再"增加"出入活动的空间，小黄叔叔经常对着图纸苦思冥想，还在图纸上加加减减，最后把房间之间的大梁设计成倒"T"型，这样就可以将二十四厘米的承重墙，变成单砖，也就是薄了十二厘米。现在看起来是不规范，但顾蓓乔觉得，房间里哪里削掉多少，哪里又该加厚多少，小黄叔叔应该是计算过的，不是盲目而为。

考虑到人主要使用的是卧室和客厅，所以在做设计时，黄广潇还相应地压缩了厨房和卫生间的面积。虽然十分紧凑，卫生间洗脸洗澡如厕仍一应俱全。可以看出，遵循节约的原则，黄广潇还是尽可能地精确利用空间，保证在使用上合理、实用。至于厨房，与餐厅连为一体，没有相隔，节省了空间。与此同时，黄广潇还考虑到，当时居家生活会经常遇到停水的情况，所以每户装个水箱，在顶楼上又安装了更大的水箱。除此之外，就是炉灶。

那个时候，大家烧的大多是煤饼，如果把待用的煤饼堆放在过道处，自然耽误了住户上下楼。可以堆进厨房，但哪怕放上几块，都会让人挤得慌。黄广潇又得考虑：该如何解决这样的问题呢？

后来，他受到厕所拐弯位置的启发，发现有一部分是凹下去的。那么，是不是可以在灶底下，也设计出一块相似的空间，用来堆放这些煤饼？煤饼与灶之间，再用空心板给隔开。后来经过试验，果然可行。这样既有地方放置煤饼，也不占用其他实用空间。当时建筑的公司都很佩服他，夸他的"小脑筋就是好"。他哪里是因为小脑筋好，而是因为胸膛中有一颗只要办事，就得为人民解决好问题的心。

顾蓓乔是一边看着小黄叔叔设计，一边看着这二十套房，从无到有，从有到优。房子建好后，成为沈家门当时建筑的标杆，很多人都跑过来学习。这也让海研所的很多同事都期待不已，如果能住进这样的一套房子里，该有多好。顾蓓乔就问黄广潇："小黄叔叔，你要不要住这里呢？你设计好了，自己准备住吗？"按照他的设想，小黄叔叔作为功臣，主动申请一套，是理所当然的。

但是黄广潢却说："我的年纪轻，资历也比较浅，像很多老同志，比如你们家你都这么大了，还住在老早的房子里。反正以后我还会造的，这次就先让其他同事来住好了。"

这段发自肺腑的话，让顾蓓乔觉得黄广潢不可思议，又肃然起敬。换成其他人，单位有房子，争都来不及，还会让吗？

谁都不如丁香琴那样了解黄广潢。她知道，像他这样一个大男人，住在自己的娘家，到底是有些不好意思的。他何尝又不希望拥有一套自己的房子。那个时候，所里有些小年轻常常两个人住一间房，但若是一个人出差久了，房子就被别人抢走了。黄广潢说这种事情他不干，他也干不出来。别人出差回来怎么办？

顾蓓乔的父亲顾庆庭此时已是养殖室的副主任，了解自己手下的这位同事，也是小不了几岁的兄弟，其实是无房户。尽管有地方住，但说得不好听的话，那是蹭他丈人家的房子。一蹭就是这么多年。黄广潢发扬风格，不提什么意见，但大家却不能装聋作哑。

所以，顾庆庭要求将这二十套房子先拿出来解决无房户。至于他本人，还是住在那十八间，等日后房子宽裕再重新考虑。

对黄广潢来说，1979 年尤其具有特殊的意义，他一介书生，也终于拥有属于自己真正的家。尽管可以"单飞"，但真的从新街搬出来，他还是有些不舍。这些年，岳父岳母不仅给自己地方住，还帮着自己带孩子，没有良好的为人，是做不到的。

为此，他早前还从外地扛回来一台西湖牌缝纫机，又买毛线和布料。毛线是给女儿的，布料则给丈人、岳母以及小舅子，各做一身衣服。他自己设计、自己裁剪。其中给岳母的，还是一条呢裤。

至于花费的钱，也得益于拨乱反正之后，知识分子待遇的提高。他从文件中早早得知，自己和爱人要加工资，一个月十块钱，共加十七个月。

做完这些事情，黄广潢这才没有包袱地住进了新家。

有了新家，也未必是件"好事"，那就是离单位更近，工作和生活就变得更加分不开。在顾蓓乔眼里，小黄叔叔不仅是一家之主，还越发地变成这个研究室的"管家"。

所里各个科室如果有事情，只要喊一声，黄广潢都会有求必应。有时顾庆庭出差，他就交代黄广潢："小黄，你帮忙管管养殖室的一些事务吧。"这些事务多很琐碎，比如上面布置开会，要人通知，或者出一些问题，需要帮忙解决，等等，其他人未必愿意干，但找黄广潢保证是没问题的，他总说："你去吧，我来照看好。"

除业务上经常配合大家的工作之外，黄广潢在生活中还非常的热心肠。比如，他帮助所里很多同事裁过衣服，甚至学会理发，而且技术还不错。他下班的时候，所里的孩子们也大多放学了，他会一个个地给他们理，一理就是一串，等到收工，天已经大黑。

进入1980年代，海研所看他跑进跑出，便给他配一辆自行车。这大概是除了房子之外，所里对他的又一次照顾。

不过这次他倒主动提要求，希望配给他的是二十八寸加重的自行车，而不是二十六寸的那种。事实上，按照他的身高，骑二十六寸的更合适，但是他说："我要自行车不是图方便，而是为了工作。选择二十八寸，后座可以放很多东西。"

这倒是"便宜"顾蓓乔，有时他就找小黄叔叔去借这辆自行车，只要是空着，黄广潢都会给他钥匙。事实上，所里的很多小青年都骑过他这辆车。只要和黄广潢打过交道的孩子都会觉得，小黄叔叔真是好说话。如果父母不说，他们也许死活都想象不到，就是这样一位好说话的叔叔，硬是为海研所，也为他们"打"下一片安乐窝。

在海研所的大事记里，如今找不到和房子相关的内容，但是这里的每个老员工都知道，没有黄广潢在背后的默默奉献，他们不可能拥有自己的住房，也不太可能如此专心致志地推动所里的工作，并发展中国的海洋事业。

继 1979 年"推出"二十套之后，黄广潢在随后的一年时间内，又在所里的空地上修建了一座六百平方米的住宿楼。到 1980 年，他根据所里的安排，在前期建成的二十套的基础上，又加十套。到 1982 年，建造每套四十二平方米的楼房。这样海研所一直以来紧张的住房形势，得到极大的缓解。

这让常抗美一进海研所就有自己的房子。房子的质量造得非常好，不过没有怎么装修，自己进去之后，还要自己贴瓷砖。他记得黄广潢很热心地帮他贴过地板。实木的买不起，当初的地板都是三合板。不过，他的房间相对较小，只有二三十平米。他就问黄广潢，为什么不能造大一点，地基是不是也可以填高一点。黄广潢对此有些无奈，因为海研所属于省厅管的，预算并没有那么多，也不能超标。说起来，黄广潢能在各种规定之下，尽可能地在螺蛳壳里做道场，够难为他，也够让人佩服他。

除居住楼之外，黄广潢还参与所里办公楼的设计，并在 1983 年搬入办公。在祝智璇和吴剑锋的印象中，这办公楼他们都待过，当年两个人一个房间，老桌子旧椅子，没有空调，只有风扇一台，但是在当时已经算是不错。不过，还有很多后人不知道，1989 年分配的副研楼，也就是为海研所的高级知识分子而建设的宿舍楼，也浸淫着黄广潢的功劳。顾蓓乔就记得，打地基的时候，他还曾出现在现场。

可以说，自 1970 年代末到 1980 年代时期，黄广潢不是埋首于图纸，便是奔波于工地，基本上没有属于自己的休息时间。就连种花这一爱好，也慢慢地放弃了。

在爱人丁香琴的印象中，因为所里白天需要上班，人来人往，所以黄广潢往往是半夜出去，到工地监理浇大梁。那个时候她已经批改完作业睡觉了。差不多到天亮五点多，他才回家，她还在睡着。在很长一段时间内，她都不知道他还给孩子做早餐。

但是黄广潢依旧感恩，因为他再不需要像 1970 年代那样频繁地出差、晒成女儿眼里的"黑人"。相反，他也有条件照顾女儿，还有就是外侄杜松。

他们都相继长大，开始要成为中学生。这个阶段更需要正确的管教和引导，父母在他们人生中所扮演的角色绝不可失。所以，即使分配公房，搬离原先的两层小楼，他在和丁香琴商量之后，依旧让杜松住进自己的家。

杜松每天早上起床都能和表姐一起吃到可口的早餐，小黄爸爸不仅会热好牛奶，还会特地炒两个热菜，早餐的粥按照福建说法叫作"稀饭"，他说外面卖的早餐不卫生，没有营养，你们正是长身体的时候，早餐很重要。这种场景几乎贯穿他初中三年几乎每天早上，从未间断。

他还会监督自己和表姐做作业。有时晚上不出门，或者很晚出门，他便一边陪着自己和表姐，一边开始画图纸的工作。

杜松常常好奇，为什么小黄爸爸每天都这样忙碌。他想象不出一个工作的人，居然比自己这个做学生的还要累。在他眼里，天底下最辛苦的是像他这样的学生。而且他也知道，海研所自 1983 年后，在建造房子方面已经告一段落，那小黄爸爸还在忙什么呢？"

正是从小黄爸爸的嘴中，他第一次听到"西轩岛"这个名字。

西轩岛背后的英雄

相比较舟山有名的普陀山、桃花岛，甚至是黄广潢当年常去的六横岛、虾峙岛，西轩岛就像一个神秘的存在，不常出海的人根本都不知道有这么一个地方。

事实上，就连它出现在卫星地图上的名字，都不叫"西轩"，而叫"西闪"。但是它距离舟山本岛并不遥远，位于舟山本岛的东南侧，距离沈家门渔港只有三海里，再往南一点，不足一公里，就是中国解放战争两大海战之一——登步岛血战的发生地。今日西轩岛正隶属于普陀区登步乡，因与东轩岛双峰相峙，象征登步岛的轩辕而得名。

不过，相比常住人口有数千人的登步岛，西轩岛并不大，陆域面积仅有零点三七平方公里，而且还分成西闪上山、西闪下山等七个岛、礁，多年来一直无人光顾，这大概也是它默默无闻的一个重要原因。反过来说，它也像是隐居于"闹市"的世外桃源，交通既没那么不便，还可以闹中取静做点事情。1979 年，当时的普陀县水产实验养殖场就选择在这里的岛礁间筑堤围涂，其中北堤长三百米，南堤长七百米，最后建成对虾养殖场。

也正是在 1981 年，应普陀县水产实验养殖场的邀请，何贻珩和所里的同事开始亲临西轩岛进行业务指导，并对虾育苗，前后共育出虾苗 754 万尾，平均出苗 5.24 万尾 / 立方米。1982 年又一茬出苗 2792.77 万尾，平均出苗 9.70 万尾 / 立方米，其中二号池出苗 1495.7 万尾，平均出苗 10.39 万尾 / 立方米，创大水体育苗新高。但这远远不如有个消息更让何贻珩激动，那就是她听到这个基地因为有很多知青，相应的技术力量欠缺，而且大多待不久，所以有可能卖掉，也开出卖价，大概八十多万。

何贻珩和所里的同事联想到这些年来，从海带到其他养殖品种，上山十五里，下山十五里，异常辛苦不说，更重要的是，跟地方合作，成功后，地方上有可能不再需要你，你只能眼睁睁地看着别人占去自己的劳动成果而没有任何办法。这种寄人篱下的日子，让人心力交瘁，何贻珩就特别想所里能拥有自己的养殖基地。她便跟顾庆庭商量："我们都快退休了，如果再不抓紧的话，自建基地便可能再没有希望。而下一代科研人员如果要继续像我们一样吃苦，一是太不忍心，二是科研没有基地没有什么希望和作为。"作为她的爱人，也是并肩作战的同事，顾庆庭也很同意她的意见。某种意义上，也得益于两人的坚持，以及都在省里待过，和厅领导都非常熟悉，这个想法才得以落地成行。

但是过程却是一波三折。首先是所里刚参加工作没多久的小青年们都不太认可，私下里嘀咕，办基地是多么苦的事情，别你们吃苦，还要连带着他们吃苦。但跟何贻珩很久的一位老师傅就断然回击说，你们知道什么，西轩基地跟那些青山比，简直就是天堂。

然而，就当他们硬着头皮要挑起这个担子时，对方却提高卖价。过一个月，要一百二十万元，再过两天，就成一百五十万元。好在省局领导觉得这些年来养殖室太辛苦，也支持他们建设基地，所以出面协商，说好一百五十万成交。

接下来顾庆庭就往省里各个部门到处跑，还要找银行，就为筹措这一百五十万。最后向农业厅借三十万元，又以二十八万元卖掉所里一艘调查船，再加上养殖室的积余，最后凑起来，终于买下西轩岛这个养殖场。但没想到对方又出幺蛾子，临走时搬空一切，将自养的猪都吃空，其他的桌子椅子，连岛上生活需要的大冰柜，都全部运走。何贻珩他们当然不服，找相关部门投诉，最后西轩场的原主只好返还，但还是拖着大冰柜不给。最后，何贻珩亲自找上门，告诉原主，这些物品清单都是包括在一百五十万里的，你们不能给我留个空岛。最后终于将这个大冰柜用船重新拖回西轩岛。

问题依旧存在。对方即使留下来一些生产设备，但不是老化，就是落后。而且，育苗室也只有四个池子，一个池子大概只有四百来个平方，根本适应不了当时的科研需要。所以，生产设备要换，基础设施还得重建。一切都要从头开始。

这话说说容易，但谁都知道，在一个孤悬在外的岛上，进行大规模的扩建，远远不是在本岛修个房子所能比的。它既需要大量的人力进行建设，同时需要保证顺畅的后勤供应。因为不能就地取材，这些后勤物资在购买之后，还需要想办法及时并安全地给送到岛上。这无疑是个巨大的工程。每个人都期待着未来，但在当时担忧大于期待。

更重要的是，后勤供应涉及大量的利益，需要有可靠的人来主管。那么，到底找谁呢？谁又能甘心情愿呢？！

这放在其他地方，的确是考验一个人的领导智慧。但在顾庆庭和何贻珩这里，他们不需要太费什么脑筋，因为人选早就已经在那里，根本不用考虑。

顾庆庭找到黄广潢的时候，黄广潢多少有些心有灵犀。多年来，两人因为是同事，也是志趣相投，相处一直比较融洽，但是顾庆庭在这种大事上毫不犹豫找到自己，这无疑是对他的信任。而且，比起修房子，扩建养殖基地，无疑更接近自己的专业。

为了给黄广潢"减负"，顾庆庭说："你也不用去西轩岛，就留在舟山管采购就行。"

黄广潢毫不犹豫地说："行，没问题，我就做这个。"

在祝智璇眼里，选择黄广潢是最恰当不过的。有些人也许有能力，但未必能像他那样认真负责；有些人认真负责，但又未必像他那样了解养殖场的构造。毕竟他做养殖多年，对育苗场的设施、设备，已经熟悉得无以复加，所以在互相的沟通上，不存在成本，对方说要什么，他立马就能想起什么，而且知道去哪里买。

同样是为了工作需要，所里还给黄广潢配一个采购员，加上他，就是两位。另外，所里又给他配办公室，和一个对讲机，方便相互交流。只要西轩岛那边带个信，或者捎个条子回来说要买什么，他立马就办。顾庆庭对何贻珩不禁感慨："只要西轩岛说买什么，小黄就跟火烧屁股似的。如果现在要用，他现在就会马上买回来。"

对黄广潢来说，考验不止于奔波忙碌，还在于手头紧张。为买基地的一百五十万元，海研所基本倾尽所有，所以几乎没有经费花在科研上。甚至，就连当时购买基地时签字请相关领导吃饭，还是顾庆庭他们从自己腰包里掏出一百块钱，交给食堂买菜。为了能在有限的资金下，保证基地的物资供应，黄广潢亲自拉着板车，沿街经过店铺，一家一家鉴别比较，只要合适，便买进板车里。外面如果日头毒辣，顶多再加一顶草帽。但他从来就没有想过偷个懒。一趟下来，衣衫湿透，本来清秀的他，除了黑之外，越发地显得有些"粗糙"。但他并不介意，有时随便找个有水龙头的地方，用水抹把脸，再对付一点干粮，就基本上打发一餐。通过这种办法，他备齐了岛上所需物资，大到发电机、抽水机、鼓风机等机械设备，小到蜡烛、火柴、水瓶等日用甚至备用品，还节省不少交通成本。

之后又买布买毡子，琐碎异常，但他同样不怕烦琐，还准备一个小仓库，里面储备上百种物资和物品。除了日常定期供给，遇到岛上急用的东西，他就请同事甚至紧急时自己拉到码头，用特备的小快艇，快去快回。反正一天到晚，他没怎么停过，小艇也没有停过。

直到今天，顾蓓乔还感慨，现在的大学毕业生出校门，谁能像他这样，把姿态降到这么低，完全没有分别心，像个老农民一样为工作都能拉起板车。要知道，他可是从厦大毕业的优秀毕业生啊。但是，也正是厦大告诉他，要感恩，要奉献。做试验是奉献，投身养殖是贡献，画图纸是奉献，拉板车同样是奉献。

相比零碎的物品，让人烦恼的还是那些大家伙。机械的电机等不算，西轩岛还需要直径二十厘米的水泥管，而且一铺就是几百米，如何将这些水泥管搬运上岛，同样考验着黄广潢的智慧。那个时候，所里除安排一辆快艇之外，也就安排三四只小船。黄广潢只好将这些水泥管分成一根一根的，再分别运过去。

有相近的同事看着黄广潢忙前忙后，也出于好心提醒：你有必要这么辛苦吗？有时间还不如去从事专业，这样总会有成果。即使啥也不做，这些年我们付出这么多，就算躺在功劳簿上，所里有好处也不会少了我们。黄广潢笑笑，没说什么。

对这样的"策反"，何贻珩很担心，怕黄广潢会被同事家人给说动。

但事实证明，她认识他这么多年，还是不"了解"他。

也正是在这次集中且又频繁的交往中，何贻珩见识到黄广潢的人缘。和他岳父一样，他的人缘居然也好得惊人。当时，西轩岛上的管道装置和布局，包括数量要用多少、弯头要用多少，要多大，黄广潢和大家都考虑清楚，做好设计和配套。接下来，就需要当地有关部门支持供应，并帮忙埋设、安装。但问题是，这种事情跟支持部门没有太大的关联，没有那么好说话。有时不是买不到物资，就是买到后，商家也仅仅告诉何贻珩安装方法，请商家亲自上门安装，是不可能的。谁也不愿意跑到荒岛上去干苦力活。这些大家都忍了，到最后又发现物品提供过来，有的并不合适，结果商家不给退。

万般无奈，何贻珩便让黄广潢去和他们打交道，临行前还跟黄广潢特地交代，一定要跟商家敲定，这些物资或物品需要拿过来试用，行就继续用，不行得退回去。黄广潢打包票说："没问题，可以退的。"

事实也印证黄广潢所言非虚，商家不仅痛快地答应，而且比海研所其他科室还要支持，就连日后的水管，都是他们帮忙安装的。但是他们会指名道姓："有事让黄总来，黄总来我们给办，黄总不来就不给你们办。"即使海研所办公室的行政人员去说都没有用。何贻珩有时就不明白，为什么他们对黄广潢就这么好，都这么信任他。

西轩岛之所以有今天，不仅是靠顾庆庭、何贻珩这些前辈辛苦干出来的，也是靠黄广潢一步一个脚印拖出来、跑出来的。没有黄广潢，何贻珩想象不出，这个基地会建成什么样。

不过，对于西轩岛，黄广潢所作的贡献还不止这些。

建设西轩岛，涉及的不仅是造房子、建育苗室，还各种复杂的系统，包括水、电、气等问题。为了供电，需要建设电厂；为了送风，需要购买鼓风机，但当时的罗茨鼓风机很响，噪音很大，所以还得专门安排一个地方放鼓风机。至于供水，就得考虑铺设管道，以及建造蓄水池。但蓄水池到底放什么位置，还得综合考虑进水和排污，所以，工程很浩大，也需要考虑方方面面，每个细节都不能有失误。

而且，整个工程面临的不仅是支持力度，以及物资供应等问题，更重要的是建设本身也困难重重。一是基地的地质情况相当复杂。多年后，顾蓓乔请勘探进去取几个点，结果一个点钻了两米就打到岩石，一个点钻了十六米才打到岩石，可以看到，尽管只是一个巴掌大的小岛，地质状况却不尽相同。

二是基地主要是由四个岛礁组成的，计有两块礁、两座小山。东边山二十五米高，西边山大概是二十二米高。礁石位于两座山之间。靠着以前的筑堤围涂，才将它们圈在一起。事实上，整个基地基本上都是建立在沙滩之上。沙滩和滩涂显然不一样，它往往会有流沙。所以打桩时就要特别注意，一不留神，底下的桩口就会越扩越大。另外使用什么方式打桩也是个问题。现在惯常用的有水冲沉桩，但还得注意的是，不能用海水，那会腐蚀桩里的钢筋。但是用淡水，淡水的来源又如何解决？从舟山本岛运输显然不是个合适的方案，得在基地就地打井，这又是一个考验。

尽管主要负责的是设计和后勤物资的购买与运输，但是黄广潢比很多人都清楚这些物资该如何准确地使用。所以他也积极地参与到基地的整体建设当中。除了工艺由何贻珩他们负责之外，建设方面也顺理成章交给黄广潢。杜松看到他熬夜制图，大多也是和西轩岛有关的。

显然，有过在各地建设多座育苗室，还建设过综合育苗室的他，积累的众多经验，最终都派上了用场。

尽管没有太多先进的勘探条件，但舟山的地理形成，以及个人的多年经验告诉他，一定要注意各种地质情况。除了以上问题，主要还要考虑两个方面。一是沉降，毕竟育苗池有的几十个立方，有的上百立方，如果蓄满水，就是几十吨上百吨的压力。要是建筑结构不能支撑的话，那带来的后果肯定是灾难性的。

另一个则是反拔。因为育苗池下面是流沙，就意味着外面的海水有可能渗透或者倒灌进来。沙水进来，就意味着会产生浮力。要是育苗池是空的话，它有可能会像船一样，被沙水给顶起来，那整个建筑都要崩塌。

为了解决这些问题，就必须要设计计算到位、安装到位，不能有一点差池。这同样耗费黄广潇大量的精力和时间。

已经很难找到黄广潇当年的原始草图，但是直到现在，基地都没出过类似的沉降或反拔现象。虽然基地更换不少设备，那基本上是老化的原因。至于结构上的大动，也就是重新改造，仍没有这个需要。

还让人佩服的是，沉淀池的设计也很"讨巧"。它是用石块垒起来的，排污和进水系统、出水系统都分得很清，更重要的是因地制宜，建在半山腰。这样沉淀出来的干净海水，不费吹灰之力就送抵育苗池。

除此之外，黄广潇还发现，以前育苗池的建造是向北方学习的，最上端基本上和路面相平。一米八深的水池，大概有一米五在地下，只有三十厘米在地面上。工作人员操作时，大多会选择趴在池口，再往池底观察，或者伸手去探。这么矮的"高度"，往往会导致他们一不小心就掉进池中。所以，他就思考能不能在改造育苗池中，稍微改变设计，比如说，一米八深的水池，可以一米在地下，八十厘米在地面上。这样，工作人员操作时，就会得到更大的安全保证。事实也证明，这样的方式安全有效。

所以，后来基地的再扩建，以及所里所有育苗室的设计，都沿用黄广潇所提供的思路。全省、全国育苗厂也纷纷拿它做示范。海研所也因此更加名噪一时，包括黄广潇在内的很多科研人员，经常被外地请去进行业务指导，或者委托建造育苗室。其中，浙江三门湾、象山港这一带接受他们的支援最多。

但是，黄广潇依旧不敢松上一口气。因为沉重的债务压力，让基地只能争分夺秒，一边养殖，一边建设。接下来他还要继续和基地共进退。

　　唯一值得庆幸的是，自建基地第一年，就开始盈利。自负盈亏的第一步，真是兢兢业业勤勤恳恳干出来的。从现在看当年，这批身负使命的知识分子，为了海研所更好的科研条件，为了科技的研究更加付诸实践，科研产业化，选择了市场化的为海研所购买海岛建立自己的养殖基地的道路。事业的艰辛和磨砺，使这些奋斗者团结战斗在一起，他们不仅是科研上的国家认可的海洋养殖专业专家，而且还能吃苦耐劳，奋战在产业化的第一线，创造了不菲的经济效益。这也得益于浙江省非常宽松的正常氛围。

　　刚刚买下基地没多久，何贻珩就拿着铺盖住进草棚，很快育苗室里又开始出现青虾活蹦乱跳的身影。与此同时，她又从所里的领导手上争取到放流课题。

　　当时，省里准备出六十万元，要海研所到山东、江苏去买虾苗，然后运回浙江来放流。她和顾庆庭听说之后，就跟领导商量，要是有胆量的话，这六十万元的任务就由我们自己单独挑下来，放流我们来，育苗也我们来。领导体谅他们的辛苦，也知道他们的决心，所以咬咬牙就把这些事情交给基地。这虽然又给他们增加压力，但是他们给当年的普陀县水产实验室帮忙，都能创出佳绩，轮到自己，就更加用心，所以育出的虾苗，让省里很放心，最后一放流，这六十万名正言顺地成为基地的收入。

　　这一年，除了放流苗之外，养虾养鱼还给他们带来一笔收入。当年只有一百九十斤的亩产，他们一来就提高一倍多，达到四百二十多斤。前后算下来，开工后的第一年就盈利二十多万。事后省里有领导便说，当时我可为你们捏了一把汗，你们那么有决心买下来，万一不成功怎么办。何贻珩就说，我们也只能硬着头皮上马。结果首年盈利二十万，基地就此站稳脚跟，省局也放心大胆地让他们继续发展。

在何贻珩的印象中，第一年基地扩建一个育苗室，第二年又扩建一千多平方的水池，还有两百多亩塘。

也正是在盈利的头一年，基地在大鱼大虾出口之后还剩一些小鱼小虾。何贻珩就把这些小鱼小虾交给所里，运进冷库，作为员工的福利。她还选了一篓子送给黄广潢，有些同事就私下猜测，不知道黄广潢会怎么处理。她听到后就说，你们放心，小黄一条也不会拿回家的。大家不信，她就说，你等着看吧。

果真没多久大家都知道了，这些鱼虾一条都没进黄广潢的家门，有的被他送给当初帮助基地的相关部门，有的则被他送给他购买过物资的店家。甚至连所里办公室的主任，也送了几条。到最后，自己一条不剩。这让很多同事恍然大悟，一个常常记得别人支持的人，也一定会得到更多的支持。

也正是在接下来的扩建当中，常抗美和黄广潢有更多的接触。他是在 1984 年下半年作为基地的"接收部队"进来的，到 1985、1986 年，他都跟着何贻珩从事对虾育苗，同时，随着林增善加入基地，他又配合这位紫菜养殖专家从事对虾的配合饲料的生产……所以，在这几年之内，他也亲眼看着黄广潢在基地来来回回，负责整个基建工程，从中深刻地体会到，像黄广潢这些年长的前辈，真是让他们这些后生开了眼界。

一方面，黄广潢要配合他们的需要，来决定池子怎么造，造多大的面积，顶棚又需要什么，因为育苗室得有 75% 的透光率，所以需要采用什么样的玻璃制品以符合这样的条件，都得一一考虑，而且考虑得还很周详。常抗美就老是请教他，这个育苗厂的图纸该怎么画，他会很和气地告诉常抗美；有时又问，这个混凝土墙面一平方米要用多少混凝土，要用多少砖头，他也会很快给常抗美算出来，从不推三阻四；另一方面，他也时时思考，在现有的基础之上，如何做更好的改进。正是常抗美，亲眼见证黄广潢又一个"创意"的诞生——当年，供水系统的各个孔洞用的多是橡皮塞子，不用的时候，用塞子将孔洞塞进，这样水就进不来，或者流不出去。但问题是，由于水压的原因，塞子塞进去，需要费好大劲才能将它拔出去，不仅浪费人力，也会产生安全问题。黄广潢觉得，虽然大家都已经习惯了，还是应该改良。改良其实也不费劲，只不过是将橡皮塞子改成阀门。阀门可以用塑料板，塑料板再系上绳子。需要放水或出水时，用绳子将阀门轻轻提起，等内外的水压慢慢接近之后，门就可以彻底打开。这样，人站在池边就可以直接操作，不用下水，也就不会有安全问题。

直到今天，常抗美都很感慨，正是有这些无私为单位和国家进行建设的前辈的存在，我们所在的社会，所处的环境才会变得更好。在他们眼里，似乎马虎一点都不可以。而且，在年轻人面前，他们从不倚老卖老，相反的，年轻人干什么，他们就干什么。夏天一身汗，冬天也是两手冻得通红。而且经常会对年轻人说，看你们在下面忙，我也于心不忍，最后也跳下来和年轻人一起刷池子。

这总让他联想起水稻专家袁隆平，为了育好稻，每天就跟农民似的下田劳作。事实上，像黄广潢这些人，有些是领导，有些是教授、研究员，但他们何尝把自己的地位摆得高高在上过？不管如何，他们的工作精神、工作态度，让常抗美非常佩服，有时想起，这是他跟黄广潢等人打交道，得到的享受不尽的一辈子精神财富。

更让常抗美感慨的是，像黄广潢这样的前辈，不管是搞原子弹的，还是像他们那样搞水产的，往往在付出之后，还不计较名利。当年他们将对虾养殖做出成绩，做出效益，但是奖励是一分钱没有的。所长曾经答应给30%的奖励，如果兑现，那大家就会发一笔小财，但是省厅最后不同意，说你们是社会主义单位，是为国家作贡献的，结果一分都没有。但大家也没什么意见。此外，他们除了做研究，还要负责推广，经常会油印一些材料，发给全省有志于水产的人学习，但这些文章基本上都不会署名，顶多挂个课题组，也没有奖励。今天想想，不要说让自己花力气写文章推广，就是这文章要不要写，都值得考量。要知道，在市场经济年代，每个科研成果都可能产生经济效益，而且有可能产生巨大的经济效益。

这些对黄广潢来说，有些不可想象。就像他不能想象，某些刚毕业的年轻人梦寐以求的都是一份轻松的录用信。他们眼高手低，而且动不动就跟你谈条件。

当然，也正是这种默默无闻、不求私利，导致今天很多人都不知道，在西轩岛成功建设的背后，还站着这么一位无私奉献的前辈。今天，海研所上下有不少领导都带着亏欠的口吻跟顾蓓乔说，这个场能建起来全靠你爸妈，你爸妈辛苦了。但何贻珩听了又是欣慰又是遗憾，心里想"我们的工作一半是小黄在做"，但是，"没有人提起"。

如果黄广潢能听见，他依旧会一笑了之。他做这些事情，不是为了什么目的，一方面，自小的理想，以及多年的教育，告诉他不争名，不图利，只考虑谁做得更多，谁更辛苦。他曾经有意无意地说过，像顾庆庭、何贻珩他们在那边育苗，经济压力那么大，都得他们挑起，连夜里都睡不好，"像我至少在这边每天夜里还可以安心地睡觉"。

另一个方面，则是朴素的语言"他们对我好"。这种好，不是诱惑以名利，即使让他做设计和后勤主管，其实也是个"空头"，不能给他带来一些什么，但是他喜欢这种"被信任感"。历经反右、"社教"以及"文革"等多次运动让他明白，一个再胸有大志的人，如果别人不搭理你，你也很难有机会报效国家。所以，为了这种信任，他也要努力奋斗，换句话说，士为知己者死。

正是在这一心态的引领下，黄广潢不仅养殖了海带、紫菜、鲻鱼，建造房子、建设基地，还做了很多琐碎，也许别人都看不上眼的好事。尽管终其一生，他都不曾有轰轰烈烈的事迹，也不曾担任过什么大领导，但是，对这样的一位好公民、好员工、好人才，党却没有忘记他。

迟到的认可

继 1978 年全国科学大会之后，科研人员和机构依旧不时地感受到这个古老国家的更新变革。在向四个现代化进军的擂鼓声中，让人振奋的好消息也不断地振动着每个国人的耳膜。比如，在 1977 年发布的《中共中央关于召开全国科学大会的通知》中还曾提到的，"应该恢复技术职称，建立考核制度，实行技术岗位责任制"，也在随后逐渐落实。国家甚至把职称评定作为"尊重知识、尊重人才"的一项重要措施来对待。

又比如，干部队伍建设又提上日程。1980 年 8 月，邓小平在《党和国家领导制度的改革》讲话中提出"使我们的干部队伍年轻化、知识化、专业化"之后，又提出"选拔培养中青年干部这个问题太大……再过三五年，如果我们不解决这个问题，要来一次灾难"。这也意味着，新中国在解决对知识分子的地位和待遇问题之后，为了适应社会经济建设的需要，又开始极力为人才打通上升通道，让人尽其才。

国家显然意识到，没有一支年富力强的高素质干部队伍、人才队伍，社会主义建设事业很难不断取得成功。

1982 年，中央顾问委员会成立，一大批党内外德高望重的老干部率先退出领导舞台，这种逐步废除领导干部终身制的改革，为一批年轻干部"担纲领命"提供机会，拉开干部年轻化的序幕。与此同时，在"文革"中因各种冲击而被耽误、停滞的党员培养和发展工作，也重新走上正轨。

海研所也不例外。尽管早在 1971 年 5 月，经舟山地区革委会政工组、组织办公室批准成立中共省海研所党的核心小组，自此长期处于瘫痪状态的该所党组织组织活动稍趋正常，但直到 1980 年 3 月，海研所才经中共舟山地委〔80〕45 号任命通知，有党委书记、副书记和委员。到 1984 年 2 月，经中共浙江省委组织部批准，调整该所党委班子。次年 9 月，所党委决定，建立西轩试验场党支部。自此，该所党委下辖三个党支部。日后，为了更好地发挥党组织的作用，该所党委又决定调整支部设置，撤销机关党支部和船队党支部设置，分设为机关一支部和机关二支部，但西轩试验场支部不变。

　　早在二十多年前，也就是刚毕业时，黄广潢便梦寐以求着想要加入党组织。对他来说，党就是他另外一个母亲，也是指引他前进的明灯。靠近党、加入党，会让他在异地他乡感受温暖，感受力量。所以，他一进入海研所，有了条件，就动笔写了人生的第一份入党申请书。在申请书中，他表达自己作为一位建国前就出身贫寒的孩子，在中国的土地上，看到过日寇横行，也体会过国民党反动派无情剥削和压迫，给家乡带来的灾难，只有共产党才是人民的大救星，领导人民打下江山，打碎无产阶级身上的桎梏。他发自肺腑地爱这个国家，爱这个党，希望能加入组织，跟着共产党建设新中国，并全心全意为人民服务。

　　可惜的是，当时他还年轻，缺乏历练，组织暂时没有接受他，加上后来运动频发，如前所述，海研所的党组织一度瘫痪，黄广潢那片热切的期望，只能一拖再拖。但是它从来就未曾冷却。在黄广潢看来，这其实是党对自己的考验。它尽管不曾开口，但一直都在默默地看着自己，打量着自己的行动够不够格。当然，他也曾做过坏的打算，但是即使入不成党，他也要以党员的原则来要求自己，全心全意为人民服务。这个宗旨是无条件的。

　　这也是他为何这么多年一直奋斗在科研的第一线，不仅努力靠专业吃饭，而且更追求靠专业让更多的人吃上饭。同时，他坚信实事求是是共产党人与生俱来的政治品格，所以即使有那么一个时期乌云蔽日，他也选择像自己的老师汪德耀、王亚南那样，不同流合污，相信迟早会云破日出。

　　这一天他等了很久，但他终于等到了。在海研所党组织又是调整班子，又是组建党支部之后，发展力量成为它的必然选择。一直都在追求向党组织靠拢的黄广潢，也成为考察对象。在祝智璇的印象中，这段时间里的黄广潢既不是领导，没当过主任也没有当上副主任，就连课题负责人也不是，只是课题组中的一员，但是在群众中的风评非常高，大家一致认为，他的专业和与人处事都非常不错，任劳任怨，尽心尽责。

所以，1985 年，他成为一名光荣的党员。对海研所来说，他是入党较早的一名大学毕业生。但对他来说，这是迟到的认可。这同样不能给他带来什么样的现实利益，相反更需要他以身作则，不计名利，发挥党员的先锋模范作用。但他并不后悔，却是欢喜，这不就是他一直在追求，并努力践行的事情吗？

甚至，他还因此放弃自己难得的拥有高级职称的机会。

在何贻珩的印象中，身为知识分子，在上个世纪七八十年代也遇到过几次好事。一是工作十八年之后，加了第一次工资。虽然不多，只有几块钱，但国家没忘记他们。过一两年，差不多是在 1981 年前后，又开始评工程师中级职称，以及助理研究员。

但问题也让人头疼。二十多年都没怎么评职称，谁都希望能多评几个，这样才能满足老中青一堆人的诉求，最终的结果却是，一个科室也就两三个人的名额，明显的僧多粥少。若说人要是没有一点私心也不现实，老一辈会想，我为国家奉献这么多年，没有功劳也有苦劳，怎么着也得轮到我。再说，这次要是评不上，以后就没有机会了。年轻的会想，我只有趁着现在抓住机会，以后才会升得快，不然又不知道得等到猴年马月。所以私下里总会有点竞争，甚至连何贻珩也无辜受到牵连，不知道怎么就传出风声，说她引起养殖室不团结。她知道有人总要拿些借口说事，好打压竞争对手，但说啥不好，"不团结"这顶帽子还是扣得让人莫名其妙。

为了公正、公平，海研所组织了一个评定委员会，对报名的人选进行筛选。评委会邀请的是一些领导和专家，其中就包括黄广潢。在很多人眼里，黄广潢一定会"实事求是"。有他担任评委，不管是哪一方，都会有信任感。

这又是一次吃力但未必讨好的工作，为这次的评选，黄广潢也费很多心思，做很多的工作和平衡。让他过意不去的是，他并没有帮上何贻珩什么忙。

何贻珩对此也很理解，黄广潢尽管是评委，其实也只是旁听和建言而已，并没有什么决策权。她之所以能评上，也在于所里有领导过意不去，将她的名字给报上去。结果一圈投票下来，还是差上一票。好在省水产局有处长下来视察，了解相关情况后汇报给局长，结果局长一锤定音："小何做的工作大家都看在眼里。"

相比而言，黄广潢的运气就没那么好。虽然是评委，但这是为人作嫁，职称却落不到自己的头上。等到第二次再评时，所里又觉得他转行负责基建，还是没评上。现在想来，负责基建造房子没给他带来任何好处，反而让他损失不少。好在没多久，国家放开政策，所里像他这样有资历的人，全都能评定为中级职称，所以他也幸运地入围。

黄广潢对此并没有感到特别开心。也许作为评委，让他看到人性的另一面，这实在有悖于他的性格和多年的教育，也与党员的宗旨不符。最终他在 1987 年前后评高级职称时，直接选择弃权。

那一天，不知道从哪个话头，黄广潢在办公室里和何贻珩谈起这次职称评定的事情。因为离中级职称评定都有一定的时间，两人都有资格申请。

鉴于以前的经历，何贻珩反而没有太多想法和欲望，便跟黄广潢说："随便他们怎么折腾。我们没有那么高知识，自己有自知之明就行。"

黄广潢听着也很激动，跟着就表态："那我也弃权，不报了。"

何贻珩有些愧疚："都是我们害了你，让你转行负责水产基建，而且也没有时间写论文。"

"我不怪任何人，这都是我自愿的选择。我知道要想评职称需要工作业绩，也要发表论文，但在我眼里，西轩岛就是我最好的论文。"

"你这样想我也很欣慰。不然我也会一直过意不去。"

黄广潢反过来安慰何贻珩："其实我弃权也不全因为这个，更重要的是我觉得这职称弄得大家都挺别扭的。我不喜欢这样，与其争来争去，还不如把名额给更需要的人。"

不过，后来的变化还是让何贻珩有些预料不及。以前是她申报中级职称遭遇波折，这次却是被单位的人事部门亲自上门，把当时正在舢板上干活的她"抓"回来，要她填写申报表格。因为她和爱人都是这里最早进入的大学生，不要说平时的业绩，就是把西轩岛搞得有模有样，为后来人打下坚实基础，就足够她评定为高级职称了。

她说"人各有志"，但人事同事半责怪半鼓励说："其他同事都争着评，你为什么不评，赶快填好表格上报。再说，你们俩口子都不申请的话，那其他人就更没办法了。"最后架不住劝说，她只好参加评定，这次一参加便获批。不过，为一碗水相对端平，顾庆庭隔了好多年，才评上高级职称。让何贻珩内疚的是，黄广潢说弃权便弃权，此后也不再说起自己提职称的事情，而且还总是对何贻珩说，你就应该被评上。

在丁香琴的印象中，黄广潢从来没有在家里说过职称的事情，更没有发过牢骚。她唯一一次听说，还是在路上偶然听见他和同事不知怎么就说到这个话题。当然，她没往心里去，也不爱追问这些事情，爱人能做成什么样她都认，也都接受。

但不管怎样，得也好，失也好，并不妨碍黄广潢依旧笑眯眯地站在孩子的身后，拍拍他们的小脑袋，"喝令"他们挺直了，然后咔咔地剪起头发。

同样，也不妨碍他四处奔波，看着他另一种形式的"作品"，在这个天地之间，慢慢地从空地上长出来，由骨架而血肉，最终成为接纳无数生活的"美文"……

因为出国去日本，常抗美有两年多的时间没有见过黄广潢，但他永远会记得自己在西轩基地和他打交道时的印象，还一辈子感激他对自己的特别照顾。

那是在 1986 年，出国的前夕，某天一不小心，他从基地一条排水沟的石板上，一头栽了下来。身边的同事都吓坏了，赶紧跑过去一看，发现因为石板的存在，想要把人拉起来，有些腾挪不开。最后他仗着自己年轻，看着这块两三百斤的石板，一鼓作气就把它顶开，方得解放，但万万没想到，他这时就感觉身上咯噔一下，下午时分，已经只能躺卧在床，觉得上下疼得慌，就连晚饭也是同事帮忙才吃下去。没办法，先贴膏药，第二天，马上用船送进医院。

由于当时的医疗资源有限，连今天常见的 X 线断层摄影机都没有，到底哪里出问题，医院也给不出准确的意见。最后找中医院有经验的老中医就诊，才诊断是骨骼错位，需要休养一段时间。他前后在中医院只待了三天，苦于不太习惯，加上医院病床也很紧张，感觉稍微轻松一点，能起来走上两步，就立马回到海研所的家。但是医生又叮嘱，需要每天到医院做恢复治疗。不能耽误一天，不然将对病情的恢复造成影响。

常抗美虽然已经成家，但是爱人毕竟是女性，上班无法请假；儿子还小，只有三岁多，照看都是个问题，最后只好送到外婆家。找其他同事，但不巧的是，那时整个养殖室，大家不是出差，就在蹲点从事研究。

万幸的是，他还有一位同事黄广潢。但他一开始没有想到他，毕竟是四十多岁的人，而且还是前辈，似乎找他很不合适。但他没想到，黄广潢却主动找上门来，问他到底是怎么回事，为什么要用担架抬进所里。常抗美告诉他原因，也告诉他自己在接下来还要每天继续看医生，但不知道到底该怎么办才好。"这不是还有我吗？"黄广潢说，"你就安心地养病，只要有我在，就别担心。"转过头又告诉他："小常，明天我九点钟准时来接你。"这让常抗美感动得不知道说什么，只有说"好"。

这一次，黄广潢的板车又有了"用武之地"。他拉着板车，如约到常抗美的家门口，当时的宿舍楼都没有电梯，上门一个台阶一个台阶扶常抗美下楼，再将其妥善地安置在板车箱中。为了方便坐，板车箱中还垫了被褥。然后，他就拖着常抗美往中医院方向走。一路走，他还陪着常抗美聊天，鼓励他好好治病："千万别年轻时落个闪失。"

推拿、针灸、喝药，每次治疗下来，都要花上两三个小时。黄广潢陪在旁边，帮忙扶上扶下，问医取药，成了陪护，比现在请的护工还要尽心尽责。当天的治疗告一段落，他又将常抗美送回家。

虽然生活中我们会经常麻烦别人，可一可二但很难可三。老是麻烦别人，自己都过意不去。常抗美想，自己能得到黄广潢的帮助就已经超乎意外，不能老是麻烦他。回去后，他向黄广潢这位同事兄长表示感谢："这次就谢谢你了。"言下之意就不用他继续帮忙，没想到黄广潢却有点"恼怒"，说："谢什么，同事之间互相帮助没关系的，真要谢的话，你也别着急，等把你的病看好再说。"

就这样，第二天早上九点，他又准时拖着板车，出现在常抗美的家门口。此后同样风雨无阻，大概连续十几天始终如一。随着腰疼减轻，常抗美请他不要再接送。再三确认之后，黄广潢才答应不再过来帮忙。

直到今天，他都清楚记得黄广潢拉着他往医院里奔走的姿势。没有这位前辈的照顾，他很难如期康复，也很难按时去国外考察进修。他曾经一直相信，好人一定会长命，但现实却让他很受打击，回来没多久，黄广潢就走了，让他难过了许久。

他倒在了英年

首先察觉到有问题的，大概是杜松。他记得在为西轩岛忙碌的那段时间内，每天早上起来看到小黄爸爸刷牙，都会出许多血。因为鼻子很敏感，每天走进小黄爸爸睡房时，他都会闻到一股类似口臭的异味。但那个时候他没有多想，只有到后来才明白，其实那个时候他的小黄爸爸就有可能已经身患绝症。

常抗美也留意到类似的情况。在西轩基地的时候，他就发现黄广潢的牙龈经常出血，问他到底是怎么回事，让他好好看看。黄广潢却说没事，只是牙齿不太好。那个时候，大家都没有把事情往最坏处想，以为顶多只是一些小毛病，而在当时，每个人都推崇"轻伤不下火线"，所以一拖再拖，谁能知道竟然是绝症。

谢土恩认为有可能是黄广潢参加"社教"时曾染上血吸虫病，在常抗美眼里这大概是跟营养不好有关。尽管到了1970年代，生活比起三年自然灾害时期，以及那特殊十年，自然好得多，但也就是到点能吃上饭，想吃肉还是比较困难，舟山只是能够敞开吃鱼。那个时候，想买肉还得凭票，一个月顶多半斤，有时也就二两。一家人就靠着这点肉票，落在自己肚子里，已经所剩无几。作为海研所里的一位资深研究员，常抗美也很清楚地看到，2000年之前研究所进出的人不过二百五十个左右，但是生癌的比例占到10%，不是肠癌，就是膀胱癌，活下来的只有两三个。他们的身体肯定是在那种物资匮乏的年代压垮的。不得不说，像黄广潢这样一帮知识分子，是从物资匮乏到生活条件稍好一点之间承上启下的一批人，他们为中国的经济发展贡献力量，却没有等到经济发展带来的好处。

在1982年完成贻贝养殖工作之后又正式从事紫菜养殖推广，着力推进坛紫菜高产、稳产，以及防治病害的王伟定，和黄广潢在紫菜养殖上已没有太多的交集，但很清楚他在工程上的付出，甚至对他领头创设浙江省水产工程设计所，也记忆犹新。在他看来，黄广潢得病，最大可能是在工作中大量接触研究所的标本，这些标本大多是泡过福尔马林的。另外，在做工程监工时，也会吸进大量的刺激性气体，如装修时的油漆。那个时候，由于条件有限，油漆不会用太好，地板也是三合板，加上大家当时对这种环境问题都不怎么重视，往往受害而不自觉。王伟定在进入海研所之后，一开始是住在外面的，后来住进研究所，当时隔壁正在装修，结果装修完一进来，两口子最后身体都出了问题。何况黄广潢在这种环境中，待的不是一天两天，看的不是一间两间，很难不得病。

何贻珩注意到黄广潢身体有问题的时候，大概是在西轩场育苗室的建设引起广泛的关注之后，黄广潢受委托为其他研究所设计育苗室的过程中。那次她从基地回来，两人碰见，自然叙些长短。对这位大姐，黄广潢经常会倾诉自己不为旁人知道的秘密，甚至包括内心藏着的一些情绪。让她有些吓一跳的是，黄广潢开口就是："火真大啊，我真想找人吵一架。"谁都知道，小黄是个脾气很好的人，就连平常开会，只要有他在，气氛都会变得相当活跃。但他竟然想吵架，太不可思议了。何贻珩就问："你怎么会想吵架呢？"但黄广潢也没解释，只是说："我现在回家真想吵架。只能回到家吵，也不能跟别人吵。"现在想想，那个时候，黄广潢大概已经开始发病，这种上火很想吵架的念头，大概是肝火郁燥所导致的。

更让人可敬的是，有脾气他也不会对别人乱发，事实上，真的回到家，他也表现得很安定，连丁香琴都没有注意到，更没有打搅到两个孩子的学习。

以后再回来的时候，黄广潢似乎像好了一点，没再说想吵架什么的，而是跟何贻珩聊设计，问她这个柱子放在这里好不好，那块池子再高一点行不行……总之，他抓紧时间沉浸在他的设计里，一有问题就请教。这让丁香琴有些安心。时间再到 1988 年 2 月份，深圳有一个外贸公司要建设一个养殖基地，找到所里寻求协作，所里便将任务派到何贻珩的头上，要她带着学生去帮忙把把关。所以，两个月后她就去了深圳。临走前的早晨，她看到黄广潢没有去办公室，而是从大门里走了出去，她就跟上问："小黄你干吗去？"

黄广潢回道："我到医院去一趟。"

"去医院干吗？"她又问。

他说："我吃一顿拉一顿，去配点药。"

这个时候，她同样还没有想到最坏的结果，而是说："你配好了，回来也给我吃点，我也吃一顿拉一顿。"

说完两个人就此作别。他去配药，她去出差。她没想到的是，这段听上去有点不雅的对话，竟然成了两个人最后的交流。

直到今天，她都很后悔，要是当初对他真正上心，早点催他检查，或者没推给他那么多事情，黄广潢也不会那么早就走了，即使走了，也不至于连最后一面也没见上。可是，人生哪有那么多要是，那么多如果呢？

黄广潢也没想到病情来得如此凶猛。他知道自己身体没那么好，平时也不讲究吃喝，当然也没条件讲究，有点小病小灾也很正常。但是，只要他能忍受，他都不愿意说出来，耽误事情不说，而且影响大家的情绪。即使回到家，他也要表现得跟没事人似的，孩子功课紧张，千万不能耽误他们的学业。

他以为自己熬熬就能熬过去，伟大的革命领袖说，人定胜天，他相信自己也一定能扛得住。那个时候，大家对身体的态度，不是对话不是妥协，而是把其当成要革命要战胜的对象，所以也没有什么养生的概念，更没有一年一度的体检。就这样，他跟身体软磨硬抗地耗下来，甚至忙得更厉害。到最后丁香琴都怀疑，他其实是劳累而死的。

丁香琴永远记得那段让人悲哀的日子。大概正是在为海研所建设副研楼的时候，他开始表现出极度的难受。睡也睡不着，坐也坐不住，就连平时都没有注意到丈夫反常的她，也看出了不妥。和顾蓓乔的记忆稍微有些偏差，此时副研楼已经造到第二层，还有四层到顶，正需要加快建设步伐，但这个时候丁香琴却不允许他再这样拖下去了。既然在普陀这边看了多少次病也没看好，她就让黄广潢去上海瞧一瞧到底是什么问题。

在去上海之前，大家还没意识到问题的严重性。黄广潢还期待着，能在上海有条件的医院尽快解决问题，这样他就可以继续推进自己的工作。副研楼是海研所为高级知识分子专门建的楼房，是海研所落实对人才的待遇而采取的举措，做好这份工作，对海研所有特别的意义。对他来说，服务好这些高级人才，也是为海研所的事业作贡献。

检查的结果却让他和丁香琴大吃一惊。就跟当年他弃医学转而选择生物学一样，医生一脸严肃，没有一点笑意地告诉他们，要做好心理准备，回去吃好喝好。言下之意谁都明白，一直刚硬如铁地挺了这么久的黄广潢，一下子就彻底地"思想放下了"，换句话说，有点崩溃。很多时候，人不知道结果，还抱有很大的希望，即便身体有毛病，精神也不垮。现在希望没有了，人就像被抽掉脊梁骨，一下子就不行了。换在医术昌明的今天，癌症晚期仍没什么治愈的可能，何况当时的条件。

本来满是忐忑但还有指望地去上海，结果一去再回不来了。

听到这个消息后，海研所也派去两个同志，心急火燎地赶往上海，先是乘船，到舟山之后，再改坐单位里的汽车，就这样一路搀扶一路背将黄广潢接了回来。问他们累不累，他们说不累。再累也抵不上黄老先生为他们所做的一切。

回到沈家门之后，一些老领导在出差，但是一回来就立马放下手中的行李，赶到黄广潢的病床前。今天，丁香琴也很感恩海研所对丈夫的关爱，虽然当年让丈夫吃了很多的苦，但是在他病重期间，书记、所长一次次地来探望他，包括他的同事，以及一起共事的同学，这让丁香琴都快有心理压力，最后都下"逐客令"：请不要再来了，你们做好自己手头上的工作，就是对丈夫最好的关怀。

不过，她依旧还是要不停地麻烦海研所。一开始，她打听到有种药对癌症有一定的效果，但是又不知道从哪里买，跟海研所一说，海研所立马就派人到外面购买，买回来就一刻不停送过来。接着，她又看到丈夫搁家里休养还是不行，得赶紧送医院。海研所听说后，立刻联系好当地的人民医院。第一夜，是她陪在丈夫的身边，但是第二夜，她就有些吃不消。这个时候，黄广潢的那些同事，开始自觉地来到医院，轮流替她陪伴丈夫。和黄广潢年纪差不多大的老同志，是两个小时两个小时一陪，年轻一点的，时间就更久一点。就这样，他们一直在病床前守到黄广潢去世。这多少减轻了她的负担，与此同时，更让她看到，黄广潢这些年的付出，是值得的。他在这个所里的人缘，很多，很好。

临走之前，黄广潢还一直心心念着两件事情。在丁香琴的姐姐姐夫和弟弟都在的时候，他说出自己的这两个担忧，一个是爱人的工作虽然已经调回沈家门，但离家还是有点远，走路要半个小时，以后他不在，会不会有点不方便，如果能调到海研所来，那最好不过。另一个自然就是女儿的学业。这个可爱的女儿，也是他一辈子的牵挂，让他心疼，又让他骄傲。在他和爱人的督促和爱护下，她不仅以非常优异的成绩考上全国重点大学也是周恩来总理的母校——南开大学，而且在学业上也和以往一样优秀。但是他一旦不在人世，家里又缺少重要的经济来源，女儿的学业又该怎么办？她才刚刚上大一，离毕业还有好几年。千万千万不能耽误了她。

说起来，作为无产阶级的一分子，也是光荣的共产党员，黄广潢对死亡并不畏惧，但是他一想到爱人和女儿，就放心不下。他见到亲属就说这个问题，显然有点托孤的意味。与此同时，他还在期盼着一个人的到来，那就是何贻珩。他有些不明白，她这次为什么出差那么久？他很急切地想要见到她。

多年的交往，让他知道这位大姐，是一个可以托付后事的人。相比较一心扑在工作上，生活能力和社交能力稍微有些欠缺的爱人，她如果能在日后的生活中伸个手帮个忙，一定能事半功倍。而且，他还很想跟她说说女儿的事情。但她为什么就老是不回来呢？

好在女儿很快就回来了。一开始丁香琴问："要不要让女儿回来看你？"他说："这会妨碍她的学习，不看。"后来住进医院，大概觉得去日无多，当丁香琴再问，他这才同意。想来女儿大概已经在路上了。在迷迷糊糊中，他似乎看见当年的那个小丫头，穿着自己做的小裙子，张开着双手像只漂亮的蝴蝶一样，向他的怀里飞来。

而他的耳边也似乎听到女儿声声的呼唤：爸爸，爸爸。

是那么近，又那么远。

坐在父亲的病床前，握着父亲的手，黄荔感受着这曾经给过自己多少温暖，多少安全感的大手，慢慢地变凉，心里痛得像堕入了无边的黑暗。

也许是父女连心，在父亲病重的那段时间，她在天津的大学里，有些心神不定，老是觉得家里像是有些事情要发生。果然，5 月中旬前后，她收到家里打来的电报。为了怕她担心，路上出问题，电报上也没说得那么详细。到家的时候，已是晚上，她风尘仆仆，也没来得及安顿，首先就追问，爸爸到底怎么了？丁香琴强忍着眼泪说："我说你还看不出来吗？"她一下子就明白了。

时至今日，黄荔一直记得父亲对她的爱，热烈又无私。她也很享受和父亲在一起的日子，在父亲这棵大树的呵护下，她享受阳光和雨露，也避免狂风暴雨的摧折。这让她无忧无虑，却又年少轻狂。那个时候，她的学习虽然不用爸爸妈妈操心，小学、初中毕业都是以全校前三的成绩考入重点初中和高中，但是在她温顺听话的外表下，藏着一颗不安分的心，从小就喜欢和大孩子玩，喜欢装酷，不免被大哥哥大姐姐的社会时髦风气所吸引，也很想打扮打扮，但是这个时候，父亲却找到她，和她认真地谈了一次话："荔荔，你喜欢的各种打扮，家里都负担得起，但是人的精力是有限的，现在是读书的最好时间，想打扮，以后的机会多得很，爸爸希望你把精力放在学习上。"话语是平常的，但润物细无声地拨正了她那年少轻狂的人生方向。

事实上，在这个家庭中，黄广潢尽管爱意满满，但也不是无原则的老好人。他要女儿吃专业饭，要女儿在什么样的年纪做什么样的事情。就连杜松，他一般不像爱人那样对待他的学习，觉得该学习的时候学习，该睡觉的时候也要睡觉，但是在应该学习的时候，课本放在上面，底下再藏一本武侠小说，也是他不能容忍的："你这样还不如睡觉。"

在顾蓓乔的印象中，小黄叔叔为女儿还干过一次"惊天动地"的事情。大概是在黄荔读高中的那几年，小黄叔叔有一天脸色铁青地回到家。这让他非常好奇，因为他从来没见过小黄叔叔甩过这样难看的脸色。他便走过去问到底是怎么回事，小黄叔叔对他毫不讳言，说自己气得要死："我跟你阿姨两个人到学校里去，翻了荔荔的书包。"顾蓓乔问道："你这是干吗呢？"小黄叔叔说黄荔在跟人谈对象："像她种小孩子怎么可以找对象呢？现在是读书多么关键的时候！"说起来，其实也就是青春期里的年轻人相互有好感，写写小纸条而已。但作为父亲，不允许女儿在需要认真思考和学习的时候，想别的东西。他劝小黄叔叔冷静："那你也不能这样啊。"小黄叔叔还是气喘吁吁："不行的，我要打人了。"他看情况不妙，黄荔可能要遭殃，抓紧回去通风报信告诉自己的爸妈，顾庆庭和何贻珩赶过来，劝他不要这么冲动，哪有这样教育孩子的，太伤孩子自尊了。他依旧斩钉截铁，说："这个是没有商量余地的，一定要有惩罚，不然她不会有记性的。"好在后来，在大家的劝说下，以及保证看紧黄荔，小黄叔叔才就此罢手。

日后的他，依旧在充当着女儿的"保护神"。这在女儿填报大学志愿的时候，更是体现得淋漓尽致。他先是不认可女儿填报新闻，认为女儿心直口快，不适合。

他经历过那么多次政治运动，知道很多被打成右派或者反革命的人，其实底子并没有什么问题，都是"祸从口出"，女儿要是从事新闻，有可能会为自身招惹麻烦。他希望女儿将自己的思辨能力放在专业上，而不是意识形态上。从中可以看出，时代的烙印，给他留下了深刻的影响。

赌气之下，黄荔在新的一份大学志愿上，只填了一家大学本科，重点大学和大专全部空白，然后将这份独特的干净的大学志愿表交给了老师。

尽管很多人对此都很无奈，黄广潢依旧宽容。在黄荔的印象中，相比较现在的父母都比较在意自己的子女上的是不是重点大学，父亲就不在乎。他说反正大学毕业工资都一样，又说学校好不如专业好，学校只是一个招牌，你未来干什么更重要，只要你专业强，就能立得起来。这是他一贯的价值观。

但事情很快有了一个"大逆转"。没多久，就从省招办那边传来消息，黄荔被南开大学历史系博物馆专业录取。

原因说来也让今天的人想象不到，因为当年的志愿都是手填，中学里的副校长看黄荔的分数超过了重点大学线很多，便自作主张，在重点大学的空白栏中，替她填上这一学校这一专业。黄荔立马不干，当场要求复读，家里一时陷入纠结。好在中学的向校长为人特别负责，为此赶去省招办协调，要求南开退档。估计堂堂南开大学也没见过退档的，经过老师们的协商，南开的招生老师松了口，说档案不退，但可以给黄荔一个下午的时间考虑，在南开所有专业中自己任选一个。电话从杭州打过来的时候，黄荔也觉得自己没法再矫情了。就在短暂而关键的时刻，父亲为她选择了一个当年不常见的专业：金融系保险专业。

今天回头再看，无疑凸显了黄广潢的远见。知女莫如父，黄广潢在自己心里，早就给黄荔的人生发展方向作好了定位，学习一门专业，掌握一项技术，未来吃专业饭。这对有点理想主义的女儿来说，是最好的保护。她的思维将因此变得更加缜密，行动也会更加理性。但问题是，黄荔是文科生，无法报考生物、化学等理工专业，好在还有经济和金融，最接近理科。在他看来，国家要发展，肯定要在经济和金融上下功夫，它们一定是国家在未来新兴发展的方向，所以相关的人才也会紧缺。在金融专业中，还细分为金融和保险，黄广潢考虑到银行自古就有，行业人才不少，而保险是解放后停办了几十年，1979 到 1980 年左右刚刚恢复，全国只有一家中国人民保险公司（即 PICC），应该急缺人才。

最后，父女终于达成一致意见，去南开读书。黄广潢也特别高兴，总觉得女儿比自己强。为此，他和爱人还亲自送女儿去天津，说起来，这也是丁香琴活了小半辈子难得地出了一次远门。到达天津之后，两人除了尝尝狗不理包子和天津麻花，剩下的就是给女儿买东西，帮女儿整理宿舍。那时，宿舍里的那些独女，或者小女儿的家长，大多忙碌异常，一边收拾行李、铺着床，一边为这也不会那也不会的孩子发愁。而黄荔则和这些"小公主"们游手好闲，心安理得兴奋地操练着普通话。相反，那些在家里是长女的同学都是选择亲自收拾，顺便"鄙夷"一下那几个好吃懒做的家伙。

在安顿下来之后，黄广潢又带着爱人，去北京游玩一趟。那里，是中国的心脏，有他敬爱的伟大领袖。完成了这趟"朝圣"的旅行，一家人就此分别。他和丁香琴怀着一腔的不舍，坐着火车南下，倒是他担心很久的女儿，却没有"独在异乡为异客"的愁绪，相反兴奋地开始自己在北方校园的全新生活，而这种生活是自由的，父亲再也没法管教得到的。

说起来，尽管享受着父亲无私的爱，但是因为家教严，黄荔一直处于受宠但孤独，以自我为中心但又向往有伴，行动受限但又憧憬自由的矛盾心理中，她总觉得是家庭束缚了自己，父母压抑了自己，这造成她在高中三年尤其是在高考填报志愿时表现出严重叛逆的心理，而在平时，一不高兴，她就完全沉默。如今想起来，这该造成父母，尤其是父亲多么大的痛苦。那个时候，她却不能体会，直到进入南开之后，因为想家，她和父母之间的关系，才变得真正好转。

有一段时间，她又变得很愿意听父亲的话。黄广潢曾要求她不要加入学校里的文艺团体，尽管她不明白到底为什么，但在大一时，学校和系里的文艺团体多次招募，她就一句话："我爸不让。"真的就没去。后来想想，也许还是因为他的人生阅历告诉他，女孩子太出挑，太引人注目，不一定是好事，就像张晓云，因为唱歌的事情，从大学到工作，都没有落到什么好处。说起来，这还是一位父亲用他的经验，在保护自己的孩子。

她本以为这样的日子还会有很久。在心里，她希望自己能永远做她的幼小女儿。树欲静而风不止。等到她幡然醒悟过来时，父亲却不再给她机会了。可是，老天也太不公平了，父亲才多大的年纪！这种彻心彻骨的疼痛，让她几天下来，瘦了二十来斤。丁香琴记得，女儿在大学里曾经养胖了，穿一件比较宽松的衣服回来，结果一夜就回到了入学前，那件衣服再穿上去，就显得又肥又大。

就在黄荔回来的当晚，顾蓓乔也赶过来。他记得自己连上三个夜班，这天晚上七点接班，但他跟接班的同事商量一下，提前半个小时到人民医院。他先跟黄荔聊一会天，看她情绪较为安稳，多少有些放心。后来，他看到黄广潢在招呼他，于是又坐到病床前。他看着黄广潢吃力地跟自己说："我跟你爸妈认识这么长时间，我自己可能时间不长了，可能看不到他们了。"

顾蓓乔也很遗憾地说："到现在我也联系不上他们，他们到哪里我都不知道。"那个时候，通讯还没那么发达，就连电话也不常见。谁要是出门，不及时打电话过来告知，实在很难知道其行踪。他只知道，母亲又有可能去了河北，而父亲有可能出差去山东，或者是江苏。

聊了一会天，黄广潢觉得有些口渴，想要喝水。但医生却叮嘱说，不能多喝水。黄荔在一旁，用棉花球沾着水，给他擦嘴唇。

告别之前，黄广潢又拉住顾蓓乔的手，再次表达了自己不能见到顾庆庭和何贻珩的遗憾，接着又说："我还有一件事情拜托你。"

顾蓓乔说："你说，不管怎样，我一定都给你办到。"

"那就好。我的身体不好，看病花掉不少，现在家里有多少钱我只是大概知道。但是以后家里只有丁香琴一个人的工资，荔荔要读书，你一定要帮助这个妹妹把书读出来。"黄广潢顿了顿，"你帮我担保，哪怕是贷款，也要给她读书。我就拜托你了。"

顾蓓乔感觉到，他握着自己的手有些紧。看着小黄叔叔有些被病痛折磨得有些灰暗，但这时却无比期待的眼神，顾蓓乔坚定地答复："这个你就放心好了，不用讲，我们肯定要让这个妹妹读出来的，而且她读的是南开，也是我们的骄傲。"没想到黄广潢还是不放心，他说荔荔是一定会还贷款的，日后要是出息了，一定不会忘记帮助她的叔叔伯伯哥哥姐姐们："我以我的党性和人格保证，你应该知道我的为人的。"顾蓓乔的眼泪都快掉下来了，他感受到一位父亲临终时对子女的无限牵挂和担心。他也用力紧紧地握住小黄叔叔的手，有些"嗔怪"地说："你不用说这个，我们都知道。"

那天，他看着黄广潢有些疲惫，加上自己的爱人刚刚大肚子，就跟黄广潢依依惜别，先回自己的家转了转，后来又赶回基地。

结果刚过三天，消息传来，小黄爸爸不行了。

家风永续

堕入心灵深渊的，还有杜松。此时的他，已经十八九岁，属于法律意义上的成人了。早在 1984 年，他就已经离开小黄爸爸和二姨回到自己的家。尽管有了独立生活，但是他一直感念两位长辈当年对自己的照顾。比如小黄爸爸每天早上给自己做早餐，这个就连自己的亲父母都没有做到。

更重要的是，小黄爸爸的为人处事，一直影响着他日后的人生。不得罪人，对得失看得不重，大气，还有对学习的热爱——这些对他走上社会之后，如何去处理人际关系，如何去做一个有爱心的、对社会有贡献的人，都有着很大的指导意义。

如果说有什么遗憾，那就是自己生性比较好动，加上不太懂事，在学习上曾一度不能达到小黄爸爸的期望。说起来，他其实是一个很聪明的孩子。当年和表姐一起上学，只能作为旁听生，但考出来的成绩，比那些年纪大的孩子还要好。到初中，只要他愿意读，期中考试可以考不及格，但期末考试却能考个九十分以上。

这也是黄广潢为什么要在分公房后，把杜松放在身边的原因。他知道这孩子，只要督促得好，肯定会有出息。

事实也证明如此。凭着丁香琴的严格要求，黄广潢在日常生活中无微不至的关怀，以及在学习上遇到困难时还有黄荔的辅导，杜松在初中三年虽然过得比较痛苦，学习成绩却有很明显的提高，多次考试成绩都在年级前十名左右。

为此，黄广潢和丁香琴都希望他能考入重点高中，然后再上大学，但问题是，杜松和黄广潢在"出息"的理解上，有点偏差。这位外甥没有他当年那样迫切想要读高中的愿望，更多的是将早日自立、早日挣钱当成自己一直以来的最高理想。所以他想考的不是重点高中，而是中专。因为一考入中专或技校，每个月就有二十九块钱的补贴，这让他很羡慕。

相比起表姐当年报考志愿时采取的相对激烈的叛逆姿态，杜松倒是有技巧得多。他没有选择和长辈们的意愿正面相悖，而是在考试时暗地里做一下手脚。那个时候，报考中专和报考重点高中，都要考六门，但两者唯一的区别是中专对外语不做强制性要求，只是参考。杜松自然不敢在其他五门上开玩笑，而是选择在英语上，故意少做二十多分的试题，这样，重点高中自然就不会录取他，相反，中专就近在眼前。

结果也正如杜松所愿，他除了英语成绩不太好之外，其他五门课加起来，在考取中专的学生中遥遥领先。这颇让黄广潢遗憾，觉得如果当时重点辅导一下杜松的英语，说不准杜松就进了高中。他哪里知道这是杜松的特地为之。

不过，在接下来选报学校和专业时，杜松又不知道如何抉择。当年，舟山当地的中专不算太多，选择范围不算太大。杜松记得，自己当时只有几个专业可以选。一个是航海，但他喜欢自由，不太喜欢天天在海上漂。再说自己那个时候视力不行，只有 0.5 或 0.3 的样子。一个是驾驶，这个他喜欢，但同样是因为视力问题，他也没有办法选择这一专业，当时驾驶的要求是视力得在 0.8 以上。一个是师范，这个更可怕，自己本来就不喜欢学习，把学海视若苦海，总不成刚跳出来，又要跳进去吧，也误人子弟。当然，那时舟山还有一所比较吃香的中专，属于邮电行业，但问题是，这种好学校又轮不上他这种平民出身的学生，一年在整个市也就招那么一两个名额，说不准还会被人暗自运作送给关系户。最后挑来挑去，还剩一个：烹饪。杜松很踌躇，不知道学它到底有什么用。

黄广潢提议他不如就选择烹饪。虽然杜松考入中专术已成舟，但是出于负责的态度，还是要给他把关。为什么要选择烹饪？黄广潢解释说："烹饪专业是技术较强的行业，民以食为天，无论何时何地都需要。不管如何，人们都是希望吃好吃饱的。"这个分析，无疑很对杜松的脾胃，因为自己小时候经常挨饿，知道好好吃饭、吃好饭是人生的大事。所以，他坚定自己选择烹饪专业的信心。

事实证明，黄广潢用自己朴素的人生经验，同样帮助杜松进一步开拓自己的人生。在毕业后，杜松先是被分配到某所盐务局，因为盐务局当时从事"三产"，有一家酒店，所以他一开始在这家酒店实习，几年之后，年纪轻轻便做到总经理的位置。甚至有一度，市内的组织部门要他去下面乡镇做镇长。这也意味着，领导们看重他，希望能打磨他。只要他答应，他不仅可以从政，而且未来不可限量。他却拒绝这份好意，甚至在几年后，从国有企业的总经理位置上辞职，自己去折腾。很多人都不理解，但他知道自己想要什么，他太喜欢海阔凭鱼跃的感觉。虽然当年在一起的那些小伙伴们，到今天个个都出人头地，不是厅级干部，就是处级干部，杜松却不后悔，因为这些年下来，自己也略有小成。他的旗下，拥有舟山财富君廷这样的国际五星级品牌酒店，地址正在过去的临城，也就是今天舟山的新城。他有时难免就想，如果小黄爸爸有机会看到他现在这个样子，也一定会感到骄傲："因为他对我也是精心培育的，我能有今天，跟他脱不了关系。"

可惜的是，他还没来得及展开自己人生的新图景，小黄爸爸便走了。尽管很早就发现他有异常，但是真的变成现实，还是让人很意外，很讶然。

在小黄爸爸去上海检查的那几天，杜松曾被丁香琴叫回来，给他们看几天家。结果他盼星星盼月亮，盼到这样一个结果，看着病床上的小黄爸爸骨瘦如柴，人都像是缩小了一号，根本见不出当年英俊的样子，他不禁悲从中来。但是他不能毫无忌惮地哭泣，因为自己从小就在小黄爸爸身边长大，加上小黄爸爸没有儿子，这个时候他就得当儿子使唤，不仅要安慰二姨及表姐，还得帮忙处理小黄爸爸的后事。

这也是对他最大的敬意。

1988 年 5 月 29 日 6 时 20 分，因为医治无效，黄广潢逝世。

走的那一天，海研所上下弥漫着一片悲伤。陪夜的同事们刚刚离开，又回来了。他们先是给黄广潢理了头发。这么多年来，海研所的大人孩子很多都是黄广潢给理的发，这一次，轮到他的同事来回报他。他躺在那里，倒变成了孩子，面容安宁，纹丝不动。

接下来，他们将黄广潢抬回所里，所里的年轻人全都留下来守灵。

西轩基地更是人心思动。顾蓓乔找到带班的师傅，说自己一定要回去。但师傅让他不要太匆忙，因为不光是你，很多人都要去的。到时候场里面会专门安排一个时间，只要不留在工作岗位上的，能回去都会回去送黄师傅。

除了他们之外，常抗美也来了。他一直记得黄广潢当年拖着板车送他去医院的恩情，这次黄广潢生病，他却没帮上什么忙，但是一定要送行的。

他还有很后悔的事情，那就是从日本回来时，他带个相机，一直想找个机会，和黄广潢合张影，留个念，但老天就没给他机会。

海研所为黄广潢召开了追悼大会。所里的领导亲自主持会议，并宣读悼词。悼词先是回顾黄广潢的生平：

家境贫寒，从幼丧母，少年时代生活坎坷，日常生活俭朴，勤奋好学，1963年毕业于厦门大学海洋生物系，第二年分配在我所工作。正当为科研服务的最好时期，不幸于1988年5月29日6时20分医治无效逝世，享年四十八岁。

接下来，悼词对黄广潢在海研所作出的贡献再次给予肯定和追认：

广潢同志长期从事坛紫菜科研、推广和对虾人工育苗厂等建筑设计工作，对浙江紫菜养殖事业作出较大贡献，难能可贵的是在十年动乱之间相信党，相信人民，分清是非，坚持本职工作。在全省对虾育苗室设计方面也献出了自己的全部智慧和精力。

悼词继续说道：

广潢同志作风正派，心胸宽广，以身作则，能团结同志，共同为祖国"四化"服务。为了完成西轩场后勤补给，常常废寝忘食，因此曾多次获得先进工作者称号。

广潢同志是尊敬长辈，爱护弟妹的楷模，他家庭和睦，在教育女儿健康成长、努力学习等方面成效显著。

这些悼词平实，没有绚丽的词藻，但无一不切中事实，让人通过悼词，就能对黄广潢的为人和品格一目了然。在悼词的最后，也承认"广潢同志因工作辛苦，积劳成疾"，同时又因为"对顽疾发现过迟"，所以，"虽经抢救，治疗无效，过早地离开了我们"。但不管如何，"广潢同志的一生是艰苦奋斗的一生，为人民服务的一生。他的逝世是浙江海水养殖科研工作上的一个损失，使我们失去了一个好同志、好战友。他的精神将永远鼓舞我们努力工作，永远前进。广潢同志安息吧！"话音刚落，底下便是啜泣一片。

追悼大会后，灵车就送黄广潢去定海殡仪馆火化。在此之前，海研所有老书记去世，黄广潢从事基建之故，也由他一手操办，将老书记送入土，并起了个大坟。后来省里知道后，批评海研所没有丧事从简，而且提倡共产党员都应该火葬。黄广潢便要求家人，若自己去世一定要火葬。这也让他成为海研所自成立以来在白事中火葬的第一人。

火葬的第二天早上出殡，天空同悲，下起了大雨。送行的人依旧络绎不绝，不仅有同事，还有他们的家属。黄荔呆呆地抱着爸爸的遗像，如在梦中的恍惚神情，浑然不觉大雨瓢泼，跟着队伍在山中走着漫长的路。杜松作为半个儿子，也为自己的小黄爸爸送上一程。为此，他还叫来四五个男同学，帮忙执棒打幡。他希望通过这次出殡，和小黄爸爸作最后的告别。

听到这个噩耗时，李天赐一家也陷入了悲痛当中，他的几个子女都痛哭了一场。他们要送别自己敬爱的舅舅。相似的年纪，以及多年来的一起生活，让他们之间的感情一直很亲昵，霎时间无法接受这一惨痛的现实。后来他们又送别了自己劳苦而仁爱的母亲。

不过，李天赐说，我们可以把舅舅放在心里，牢记他的音容笑貌，让他激励着大家继续前行。而他本人，也满怀对小舅子的思念，直到1998年，他将它一起带进了土里。

紧赶慢赶，何贻珩终于赶上了送行。此前，她本是去深圳帮忙，结果中途有变，被对方安排去河北。待一个月之后，她觉得这样不行，单位可能还不知道自己到了那里，她得回去。刚到上海，就收到同事寄来的一封信，说是小黄得了癌症，快不行了，要她赶紧回来。而且他一直念叨着有话要跟你说。她心里一紧，第二天便买了船票。船还没开，她的心思就扑到老同事、老战友的身边，默默祈祷：你可得要挺住。

可惜天不从人愿，前脚刚踏进海研所的大门，同事就说："何贻珩，你来晚了，今天早晨他刚刚走的。他一直在等你，他有话想跟你说。"

何贻珩放下行李，稍微安顿，转身便奔向了黄广潢的家。推开他的家门，看着眼前憔悴的弟妹，她开口就是说："我来晚了。"丁香琴也说："你的确是来晚了，他一直在等你，有话想跟你说。"这样的话，她这一天里听上了好几次，可是他有什么话，要跟自己说呢？她一点也不知道。她后悔自己回来得晚了，如果有机会见上最后一面，听听他说些什么，他没有遗憾，她也不会有遗憾。后来，她根据黄广潢对自己儿子的交代，多多少少猜测到，他要说的话应该和他女儿荔荔有关。如果真是这样，不劳他交代，她自也会用心的。顾蓓乔说，不管怎样，我答应了小黄叔叔，就应该帮助黄荔完成学业。她也赞同儿子要说到做到，不过考虑到顾蓓乔马上有自己的孩子了，压力也很大，所以她跟儿子说，这个事情就交给我们来吧。

到今天，丁香琴也很感恩，在自己丈夫去世之后，所里领导，以及其他很多人对她这个家庭依旧给予了关爱。所里不仅给丈夫老家在世的继母发放抚恤金，也给女儿发放抚恤金。像后来顾家专程上门看望她和黄荔，谈起资助，她坚决不要，说："我有那么多兄弟姐妹，他们会帮助的，如果确实有困难我会找你们的。"尽管如此，在黄荔读书余下的每个学期，顾蓓乔一家仍然不间断地资助上门，丁香琴收了一两学期路费，每次都是一百元，要知道那个时候个人工资也就每月几十块钱，以后坚决不肯再收了。另外还有黄广潢的同学，像宋海棠、周婉霞也给予一定的帮助，赵建培则在和宋海棠联系得知这一情况后，也背着自己的爱人，给黄荔寄上一笔钱，说是给黄荔的书报费。

这些恩情一直记在丁香琴的心里，日后有机会，她毫不犹豫地回报，她不想欠恩，只是想着百倍千倍地偿还这些深情厚谊。因为她并不想靠着别人的帮助生活。丈夫不在了，但她有自己的兄弟姐妹，家里的兄弟姐妹也是每年资助次次不落。更重要的是这个家里还有她。

坚信只要有她在，女儿就不会失学，家也就不会散。

如果没有黄广潢的突然离世，丁香琴的生活依旧会一成不变。

她依旧会将自己的整个身心扑在学生身上，每天不是在教室里留堂帮助学生辅导功课，就是夹着讲义回家做教案，有时学生还会跑到家里来请教，她就一教到底。

在很长时间内，她和丈夫都是你忙你的，我管我的。很多时候她都不知道自己的丈夫都做了些什么，遇到什么麻烦。

还比如，黄广潢很爱自己的女儿，爱到有一次女儿出去郊游，有老师带队，他都觉得不放心。其实女儿再郊游，也跑不了多远。为了保护女儿的安全，他远远地跟着。这事也是黄荔当年的班主任告诉她的，"家长跟着去的只有他一个"。

现在想想，丁香琴从来就没管过自己的男人什么。他富贵也好，贫困也罢。或者跟这人交好，跟那人又有怎样的故事……她都没怎么操过心。甚至，就连黄广潢的衣服，她也几乎没洗过，他也没让她洗过。都是他洗完澡之后自己洗，自己晒。如果非要总结原因，大概一方面是因为他让她放心，另一方面他自力更生的能力的确很强。

她以为很多事情都是理所应当，也以为自己就这样和丈夫平平淡淡地过完一生，但谁知道命运却陡起风波。丈夫的离去，让她突然失去一根支撑，一个依赖。就像有人将手伸进她的心里，掏去最为重要的那一块，她能清晰地感受到，自己内心中那种被撕裂的痛楚。这个时候，她才真正明白，这个男人对自己意味着什么。

她所有的心无旁骛和平静安宁，都是得益于这个男人的宽宏和大量，以及默默无闻的支撑。他甚至在临终之前，还挂念她的日后生活。

人总是在失去的时候，才更加意识到原先的珍贵。这让她今天回想起来，有些愧疚对自己的爱人欠缺应有的温情。

就在黄广潢回舟山住院的那段不长的时间里，丁香琴有时去看他，有时就在娘家，念《地藏经》。住在观音菩萨南海道场的附近，娘家人都有一颗向佛心。有一天她趁着黄广潢睡着了，赶到娘家，在观音大士的塑像前发下誓言，如果菩萨能保佑他病好，她此后便终生吃素，每年坚持去普陀山三次。哪怕他好不了，她也坚持。第二天，妈妈要送饭到医院，她就叮嘱不要带荤的，要全素。老人心疼女儿，要她吃十斋素，也就是一个月吃个十天。但她坚决不同意，今天吃素明天又不吃，会弄混的。既然要吃素，那就天天吃素。而且自己是老师，说出来的话是不能改变的。

尽管她发了愿心，老天慈悲，还是没能挽留住他。不过，她却因此将佛迎了进来，每天早上起来第一件事情便是念佛，忙完再去单位。

这一年，丁香琴虚岁才四十六岁，离退休还有小十年的时间，这中间，曾经有人给她介绍过对象，要她重新开始生活，但是她不愿重组家庭，以一种向佛之心，以及对亡夫的爱，走完这段说长不长说短不短的路程。

正是为了践行自己的承诺，她甚至推辞了一个工作调动。当时，海研所没办法满足黄广潢的遗愿将她调进所里，倒是有人愿意帮她调到定海一个较好的单位，但她觉得，这让她离家远了点倒没什么，让她离普陀山远，那就不好了。那个时候，从沈家门到普陀，相对方便，而从定海到普陀，还需要先经过沈家门。

生活的压力不曾因为有佛就能减轻丝毫，丁香琴却因此选择了勇敢地面对。摆在她面前的，就是丈夫念念不忘的女儿读书的问题。尽管黄广潢的单位海研所，包括身边的亲属、朋友，以及黄广潢当年的同事，你凑一笔，我支持一点，但这些还是不足够，而且接受别人的馈赠和资助，总觉得自尊心受不了。

这时，因为身体不好，她从教学的第一线退下来，到学校去从事后勤。学校出于好心，给她还有其他两个老师开了一家小店，也就是小卖部，主要服务学生，赚到的利润，学校收四成，他们三人分剩下的六成。这样，每个月她都有一笔一百多元的额外收入。靠着这笔收入，再加上其他的援助，黄荔顺利地读完了大学，而且得益于父亲当年的远见，她在后来有很好的事业发展。

对黄荔来说，父亲的去世，让她无忧无虑的年少轻狂的少女时代就此终结，她也因此懂得什么叫"一夜长大"。但是，因为一时没法面对父亲的去世，也不愿轻易触碰自己内心的伤疤，她在毕业之后，没有回到老家，而是立志要继续读研究生。研究生毕业之后，还是背井离乡南下深圳。似乎走得越远，对父亲的思念就追不上自己。

在接下来的事业打拼中，她用努力用勤奋，来继续麻醉自己对父亲的思念，有时还自欺欺人、自我催眠——爸爸仅仅是出了一个长差。

这种折磨和遗憾竟然持续了十几年，伴随着自己在深圳成家，并有了两个可爱的儿女，她越发思念自己的父亲，他们这代人辛苦一辈子，没有机会享上自己的福，如果能有机会含饴弄孙，该有多好。

黄荔也很感谢自己这位可爱而又有点固执的母亲，虽然小时候，母亲更多的将爱给了她的学生，但是在黄荔需要继续奔跑的时候，母亲却用自己那微薄的力气，托起了她的明天。那个时候，母亲心疼她，宁可自己俭省，每月也要寄给她和以前一样的生活费，让她觉得，似乎爸爸从未离开。

以前没有多少金钱概念的丁香琴，开始知道存款，将政策宽松所分的收入留存下来的，后来海研所发的，亲戚朋友给的，学校里每月付的，除了雷打不动给女儿每月的汇款，自己不多的花费以外，其余都存了起来。这些钱，支持黄荔完成学业——念本科，念研究生，丁香琴始终在想，只要孩子想念书，就支持她念。没承想，最后涓滴细流汇集起来，还汇成不小的数目，慢慢还支持到黄荔参与的初始投资。按照当下的时髦行话说，丁香琴的家族，还是黄荔的"天使投资人"。

而丁香琴不懂，一生质朴，选择坚定地相信自己的孩子，相信她的专业。

1991 年至 1992 年间，还在上研究生的第一年，黄荔的一封来信，说要认购天津两个项目的法人股。丁香琴二话不说，第二天就取出存款，给黄荔寄了七千多元人民币，加上男朋友就是后来结婚的先生投的两千多元。黄荔在这两个项目上，投得多的一个有五倍的回报，投得少的一个成本沉没了，但是整体盈利三点五倍。后面陆陆续续，有几个那个时代的独特的机会，也就是金融专业的学生，学过证券的学生，对这些机会有非常专业的敏感，也没有错过。

因为，自从父亲离开的那一刻，黄荔就已经非常清楚地明白，从此这个家族的责任就是她的了。所以，一旦自己的事业小有所成，她就着急买房，将母亲接到深圳共同生活。只是每天，母亲吃母亲的，她和孩子、先生吃他们的。而且，母亲会时时惦念着去普陀山。人生再有什么波澜，也不能耽误这人生中的大事。

好在时间会解释一切，安慰一切。以前她拼命地逃避，害怕失去父亲，十年后，她慢慢地坦然，开始和同事在无意间提及家人时，能坦承父亲去世。奇怪的是，越坦然，父亲就像越不曾离开。有时，看着街上带着孙子的老人，或者，那些在街头帮忙指挥交通，或是力行环保捡拾行人乱丢垃圾的大伯大妈，她就似乎觉得自己的父亲也在其中。如果他一直生存在这个世界上，一定也闲不住，要到处发挥余热。

奇怪的还有，女儿虽然从来没有见过自己的外公，但在冥冥之中，与这位老人有着特殊的连接。比如说越长大，就越发现女儿喜欢画画，喜欢植物，这些，都是她外公喜欢的。更关键的，她还喜欢海洋。而且，她还很想给外公的传记画幅画。

她很难像妈妈那样，能将遗存不多的照片中那儒雅的外公，和经受风吹浪打、被烈日晒得黝黑的样子联系起来，也很难理解外公经历过的特殊年代，以及为了生存和事业所作的卑微而顽强的努力，但她一定会感受到那穿越时光的爱、经久不息的温暖。

每次摆弄花卉，女儿都觉得外公就在自己的身边。女儿如今喜欢购买植物栽培、园艺设计、美学、美术馆作品等方面的书籍，仿佛外公一一地向她指点，多肉植物该如何浇水，菊花该怎么养，夜来香又要怎么伺候。还有昙花，你得记得，这花啊，不管是在怎样恶劣的环境下，也不管有没有人欣赏，它都会开它的花。

而且，尽吐芳华。

第七章

海洋浪潮再起

时隔太久，寻找黄广潢似乎并不是一件轻而易举的事情。

他的踪迹大多潜藏在前尘往事当中，随着历史的烟云而四处飘散。我们只能通过片鳞半爪，像考古一样，将曾经的故事还原出来。

就像他小时候生活过的村庄延寿，这个曾经哺育过他的，也给予他精神血脉的老家，今天已然面目全非。尽管村北的延寿溪依旧是"十里无湍激声，萦绕九华山下一碧如带"，但溪前溪后，围绕着的多是新时代的商业中心和公园。就连村庄自身，似乎也越发清晰地听到了拆迁的脚步声。在这个村子里，已经很难找到与他相关的遗存。唯有村中靠近主要干道的黄氏宗祠依旧提醒着我们，这里有他祖先活动的足迹。

而西天尾镇，如今也日益繁华。过去的那种"小码头"由于交通变得四通八达，也没有了往日的痕迹。在进展神速的城市化面前，它已经不是城市的边缘，而是成了中心。新的车水马龙覆盖掉了以前的车来舟往。

莆田一中——黄广潢曾在此度过他最长的一段求学时间——也一再地搬迁。由于办学的需要，2003 年，位于东大路的老校区让位于擢英中学，而擢英中学在学园南街的办学点，则被置换给莆田一中，成为它在新时期发展壮大的落脚点。其东大门的校名正是在厦门大学做过王亚南的助手，日后于 1981 年 5 月出任中国科学院院长的卢嘉锡题写的。

至于擢英中学，则是在 1995 年 6 月，由莆田一中校友会以三十多万元流动资金作为启动基金所创办的中学。后历经曲折，于 2003 年，擢英中学升格为完全中学，并迁入东大路。某种意义上，擢英中学和莆田一中有一定的血缘关系。站在这所中学的门口，依稀能看到黄广澜当年在此苦读的身影，但校门依旧，校名已改。

即使到今天很多人来厦门都排队必逛的景点——厦门大学，也有着很多变化。校园更漂亮了，此前的农场、村社变成了漂亮的芙蓉湖，一度看不出陈嘉庚烙印的楼群也因为颂恩楼的出现，而让更多人记得陈嘉庚。在黄广澜那熟悉的生物馆中，已找不到他所学习的海洋生物专业。这是因为在 1972 年，厦大在这一专业的基础之上，又成立了新的海洋学系，继而在 1996 年，成立了海洋与环境学院。2011 年，厦大在整合相关学科和平台的基础上，组建海洋与地球学院、环境与生态学院，不再保留海洋与环境学院。海洋研究与人才培养的职能，也相应转到海洋与地球学院。

与此同时，他曾经所在的生物学系，也在高速发展的过程中，于 1999 年与抗癌研究中心组建成了生命科学学院。今天，若有学子想要读海洋生物专业，必须去海洋与地球学院，但是，若要找黄广澜当年的"娘家"，那就得回生命科学学院……

所有的一切，无疑都是时代之手的造化之功，它让熟悉变成陌生，又让陌生成为大家共同追逐的新鲜事物。这一切的变化，印证了"不变的是变"这个永恒的颠扑不破的真理。尽管很多东西都回不去了，甚至已经无迹可寻，但是在它的背后，藏却是整个人类求发展、求进步、求富强的坚强意志和坚定决心。对黄广澜来说，这又何尝不是他的初心呢?!

如果我们仔细一点的话，也许会从上面的叙述中，注意到这样的细节，那就是"海洋与环境学院"与"海洋与地球学院"在厦大的相继创立。

将海洋单列，又与地球并立，显然这个早在创校之初就对海洋投过深情一瞥，欲为中国谋山海之利的南方之强，前所未有地将占地球表面积一半以上的海洋视作未来。向高峰攀登，向太空进军，当然也要到身边的蓝海中去遨游。这在当年以农耕文明为主的这个国度，是不可想象的。更重要的是，我们已经不再只是将海洋当成"靠山吃山，靠海吃海"的索取对象，而是当成了我们需要与之和谐共存的合作伙伴。

事实上，这也是整个世界的共识。二战之后，随着科学技术的飞速发展，以及人口膨胀、资源短缺、环境恶化等世界性问题的凸现，世界各国对海洋的认识逐步深化。海洋越来越明显地显示出在资源、环境、空间和战略方面的重要性。世界各国普遍认识到，海洋将成为人类生存与发展的新空间，成为沿海各国经济和社会可持续发展的重要保障，成为影响国家战略安全的重要因素。"21世纪是海洋世纪"的论断已经成为全球政治家、战略家、军事家、经济学家和科学家的共识。

对中国而言，广袤的海洋也是不可多得的宝贵资源。曾当海军五十多年，并担任中国第一代导弹舰艇教学，参与驾驶中国第一艘国产万吨轮首航国外的陆儒德在《中国海洋发展战略研究》一书中提到，中国也曾在海洋上独领风骚整整十八个世纪，郑和下西洋更成为世界航海史上的壮丽诗篇。但是明清时期的"闭关锁国"，导致中国的海洋事业从巅峰跌落至低谷，扼杀中国的航海精神被扼杀，航海传统被迫中断，中国不但错失了引领各国共同发展的历史机遇，还遭受到来自海洋的帝国列强的入侵，面临"舰毁海防摧，国破山河碎"的历史悲局。

如今，随着新中国废除各种不平等条约，陆海空并举，中国的海洋事业重新取得重大发展。它不仅构筑起坚实的"宅基墙院"，连通海外交流通道，而且也为中国的经济腾飞插上翅膀。至2012年中共十八大前夕，《中国海洋经济统计公报》：全国海洋生产总值突破五万亿元，海洋生产总值占国内生产总值的9.6%。

某种意义上，向海洋进军，可以改变自身的气质，由以前的闭关锁国，转变为积极开拓进取。同时，这也可以帮助中国积极进行战略布局，维护自身在全球竞争中的发展与安全。所以，从20世纪末至新世纪初，中国不仅看重海洋，而且将海洋事业提升到国家战略层面，接连出台《中国海洋21世纪议程》《中国海洋事业的发展》和《全国海洋经济发展规划纲要》等重要文件，并提出"海洋经济成为我国国民经济新的增长点，逐步把我国建设成为海洋经济强国"。这标志着中华民族在现代条件下海洋意识的升华，标志着中华民族重走海洋路，努力发展海洋经济，期盼再创海洋辉煌的决心。

在这种战略下，深圳、厦门、青岛、烟台、威海、大连等沿海城市，将成为中国撬动海洋事业的重要支点。舟山也不例外。为改变舟山因一水之隔而造成的海岛经济受到制约的情况，从1999年起，舟山启动"大陆连岛"工程。整整十年时间，舟山跨海大桥终于建成，并于2009年12月25日23时58分正式通车。

这也意味着，舟山与宁波、杭州的车程将大大缩短，再加上已经建成的杭州湾大桥，舟山经杭州湾南岸到达上海的车程也将缩短到三小时，这将使舟山更紧密地融入长三角经济圈。舟山将全面进入大桥时代。

2003年1月，时任中共浙江省委书记习近平第一次到舟山调研时指出："这是一个很重要的工程，连岛大桥如果建起来了，对舟山的发展是一个根本性的推动。"

这一年的8月18日，浙江省第三次海洋经济工作会议召开，习近平作了题为《发挥海洋资源优势，建设海洋经济强省》的重要讲话，提出了"建设海洋经济强省"的战略目标和重大举措。自此，浙江从海洋资源大省向海洋经济强省迈出坚实的步伐。这对面对海洋的舟山，无疑是一个极大的利好。

2004年9月，习近平再次到舟山调研时，明确要求连岛工程快马加鞭，争取早日建成。他说，建成以后，那就是"千里江陵一日还"了……将来会产生怎样的经济效益和社会效益，怎么估计都不会过分。

随着跨海大桥的通车，以及浙江建设海洋经济强省举措的推进，从渔业资源捕捞，到相关功能食品、药物等产品的研发、生产，再到冷链配套运输和国内外销售，舟山初步建成了海洋生物全产业链。到2016年，舟山更是成为全国首批八个海洋经济创新发展示范城市之一，发展蓝色经济的方向和路径更加明晰。

与此同时，早在2002年12月，习近平赴宁波调研时就点题："逐步推进宁波、舟山港的一体化发展"。宁波、舟山港的一体化发展也在2018年迈出了新的一步。这一年的5月1日起，《中国港口代码》中涉及港口名称"宁波—舟山"的文字全部修改为"宁波舟山"。一个符号的去除，对于宁波舟山港意义重大。一港、四核、十九区，不同定位、统一规划，使得宁波舟山港能够在更大范围内统筹岸线资源和港口运营。此前，舟山和宁波合合分分，如今，在打造海洋经济强省的路上，它们又紧密拥抱在了一起。

这种向海而生，无疑印证了陈嘉庚等人当年的先见之明，同时也证明了黄广潢与赵建培、徐惠洲、王真金、鲍雪美、宋海棠等人，以及顾庆庭、何贻珩、吴剑锋、祝智璇、常抗美、王伟定等人的选择和坚持，具有无比巨大的价值。

海研所也因此受益匪浅，快马加鞭地发展了起来。

一方面，大力发展经济类养殖，提升海水养殖技术研究能力。20世纪60年代前后，开展以海带、紫菜为重点的养殖技术研究，开创浙江省浅海养殖产业；70至80年代，中国对虾繁育和养殖技术上取得突破，促进浙江省海水围塘养殖业迅猛发展；90年代以后，海研所主要开展文蛤、皱纹盘鲍、海蜇及石斑鱼等的繁育技术研究，拓展浅海滩涂养殖模式；2000年以来则重点开展日本黄姑鱼、褐牙鲆、黄姑鱼、条石鲷、鮸鱼、小黄鱼、三疣梭子蟹和乌贼等种类的繁育、选育、病害防治和养殖模式研究，丰富了浙江省海水养殖种类，提升了养殖技术水平。

其中，"梭子蟹主要疾病调查与防治研究"课题获得 2009 年浙江省科技进步三等奖；"浙江近海野生经济鱼类的驯养及繁育技术开发"课题获得 2011 年国家海洋创新成果二等奖；"日本黄姑鱼苗种繁育、增殖放流及养殖技术推广"课题获得 2013 年国家海洋科学技术二等奖；"曼氏无针乌贼全人工育苗与增殖放流"课题获得 2013 年浙江省科学技术二等奖。

另一方面，人类活动的增加和技术的进步，如木帆船动力化、各种各样渔具渔网的出现，加上人类的贪婪，造成了对海洋的过度索取，导致各地渔场因生态被破坏，鱼类数量减少，种群失调，最终开始萎缩。一度兴盛一时的舟山渔场也不例外。1990 年代，曾是东海四大经济鱼类之一的大黄鱼在浙江海域几乎绝迹——如果说，海研所刚开始设立资源研究室是为了预报鱼情，配合捕捞，那么，到 20 世纪末 21 世纪初，海研所的资源研究工作则由捕变保，并注重海洋的生态修复。

在生态恢复工作中，人工鱼礁建设是一个重要部分。它主要是将废旧趸船、渔船、混凝土构筑物，以及废弃汽车、轮胎，改造并组装成一个个鱼礁，然后投放到海里，也就是说，给海里的鱼儿造一个人工的窝。因为这些鱼礁大多具有相对大的空间，所以鱼儿可以钻进去产卵、生活，日后它的上面还会附着上很多贝壳、藻类，又可以为鱼提供食物。事实上，早在 20 世纪 80 年代，海研所温州分所（现浙江省海洋水产养殖研究所）便开启浙江沿海人工渔礁试验。它通过调查，设计四个 4.5 米钢筋水泥结构的多层翼船型自沉式人工渔礁，在温州平阳南麂列岛附近海域投放；投礁后进行连续四年跟踪调查，取得投礁区域及周边海域环境改善的资料。2001 年开始，浙江省又在南麂列岛海域、舟山朱家尖海域及嵊泗列岛海域先后投放各类人工鱼礁，生物修复作用明显。当然，这种试验也有一定的缺陷：人工渔礁在选址方式上还比较落后，人工渔礁的科研力度不够，相关法律法规不健全，人工渔礁增殖效果的监测和评估不连续等问题依然突出……

到 2004 年前后，海研所又开始参与省内所下达的大规模的增殖放流任务。此前，西轩基地初建时，曾做过对虾放流。后来，放流品种稍微增多，但在 2000 年前局限于海蜇、黑鲷、中国对虾、大黄鱼、石斑鱼 5 个品种，日后又迅速扩展到三疣梭子蟹、青蟹、曼氏无针乌贼、日本黄姑鱼、日本对虾、褐牙鲆、半滑舌鳎、鮸鱼、马鲛鱼、厚壳贻贝、青蛤、黄口荔枝螺、单齿螺、海参等 30 余个品种。

　　根据报道，随着放流技术的日益成熟，放流工作由科研走向生产，走向以政府部门主导、企业积极参与、科研部门技术指导的大好局面。2011 年到 2014 年的四年间，仅浙江省财政投入海洋增殖放流资金就有 1.24 亿元，累计放流各类苗种近 50 亿尾。东海有越来越多的大黄鱼出现，最直接的原因就是舟山海域持续增殖放流大黄鱼鱼苗。

　　增殖放流的同时，浙江省又开始力推"海洋牧场"建设。这种牧场以人工鱼礁建设为重点，各类海藻场和海草床建设为补充。舟山中街山列岛、嵊泗马鞍列岛、象山渔山列岛和平阳南麂列岛先后获批成为国家级海洋牧场示范区。中共浙江省委《关于修复振兴浙江渔场的若干意见》和浙江省海洋与渔业局编制的《浙江省海洋生态环境保护"十三五"规划》中都明确提出，到 2020 年，建设六个海洋牧场。因为在"海洋牧场"建设走在前列，福建省还邀请海研所的相关专家到它们那里进行交流、指导。

　　更让海研所骄傲的是，它们曾在浙江省率先提出要有休渔期。这是因为所里在做带鱼研究时，发现再这么无休无止地捕捞下去，以后将无带鱼可捕。所以，一定要在带鱼的产卵期对它进行保护，主要就是休渔。这种保护的力度后来慢慢加强，不仅保护的鱼类品种有所增加，而且保护时间也有所延长。最后就像汽车实行限号措施一样，如 4 月份，在北纬 27 度至 31 度沿岸和近海，禁止以抱卵梭子蟹或幼梭子蟹为主要捕捞对象的作业渔船生产。因为春夏汛期，正是梭子蟹抱卵亲蟹放卵的时期和幼蟹的成长期。

结果证明，这种保护方式行之有效。因为浙江省在休渔方面是走在全国前列的，所以海研所的提议也是领先国内很多地区的。

除了这些业务变化，海研所这几十年来，也经历了组织架构、人事管理等方面的改变。尤其是在 1985 年中共中央发布《关于科学技术体制改革的决定》，全面启动科技体制改革之后，海研所不仅继续增强自身的科研力量和队伍建设，而且还积极地推进科研成果产业化，在国家的扶持和引导下，积极主动地面向经济建设主战场。

1993 年，为适应科技体制改革，促进科技成果商品化，为市场经济服务，海研所创办海川科技开发公司。

到 1996 年，为了适应科技体制改革的形势和该所的现状，按照"深化科技体制改革的方案"精神，海研所又对自身的中层科室的设置进行较大调整，调整后的中层科室分别为办公室、政工科、财务科、科研部、开发部、渔业资源动态监测站、海洋渔业环境监测站、海水养殖病害防治中心、西闪试验场、水产工程设计所。

2000 年 3 月，海研所对行政和后勤服务部门进行调整，政工科并入办公室，办公室原服务职能分离，成立后勤服务中心。2000 年 6 月撤销所财务科。2001 年根据科技工作需要，增设苗种开发中心、船舶设计室。

也正是在 2001 年，海研所又迎来自己的一大喜事：随着科研体制改革的深入，海研所正式和浙江海洋大学相连。这一年 1 月，根据浙政发〔2000〕35 号文件精神，浙江省机构编制委员会下达浙编〔2001〕6 号文，批复同意海研所成建制进入浙江海洋学院，为该院直属处级科研单位，保留省海研所牌子和事业法人资格，实行浙江海洋学院和省海洋与渔业局共建共管，以浙江海洋学院管理为主的管理体制。6 月，举行仪式，海研所正式成建制进入浙江海洋学院。同时，海洋学院在海洋所另加挂"浙江海洋学院海洋与渔业研究所"牌子，实行两块牌子，一套班子管理。

但更大的好事还等在后头。2013 年 10 月 21 日，浙江省海洋水产研究所（浙江海洋学院海洋与渔业研究所）发布迁址公告，于当日从以前小西湖弄的老海研所搬迁到舟山新城体育路 28 号。从办公条件上讲，海研所简直是鸟枪换炮，新址有着更好工作环境和条件。所有的设计和建筑已不是当年见缝插针似的欠缺整体规划，而是大气且规整。每个在这里办公的人，都带着自豪和幸福的微笑。

　　这一切都是因时而变，因势而变。没有科研体制改革，没有海洋事业在当下成为建设的重头戏，所有的变化都只能停留在梦境当中。

　　尽管海研所的变化和延寿面貌的改变、莆田一中的搬迁，以及厦大院系的调整，有时会让人找不到"来路"——位于小西湖弄的老海研所，同样已经面目全非，其最为中心的地带已经变成了一个商务宾馆——但是，这种变化不正是黄广潇为之奋斗一辈子而希望得到的结果吗？虽然这种变化，有可能会抹去他留下的足迹，掩盖他写就的那些"美文"，但他的内心或许正如泰戈尔所写的那样：天空没有留下翅膀的痕迹，而我已飞过。

　　今天，趁着黄广潇所留下的影迹还没有彻底成为故旧，也没有成为在记忆中很难触摸到的一角，我们抓紧时间做了一些捕捞的工作。希望通过各种蛛丝马迹，来回望我们过去的峥嵘岁月，因为只有铭记历史，才有未来。

　　更重要的是，当一切的变化都朝着我们所希望的方向和结果而迈进、飞跃时，科技的进步、条件的改善，让我们每一个人都不必要像过去那样面朝大海背朝蓝天，为每一个原始数据而孜孜以求，甚至付出生命代价，这无疑是对人的尊重，以及对包括科研在内的所有工作的尊重，但是，它并不意味着我们就可以放弃踏实、勤奋、简朴、安稳……

　　如果黄广潇还活着的话，他一定会和同事一起怀念那段激情燃烧的岁月。那个时候生活虽然很艰苦，但是邻里之间、同事之间，互相照顾、互相帮忙，生活中每个人缺什么，只要喊一声，就有人应声而出。在生活节奏的加快、居住环境的变迁以及社会结构的日趋多元化下变得日益生疏的人际关系面前，这种邻里关系让人感慨。

同样的，在工作中，要是有人做得不好、不到位，就一定会有人主动站出来补缺补差，而不是走来就埋怨，或者背后给人来一刀。

那个时候工作也很辛苦，而且运动频发，可是谁都不会逃避属于自己的责任，甚至加班加点超额完成任务。对每个人来说，手头上的工作是神圣的，也是丝毫马虎不得的，哪怕别人再不重视，自己也要对得起这份工作。但是今天，不仅很多人对科研工作抱着敷衍了事的态度，而且论文发得很多，却没有几份有真正的价值，甚至其中有大量山寨、抄袭内容，与此同时，很多课题也成为套经费的工具。

所以，在这个热衷于市场经济，一心向"钱"看的年代，我们更需要向后看。时代的大手，搅动了一切，也湮没了一切，但是，老一辈子知识分子那种革命和战斗的激情，以及安贫乐道、以身付国的精神，却不能因此一并被遗忘。

只有在工作中再融入这些精神，人才能有灵魂。才会真正立于潮头。